考古学リーダー 16

南関東の弥生土器２
〜後期土器を考える〜

関東弥生時代研究会　埼玉弥生土器観会　編
八千代栗谷遺跡研究会

六一書房

はじめに

「南関東の弥生後期土器研究はいまだ混沌のなかにある」。

一見意外そうなこうした思いは、2004年に行ったシンポジウムの記録『南関東の弥生土器』をめぐる論議をみれば誰もがいだくものではないだろうか。

1978年、滝澤浩・星龍象両氏が主導した赤塚氷川神社北方遺跡の調査に参加して、それまで基準と思っていた杉原荘介編年の解体を求める動きが急であることを間近に感じた。熊野正也氏らの小地域土器論も同様の効果をもたらしていた。1982年には大村直氏の様式論による「前野町式・五領式の再評価」の試みが提示されて、杉原説再評価と波紋を呼んだのも眼前のことであった。それ以来25年の月日が経つ。その間、東海系要素が著しい相模地域については西相模考古学研究会メンバーによる検討が飛躍的に進み、松本完・安藤広道両氏による武蔵南部地域の詳細な分析成果、大村氏による上総地域の後期土器の分析、比田井克仁氏による相模様式・上総様式・南武蔵様式の設定など精力的な活動をされている。しかし、これらがみな整合するわけではない。

一方、埼玉弥生土器観会が1996年に始動して県内資料の徹底した吟味を続け、下総でも八千代栗谷遺跡研究会が同遺跡群資料の分析を進めてきた。両研究会は、それぞれの地域の弥生後期土器を的確に位置づけるには、東京湾東・西岸地域の土器型式編年を再確認し、系統性の再整理も行う必要があり、今回のシンポジウムを企画することとなった。

これだけの資料があって「いまだ混沌のなかにある」というのは、関東の考古学者の怠慢ではないのか、と評論する向きもあるかもしれない。しかし、他地域と比べて、じつは系統的に複合ないし錯綜しているのをシンプルにとらえすぎていたがゆえの「混沌」なのであって、思考の切り替えが必要なのであろう。

このシンポジウムでは、南関東の弥生後期土器をどのような視点と方法で

解きほぐすか、久ヶ原式土器の成立をどうみるか、その編年細別をどう再構築するか、房総の土器様相をどう整理するか、久ヶ原式を取り巻く土器型式群との相互関係はどのようなものなのか、さらに四半世紀にわたって位置づけが流動してきたいわゆる「弥生町式」をどう評価するか、という問題なども取り上げて議論してみたい。

　このシンポジウムを「混沌から秩序へ」の歩みを始める試みとしよう。

石川日出志

目　次

はじめに……………………………………………………石川日出志　　i

例　言

I　各地域の後期土器―討論へ向けて―
総　論………………………………………………………小倉淳一　　3
旧武蔵国中・南部における弥生後期土器………………小出輝雄　　7
久ヶ原式と山田橋式………………………………………大村　直　　40
朝光寺原式土器の編年と共伴土器………………………浜田晋介　　59
北武蔵中央部の後期土器…………………………………柿沼幹夫　　71
下総台地の南関東系土器…………………………………髙花宏行　　92
東京湾西岸〜相模川流域の後期弥生式土器の検討……安藤広道　　114
引用図版出典………………………………………………………………129

II　討論の記録
「混沌から秩序」に向けて……………………………………………………141

III　新たな枠組構築への試み
シンポジウム「南関東の弥生後期土器を考える」への期待と成果
　……………………………………………………小倉淳一　　171
いくつかの訂正と補足・反論……………………………小出輝雄　　182
南関東弥生後期土器雑感…………………………………浜田晋介　　188
補足・意見―和光市午王山遺跡における岩鼻式土器―………柿沼幹夫　　192
印旛沼周辺地域における中期末葉から後期初頭の様相……髙花宏行　　203
久ヶ原式成立期の東京湾西岸・武蔵野台地の様相………比田井克仁　　210
シンポジウム「南関東の弥生後期土器を考える」雑感……菊池健一　　218

臼井南式土器の変遷について……………………………………小玉秀成　221
「久ヶ原2式」への接近…………………………………………鈴木正博　229
久ヶ原式土器研究の前に…………………………………………齋藤瑞穂　240
南関東・東海東部地域の弥生後期土器の地域性………………篠原和大　246
　　―とくに菊川式土器の東京湾北東岸への移動について―
引用参考文献……………………………………………………………　　255

シンポジウム開催の目的とその後………………………………小出輝雄　264

あとがき―私はまだここがわからない―………………………石川日出志　269

執筆者・関係者一覧

例　　言

1. 本書は 2008 年 1 月 13 日に明治大学駿河台校舎アカデミーコモン 9 階 309A 号教室で開催した「シンポジウム南関東の弥生後期土器を考える」の『予稿集』の再録（一部を省略した）（第 I 部）と、討議の記録（第 II 部）及びその後の研究（第 III 部）をまとめたものである。
2. 第 I 部を再録するに当たっては、誤字・脱字をあらためた。また、大村直氏の口頭発表内容を、当日の録音をもとに活字化し、発表者が加筆・訂正したものを加えた。なお、小出作成図版の一部は紙数の関係から省略した。
3. 第 II 部は当日の発表・討議の録音を活字化した草稿を各発表者が加筆訂正したが、話し言葉を理解し易いように一部改めた部分がある。また、第 II 部に掲載した発言者の写真は、シンポジウム実行委員以外の方のお名前についても敬称を略させていただいた。
4. 第 III 部はシンポジウムの内容や各自の意見などを「異論・反論」として、発表者や発表者以外からも執筆いただいたものをまとめた。
5. 収録した資料の縮尺は、第 I 部では 1/6 を基本として作成した資料を本書に合わせて縮尺した。スケールを参照願いたい。第 III 部は 1/8 を基本としたが、拓本などに一部異なるものがある。
6. 本書では用語等については統一していない。発表者又は執筆者によって定義・用法が異なっているが、各氏の意見を尊重した。
7. 本シンポジウムの開催及び、本書の編集等にかかわる者は後記のとおりである。

I 各地域の後期土器
—討論へ向けて—

総　論

小倉淳一

前提

　1997年に開催された南関東の弥生土器に関する明治大学でのシンポジウムから10年、その熱気を継承し、新たな成果とともに諸問題を論じた2004年の同名のシンポジウムから3年が経過した。前回の成果は『南関東の弥生土器』（六一書房）として刊行されているが、その際に生じた多くの議論とともに、弥生土器をめぐる諸課題はさらなる深みをみせつつある。今回、対象を弥生時代後期の土器に絞ってシンポジウムを開催することとしたのは、これまでの動向をふまえながらも、新たに検討するにふさわしい成果がこの分野に蓄積されつつあることを認識しているためである。南関東を中心とする広い範囲の研究者が共通の議論を行うための素地は少しずつではあるが整ってきたのである。

　これまでの重厚な研究史と筆者の力量を比較すれば、本稿が弥生後期土器のシンポジウム「総論」を名乗るのはおこがましい限りである。しかし、ここに至るまでの経緯を参加諸氏に説明し、今日この場で何が行われるのかについては（筆者の予断が大半を占めるとはいえ）提示しておく必要があるだろう。ここでは前回のシンポジウムにおいてとくに「後期土器の地域性─久ヶ原・弥生町式の今日─」として行われた報告と討議を若干振り返るとともに、その後生じてきた状況に触れ、今日的な課題と今回の展望を示すことで導入の責を果たしたい。

シンポジウム「南関東の弥生土器」の成果

　2004年に行われたシンポジウムにおいては比田井克仁・黒沢浩の両者が

Ⅰ 各地域の後期土器

異なった視点から熱弁をふるい、後期弥生土器に関する重要な論点を提供した。比田井は壺形土器の文様・甕形土器の形態と調整技法をもとにした分析を行い、「弥生町式」の成立しないことを前提に該期の南関東地方出土土器に「相模様式」・「南武蔵様式」・「房総様式」の名称を付したうえで、さらに相模と房総の土器にみられる諸要素が混在する「南武蔵様式」内部はその地域性によって3分されると論じた。一方黒沢はより地域的な見地から「二ツ池式」の設定をめざし、久ヶ原式系統の文様と組成をもった土器群が南武蔵のなかに成立していることを論じ、遺跡ごとに異なった様相が見られる可能性が高いことを示した。

両者の見解は一見すると対立しているようにみえるが、安藤広道がコメントしたように、これらは矛盾しているわけではない。相模に特徴的な要素をもった土器と房総に特徴的な要素をもった土器が複雑に入り交じった状態でみられるのが南武蔵の実態であるとするならば、そのなかで房総系統の要素を強く示す資料で構成されているのが二ツ池遺跡であり、これが南武蔵における複雑な土器の分布状況の一端を見せている可能性が高い。安藤は、黒沢のいうようにごく狭い範囲に成立する型式が南武蔵に群在することに論理上の問題はなく、そのうえで比田井の「様式」のようにより広い範囲の姿を把握する概念を整備しておけば、地域的な土器様相を微視的にも巨視的にも検討することが可能であると論じたのである。これは南武蔵に見られるような複雑な土器様相を解きほぐしていくための鍵となるだろう。

残された課題

しかしながら、こうした成果の一方で、多くの課題も残された。それはまず、当時すでに大村直によって発表されていた「山田橋式」を充分に咀嚼できなかったことである。房総で成立したとされる久ヶ原式土器の後に、この地域がいかなる変容を遂げていくのかという問題は、比田井の「房総様式」との関連を含め、議論の行方に重大な影響を及ぼすはずである。また、「相模様式」に先行する相模地方の久ヶ原式期の土器様相についても立花実の理解と比田井の考え方は異なっており、この時期の土器が南関東地方一円でど

の程度の等質性を保持しているのか、さらなる認識の共有化が必要であろう。弥生町遺跡出土の壺形土器に関する系統や年代に関する諸問題も解決しているわけではない。さらに、南関東各地を見通した現実的な並行関係に関しても、新たな資料を加えた再構築が必要なことは言を待たない。東京湾西岸・南武蔵を中心として広がると考えられてきた「久ヶ原式・弥生町式」は目下、多角的な再検討が待望される状況にあるのである。

周辺地域における近年の動向

　こういった状況のなか、前回シンポジウムの前後から、房総北部の印旛沼沿岸地域における土器に関する議論が盛んになってきた。従来から臼井南式土器の分布域とみられていた地域であるが、実際には臼井南式の分布は鹿島川を中心とする印旛沼南岸域の比較的狭い範囲に限定され、西岸域・北岸域ではそれぞれ異なった特徴を有する土器群が展開することが確認されつつある。髙花宏行による「栗谷式」の提唱は、東京湾岸に系統関係を有する土器が印旛沼沿岸域で独自の変容を遂げる可能性があることも示しており、土器群の組成と分布範囲などを詰めていけばさらに実体の明らかなものとなるだろう。「栗谷式」を中心とする後期土器と上総の「久ヶ原式・山田橋式」とを直接的に比較することは困難かもしれないが、茨城県域や栃木県域の資料も含めた並行関係の検討が今や現実的な問題として浮上している。こうした関係の整理は「周辺の小型式」とされ比較的狭い範囲に成立する土器群においても求められるところであり、今回は浜田晋介が朝光寺原式土器に共伴する資料についてまとめ、柿沼幹夫が岩鼻式・吉ヶ谷式の変遷と朝光寺原式の並行関係を論じている。東京湾岸の後期土器編年の整備は、いまや周辺各地に特徴的に分布する土器との関係を抜きにしては考えられなくなりつつあるのだ。

今回の報告と展望

　これらの課題や動向にもとづいて、本シンポジウムにおいては主に3本の柱を立てて報告を行い、討論の足がかりとしたい。

I 各地域の後期土器

　第一に、南関東地方の後期弥生土器の問題を再整理するとともに、近年の成果もふまえた後期土器の時間軸について検討したい。まずは問題の所在を明らかにし、武蔵中南部における後期土器の細分を試みることとする（小出輝雄）。また、東京湾東岸地域における「久ヶ原式・山田橋式」に基づいて、後期土器の成立と展開に関する軸線を提示し、認識の深化をはかることとする（大村直）。第二に「周辺の諸型式」と認識されてきた土器群および東京湾岸の後期弥生土器との相互の関係を考えることにしたい。神奈川県域の朝光寺原式についてはその成立と展開・終焉までを論じ、伴出する土器を検討する（浜田晋介）。千葉県北部地域では先述の臼井南式・「栗谷式」と房総後期弥生土器の諸関係をまとめる（髙花宏行）。埼玉県域の岩鼻式および吉ヶ谷式については主に南武蔵の後期弥生土器（朝光寺原式）との関連を検討する（柿沼幹夫）。そして第三に、南関東地方をとりまく後期土器からみた広域的な系統・並行関係について検討し、とくに東京湾西岸から相模を対象として、南関東弥生土器論の再構築を目指す（安藤広道）。

　これらの報告の後に討論へと移ることにする。それぞれの発表者のテーマには相互に関連する部分も多いことから相互にコメントしていくうちに議論の糸口をつかむことは容易かもしれないが、実際には論点は多岐にわたる筈であり、討論の先行きがはっきりしているとは言い難い。もとより敷いた路線があるわけではないので、会場内からも多くのコメントを求め、論点を確認しながら進めていくこととしたい。しかしそのなかでも、久ヶ原式の成立にかかわる問題や、弥生町式や「山田橋式」をどのように考えるのか、朝光寺原式や吉ヶ谷式など比較的狭い地域に展開する土器群との諸関係をどのように理解していくのかといった問題は、現在きわめて注目される課題として討論の成果が期待されるところであろう。

　最終的には後期の弥生土器をめぐる諸関係について整埋を行い、今後の研究の方向性を見いだしていきたいと考えている。登壇する諸氏をはじめ、多くの方々による議論がなされ、有益な検討が行われることを願っている。

旧武蔵国中・南部における弥生後期土器

小 出 輝 雄

1. はじめに

　これまで筆者は、弥生時代の末期から古墳時代前期までの土器編年に関しての私見を発表してきた（小出1983・86・87・90・92）が、いずれも十分な成果をあげることができず、多くの方から批判されている。しかし、そこで述べてきた考えは基本的には、現在もほとんど変わっていない。これまで久ヶ原式について触れることはほとんどなかったため、本シンポジウムでは武蔵野台地と大宮台地、神奈川県域の旧武蔵国を対象とした地域（本項では、これらの地域を「旧武蔵国中・南部」とする）の「久ヶ原式」等を考察し、南関東地方の後期弥生土器の編年を考えようとするものである。

　本稿で述べる型式名は『弥生式土器聚成図録』（小林・森本編1938）、『弥生式土器集成本編』（小林・杉原編1968）などと同様であるが、それらの示す内容と本稿で用いるものとは異なっていることを前もって断っておきたい。それは「学史」を無視していると批判されることではあるが、もっとも広く知られている名称を用いることで、今後の研究の便を図れるものと考えるからである。「新型式名」を用いることは一定の意味があるとしても、一方ではさらに混乱が増すだけとも考えるからである。ご了解をいただきたい。

2. 当地域の後期弥生土器編年の現状

　1884（明治17）年に東京都文京区本郷弥生町で1個の壺が発見された。その後、杉原荘介を中心として南関東地方の土器編年研究が進められ、『弥生式土器聚成図録』、『弥生式土器集成』本編が発刊されて、以後の研究の基礎となった。後期土器に関しては、菊池義次氏の根本的な疑問の提示、久ヶ

I 各地域の後期土器

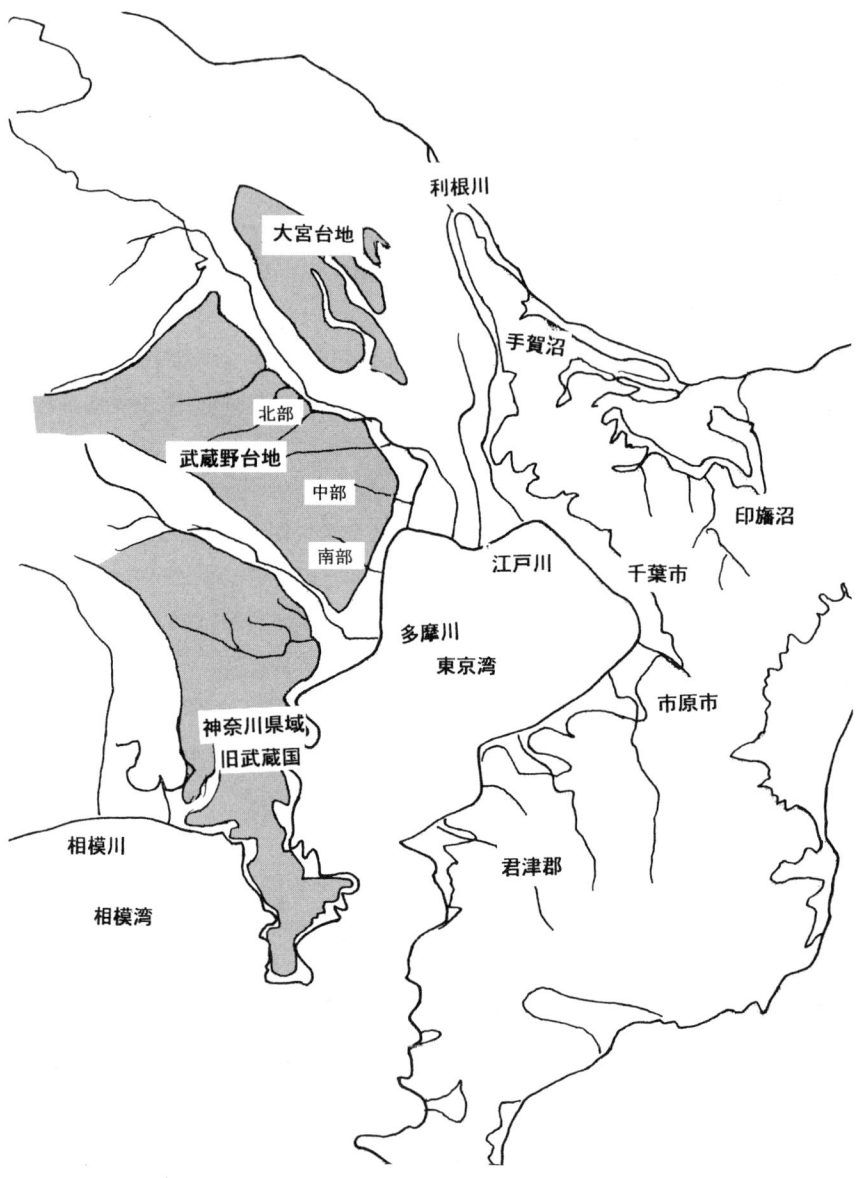

第1図 今回対象地域の位置

原・弥生町式併行論などをはじめ、多くの方がそれぞれの見解を発表したものの、現在に至っても統一した見解に至っていない。前回のシンポジウムをまとめた『考古学リーダー5 南関東の弥生土器』に松本完、黒沢浩、比田井克仁各氏がそれぞれの見解をまとめ、現在の最新の研究状況を示している。また、新たな提案もされている。今回のシンポジウムはそれらの成果を引き継ぐものであるが、解決されない問題点も引き継がれている。前回のシンポジウムでは3氏とも弥生町式の存在を認めないことと、「二ッ池式」などが提唱されている。(別に大村直氏が「山田橋式」を提唱している)。しかし、そのようなこと自体が、これまで普通に用いられてきた「久ヶ原式」・「弥生町式」の概念がそのままでは存在しないことを示しているものの、新しい「久ヶ原式」概念はまったく示されていない。また、型式細分などに課題を残したままである。再び混沌とした時代の始まりとなったのかもしれない。

　しかし、以上のような最新の研究成果によって新型式が提唱されたといっても、杉原荘介氏の「久ヶ原式」、「弥生町式」、「前野町式」の名称とそこで示された概念が、「20世紀の遺産」で、「さよなら弥生町式」と述べられても、今もって広く用いられていることも厳然たる事実である。ここで1968(昭和43)年刊行の『弥生式土器集成』本編の、杉原荘介氏によるそれらの型式の説明を確認しておきたい。これが、現在の土器編年の基礎として、議論の根底であると思うからである。

「久ヶ原式」
壺：口縁部は広く外方にひろがる。口縁部にはさらに粘土帯をはって複合口縁をつくる。文様の主役は細かい羽状縄文による文様帯である。その文様帯はかならずといってよいほどに、沈線によって区切られ、これが強い特徴となっている。
甕：胴上部には輪積みの痕跡をそのまま外面にのこしている。

「弥生町式」
壺：口縁部はほとんど複合口縁で、細かい羽状縄文帯を、口縁部外側および胴上部に施文して装飾とする。これらの文様帯を沈線で区切ることはない。

Ⅰ 各地域の後期土器

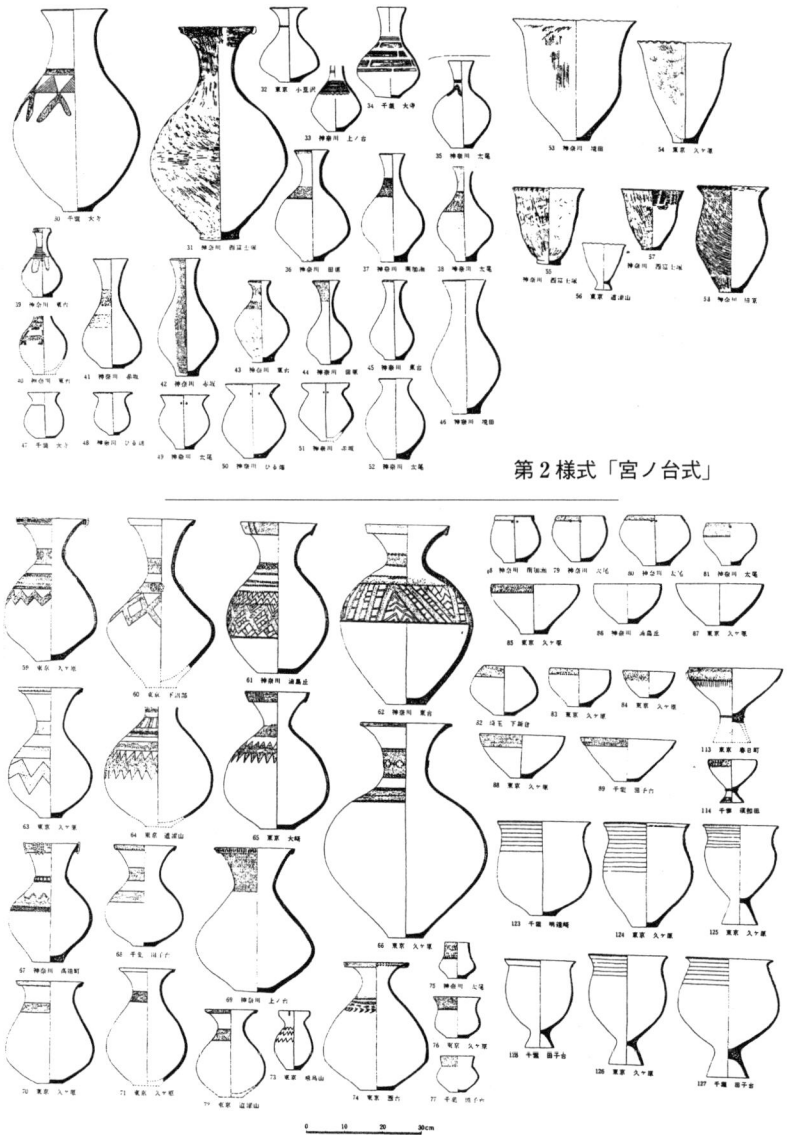

第2様式「宮ノ台式」

第3様式「久ヶ原式」

第2図 『弥生式土器集成』本編の土器 (1)

旧武蔵国中・南部における弥生後期土器

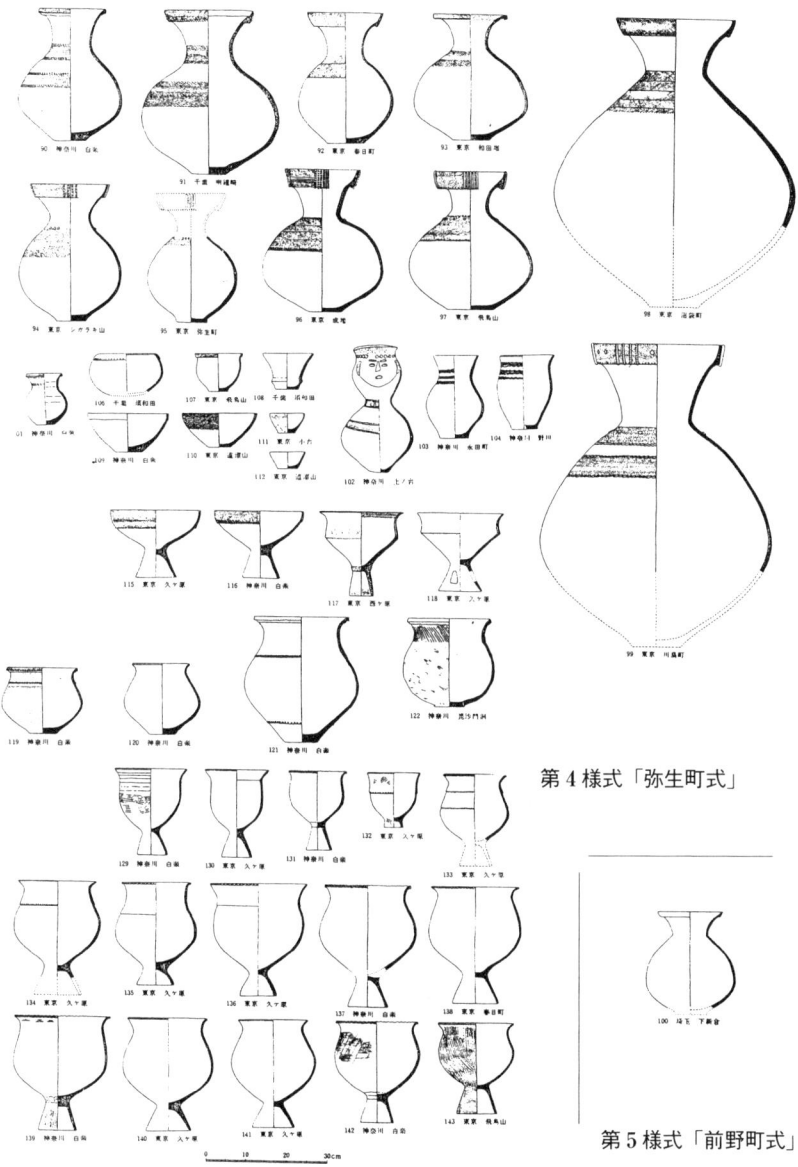

第4様式「弥生町式」

第5様式「前野町式」

第3図 『弥生式土器集成』本編の土器 (2)

I 各地域の後期土器

甕：輪積み痕を1段か2段残し、その下端に押捺を加えるものである。

「前野町式」

あえていうならば、その後土師器であることの明瞭となったものは、当然これから除外すべきであろう。

壺：すでに文様はほとんどないが、全面を赤色に塗るにすぎないが、まれに縄文を施すものがあるが、縄文は単斜方向である。

甕：器面に刷毛目を残す。

3. 今回の型式細分の方法

私の担当は南関東地方の後期土器の型式細分を行うことを第一の目的とするが、そのための方法として旧武蔵国中・南部地方でこれまでに出土している壺の文様の変遷を中心として分類し、型式細分に有意な変化が認められるのかどうかを検討してみたい。これにはできるだけ多くの出土土器を対象とし、器形全体が推定復元されるものを主とする。また、他地域に直接的に本貫をもつと考えられるものも除く。ただし、これら対象とする土器で実見したものは少なく、調査報告書に依ったものが多いという限界があることを断っておきたい。

以上のような、壺の文様区分によって旧武蔵国地域の後期弥生土器を細分したいと考えている。しかし、それは簡単なことではない。また、筆者の分類区分によって、型式細分ができるかはまだ不明である。この点について現在作業途中のためにここで示すことができなかった。これは筆者の能力の限界を示していることであり、多くの皆さんにお詫びする。また、当日配布予定の資料を「後編」として、ある程度の提案をさせていただくことをご了解いただきたい（註　小見出し4以下は当日配布資料である）。

4. 壺の文様の区分

当地域で出土した壺の文様を下記によって分類した。

1. 壺の器形としてもっとも大きな特徴として、口縁形態の「複合口縁、折り返し口縁、素口縁」の3種があるが、口縁形態を除くと頸部から

胴部にかけての文様はほとんど同じものが多くなるため、下記ではそれらを通し番号とした。第4、5図に示した土器も口縁形態を無視して、頸部から胴部にかけての文様によるものである。
2. 番号は、文様の大きな特徴をアルファベットの大文字で表わし、その中での次に特徴となるものを数字で、さらにそのなかでの差異をアルファベットの小文字で表わした。ただし、番号の順で新旧を示しているものではない。
3. 口縁形態の相違による文様の相違については別に示している（第1表）。
4. 文様L、Mについては、別に検討が必要であることからここでは一括しておく。
5. 本稿で扱った土器の時期には五領式のものも含んでいる。時期別の遺跡数の多寡も考えるべきであるが、後期全体の中での位置づけをして比較する必要があることから、筆者の管見に触れた関係資料をできるだけ扱った。

壺文様区分一覧

A：沈線区画の山形文をもつもの
  1 沈線区画の単節羽状縄文帯をもつもので、その下位または間に山形文がある
    a 頸部と胴部上半部に羽状縄文帯が2帯あるもので、その下位に山形文があるもの
    b 頸部と胴部上半部に羽状縄文帯が2帯あるもので、その間に山形文があるもの
    c 胴部上位〜中位に山形文が2、3帯あるもの
    d 頸部から胴部上半部に羽状縄文帯が1帯あるもので、その下位に山形文があるもの
  2 頸部に単節羽状縄文帯がなく、胴部上半に1帯のもので、その下位に山形文がある
  3 頸部から胴部上半に沈線およびS字状結節文で区画された羽状縄文帯をもつもので、その下位に山形文がある

Ⅰ 各地域の後期土器

　　　a 羽状縄文帯が 2 帯のもの　　b 羽状縄文帯が 1 帯のもの
　4 頸部と胴部上半に 2 帯の S 字状結節文をもつ縄文帯をもつが、縄文帯の上位が区画されていないもの。山形文はその間にある
　5 頸部は不明であるが、胴部上半に S 字状結節文で区画された羽状縄文帯とその上位に山形文が 1 対となって存在し、それが 2 対あるもの
B：山形文をもたないもの
　1 沈線区画の単節羽状縄文帯をもつもので、羽状縄文は多条に施文されている
　　　a 頸部と胴部上半部に 3 帯あるもの
　　　b 頸部と胴部上半部に 2 帯あるもの
　　　c b と同様に 2 帯あり、頸部の羽状縄文帯上位の沈線を欠くもの
　　　d 頸部に 1 帯あるもの
　2 沈線区画の縄文帯が単節斜縄文のもの
　3 頸部から口縁部を欠いたものであるが、胴部に沈線区画の単節羽状縄文が施文される。頸部に文様帯をもつかは不明であるが、羽状縄文が 2 条で施文される点で他のものと異なる
　　　a 2 帯のもの　　b 1 帯のもの
　4 沈線区画の単節羽状縄文帯が 1 帯であるが、縄文帯の一方のみを区画しているもの。縄文帯は頸部から胴部上半に施文される
　5 頸部にはなく、胴部上半に沈線区画された羽状縄文帯があるもの。2 帯のものと 1 帯のものがある
　　　a 2 帯のもの　　b 1 帯のもの
　6 頸部と胴部上半に、沈線区画内に S 字状結節文によって区画された縄文帯を数帯もつもの
　7 頸部下半から胴部上半に 1 帯の斜状や羽状の単節縄文が施文され、その上下を沈線と S 字状結節文で区画しているもの。口縁内面に縄文が施文されているものもある
C：S 字状結節文で羽状縄文帯を区画しているもの
　1 頸部に羽状縄文帯を横位に施文するもの

a 文様帯が頸部と胴部上半の2帯に施文されているもの
　　　b 施文される文様帯が1帯で頸部から胴部上半に施文されるもの
　　2 頸部に羽状縄文帯がないもの
　　　a 羽状縄文帯が2帯のもの　　b 羽状縄文帯が1帯のもの
　　　c 1帯の羽状縄文帯の上か下にS字状結節文をもつ単節斜縄文をもつ
　　　　もの
　　3 羽状縄文帯の下端部のみをS字状結節文で区画したもの
　　　a 羽状縄文帯が2帯のもの　　b 羽状縄文帯が1帯のもの
　　4 羽状縄文帯の下部にS字状結節文をもつ斜縄文を1条もつもの
D：区画されない羽状縄文帯のもの
　　1 頸部に数条の縄文帯が施文されるもの
　　　a 2帯のもの　　b 1帯のもの
　　2 頸部に施文されないもので、数条の縄文帯で1帯の羽状になる
　　3 2条の単節斜縄文で羽状縄文帯としているもの
E：S字状結節文をもつ単節斜縄文帯を羽状に施文したもの
　　1 斜縄文帯の上下をS字状結節文で区画するもの
　　　a 2帯のもの　　b 1帯のもの
　　2 S字状結節文で斜縄文帯を区画しないもの
F：斜縄文帯が胴部上半に施文され区画されないもの
　　1 斜縄文帯が1条で施文されるもの
　　　a 2、3帯のもの　　b 1帯のもの
　　2 斜縄文帯が幅広い1帯となるもの
　　　a 数条で斜縄文帯を施文するもの
　　　b 1条で斜縄文帯を施文するもの
G：S字状結節文をもつ単節斜縄文帯のもの
　　1 斜縄文帯の上下をS字状結節文で区画するもの
　　　a 2帯となるもの　　b 1帯のもの
　　2 S字状結節文をもつ斜縄文が数条で1帯となり、その上下をS字状結
　　　節文で区画する

Ⅰ 各地域の後期土器

H：S字状結節文をもつ斜縄文が一帯となって施文されるもので、羽状には施文されない
　　a 3条以上の斜縄文のもの
　　b 2条の斜縄文のもの
　　c 1条の斜縄文のもの
Ⅰ：小さな連続山形文をもつもの
　　1 沈線区画の横位羽状縄文帯に山形沈線文を描き、その外側を磨り消しているもの
　　2 S字状結節文をもつ縄文帯に山形沈線文を描き、その外側を磨り消しているもの
　　3 横位羽状縄文帯に山形沈線文を描くが、その外側を磨り消さないもの
　　4 横位斜縄文帯の上位や下位に、短沈線を加えたもの
　　5 横位縄文帯などの文様をもたず、山形沈線文などで文様を描くもの
J：頸部から胴部上半にS字状結節文が数条単位で1帯から数帯施文されたもの
K：網目状文をもつもの
　　1 頸部に施文されているもの
　　　a 多帯のもの　　b 1帯のもの
　　2 胴部上半に施文されているもの
　　　a 多帯のもの　　b 1帯のもの
L：縦区画文をもつもの
M：幾何学文をもつもの
N：胴部に文様をまったくもたないもの
　　1 頸部の屈曲が緩やかなもの
　　　a 口縁外面に縄文が施文されたもの
　　　b 口縁外面に棒状浮文をもつもの
　　　c 口縁外面が無文のもの
　　2 口縁と頸部の間に屈曲をもつもの
O：頸部以上の外面に縄文帯が施文されているもの

    1 縄文帯下部が沈線で区画されているもの
      a 2帯のもの   b 1帯のもの
    2 縄文帯の下部がS字状結節文によって区画されているもの
      a 2帯となるもの   b 1帯のもの
    3 縄文帯の下部が区画されていないもの
      a 2帯となるもの   b 1帯のもの
    4 S字状結節文のみが数条施文されているもの
    5 網目状文が施文されるもの
以上のように分類したが、これらの文様が口縁形態の相違によってどのように異なったものになるのかを第1表に示した。筆者の管見による資料的な限界があることを自覚しながら、表の内容についていくつか記しておきたい。
  1. 文様Nについては、古墳時代のものも含んでいるために土器量が多くなっている。
  2. 文様Oについては、口縁形態区分での複合口縁は存在しない。
  3. 記号で表わした「多い、少ない」はあくまでも相対的なものであるが、E、F、G、Hなどは他と比較して明らかに多い。

5. 型式細分の試み

　型式細分についてはこのまとまりが時期的な差異を示すものと、長い時期にわたって存在するもの等があり、単独では時期的な細分に直接的に使えないものがある。また、今回は「久ヶ原式」の全体像を明らかにするのが目的であり、「宮ノ台式」との境界後期初頭の問題については今後の課題としたい。今回対象にした「久ヶ原式」で一番古いと思われるものは、A1、B1の「沈線区画で羽状縄文帯を区画するもの」である。これはこれまで「久ヶ原式」として捉えられてきたものの代表的な文様である。次は、C1、2の「S字状結節文で羽状縄文帯を区画し、頸部に文様帯をもつもの」である。これも「弥生町式」の代表的な文様とされてきた。その後にE、G、Hの「S字状結節文をもつ縄文帯」をもつものが位置づけられる。これらは「前野町式」とされてきたものである。以上の基本となる「区画文の新旧」の位置づ

I 各地域の後期土器

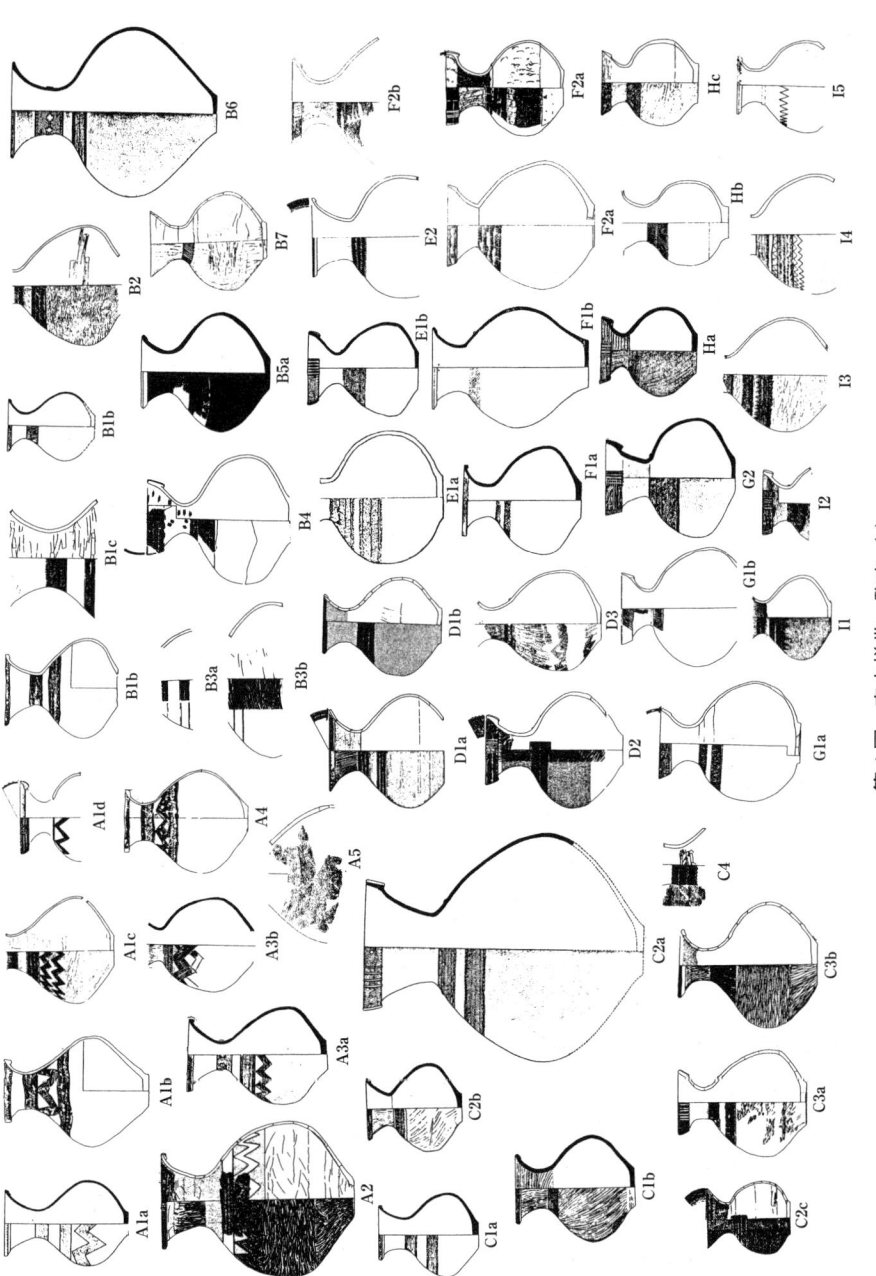

第4図 壺文様帯一覧表 (1)

旧武蔵国中・南部における弥生後期土器

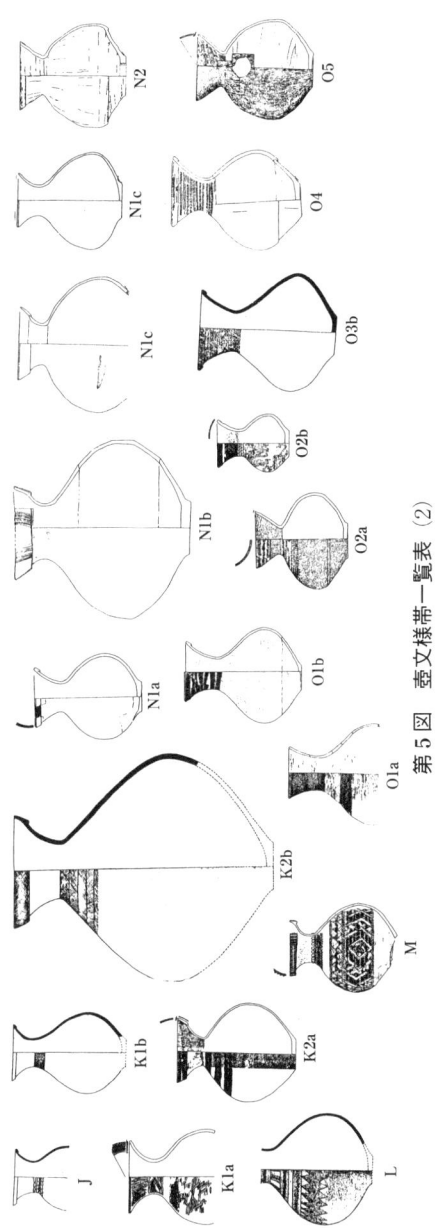

第5図 壺文様帯一覧表（2）

第1表 壺文様帯の口縁形態別多寡の一覧表

● 多く存在する（10個体以上）
○ 比較的多く存在する（数個体）
△ 存在する（1,2個体）
無印 不明・検出されていない

19

I 各地域の後期土器

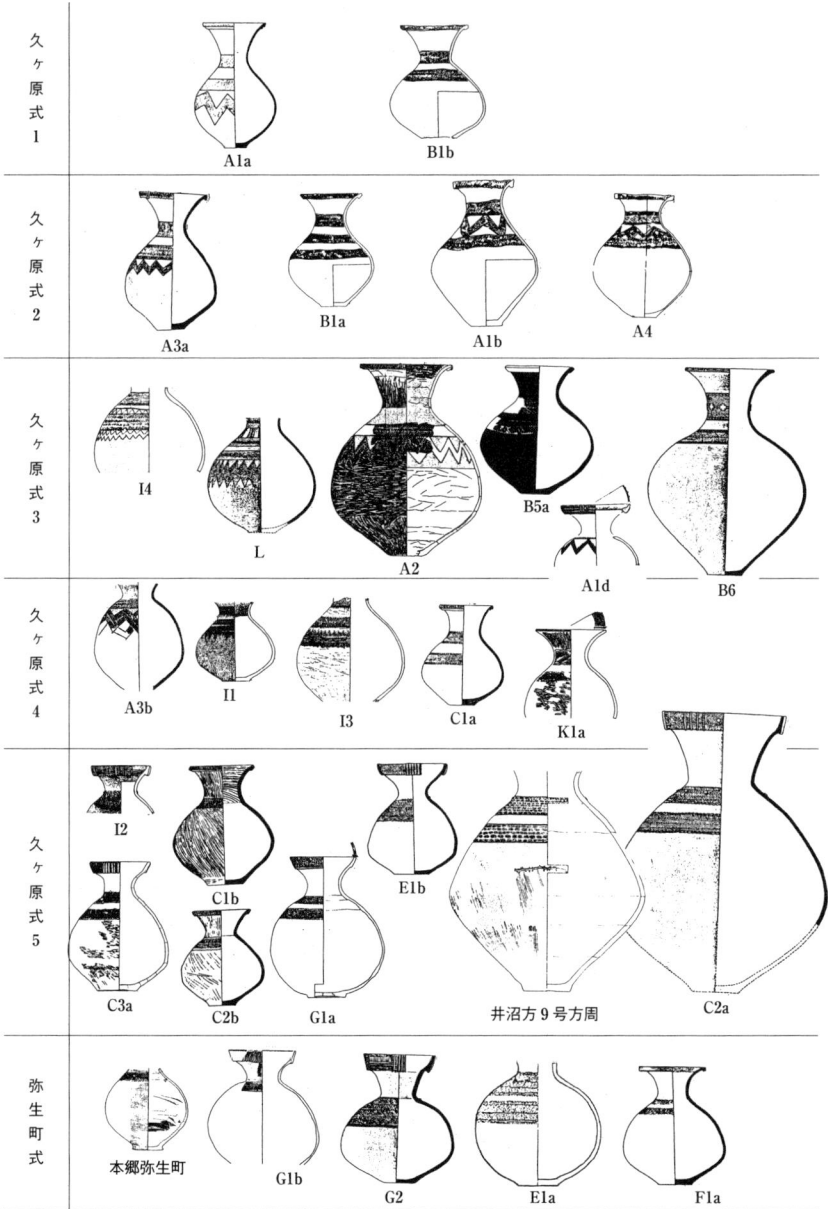

第6図　旧武蔵国中・南部地域後期壺文様変遷表

旧武蔵国中・南部における弥生後期土器

第2表 文様帯変遷表（案）

I 各地域の後期土器

けは、これらはそれぞれが他を伴存しない組み合わせの出土が確実にみられることから、これら全体の相対的な時間的変化はおおよそ首肯できるものである。しかし、同じ文様構成をとるものでも細かな部分をみると、これらの中にさらに区分して組列を考える必要があるものがあることも考えられる。そのため、「区画文の新旧」と「文様配置の新旧」を交互に交差していきながら、第4項で分類した壺文様区分の変遷を考えることにより「久ヶ原式」「弥生町式」とされてきたもののなかでも、とくに長期にわたり変遷する文様である二段の横位縄文帯を有する例を中心として、代表的な文様の変遷を試みた。その結果は第5図のとおりである。

　最古に置くものは A1a と B1b である。次段階には縄文帯が前段階の B1b の2帯から3帯に変化する B1a と前代から続く A3a の変化、そして B1b との関係で A1b の変化を考えた。この内、前者 A3a には S 字状結節文が出現し、沈線とともに存在する。第3段階は文様帯が2段の I4 と3段の L を置き、沈線区画による帯状山形文をもつ土器の最後で、頸部に文様帯をもたない A2 を置いた。この他に S 字状結節文と沈線文をもち、山形文のない B7、B8 を置いた。第4段階は白楽遺跡の2帯縄文帯のものを代表とするもので、頸部下半から胴部上半部にかけて文様帯があること、及び沈線文をもたない S 字状結節文だけの文様帯であることから第3段階と区分した。第5段階は頸部に文様帯をもたないもので、S 字状結節文で区画された縄文帯で、頸部に文様帯をまったくもたない段階として設定した。頸部の屈曲がきつくなり、これまでのなだらかな屈曲とは大きく異なる。ここまでが「久ヶ原式・弥生町式」の系統をもっていることから、これを「久ヶ原式」と理解しておく。その後は E1a、G1b、G2 などの S 字状結節文をもつ斜縄文帯の上下を S 字状結節文で区画している段階である。これらを「弥生町式」としておく。S 字状結節文をもった斜縄文ともたない撚りの異なる斜縄文を交互に転がして羽状にし、縄文帯の下端のみを S 字状結節文で区画するなどの施文手法が、これまでの縄文帯の上下を区画するものとは性質が異なることから、「久ヶ原式」とは区分でき、この手法が本郷弥生町出土の壺と共通する手法であることから、「弥生町式」としたものである。次の前野町式は文様 G、H など

	(北部)		(南部)
弥生時代		宮ノ台式	
	1		
	2		
	3	久ヶ原式	
	4		
	5		
		弥生町式	
		前野町式	
古墳時代		五領式	

第7図　旧武蔵国中・南部地域弥生後期編年の概念図

のS字状結節文をもつ斜縄文を斜状に転がすことを特徴としていることから、これも「弥生町式」とは区分される。

6. まとめ

　以上、「久ヶ原式」を5期に細分し、「弥生町式」を1期として細分を試みた。その説明は不十分であるが試みの一つとしてご理解いただきたい。第7図のように筆者は考えていることを改めて示しておきたい。これの評価についてはこれから再検討がされることと思われるが、これらの系や周辺地域との併行関係や系統関係についての検討が必要である。さらなる追求を進めていきたい。

　なお、第2表は当地域の遺跡での壺の共伴関係をもとに文様の共伴関係を示したものである。これは前述の編年の系統を考えて細分したものとは別の方法によるものであり、あくまでも参考としてみていただければ幸いである。

　最後に、本稿をまとめるにあたっては鈴木正博・齋藤瑞穂両氏に多大なるご教示をいただいた。文末にあたり、感謝とともに記しておきたい。

I 各地域の後期土器

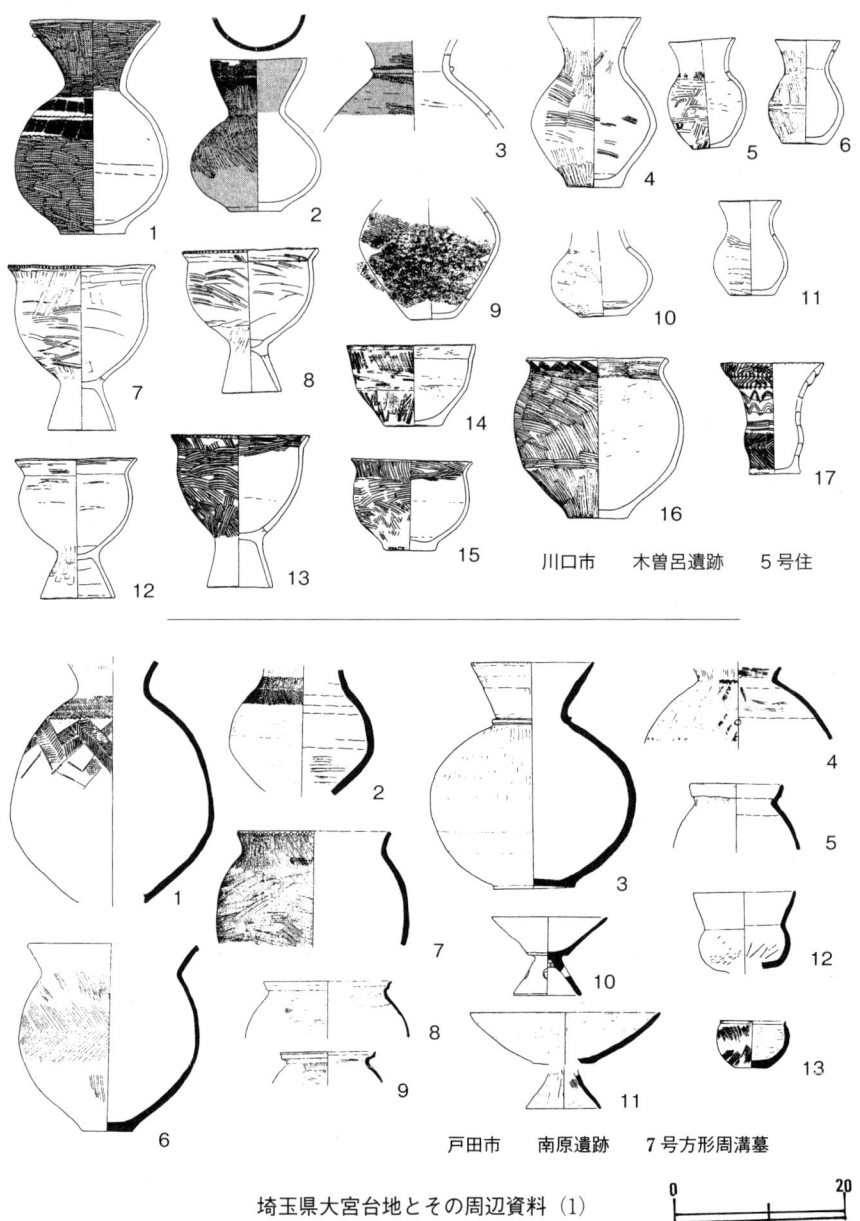

川口市　木曽呂遺跡　5号住

戸田市　南原遺跡　7号方形周溝墓

埼玉県大宮台地とその周辺資料（1）

旧武蔵国中・南部における弥生後期土器

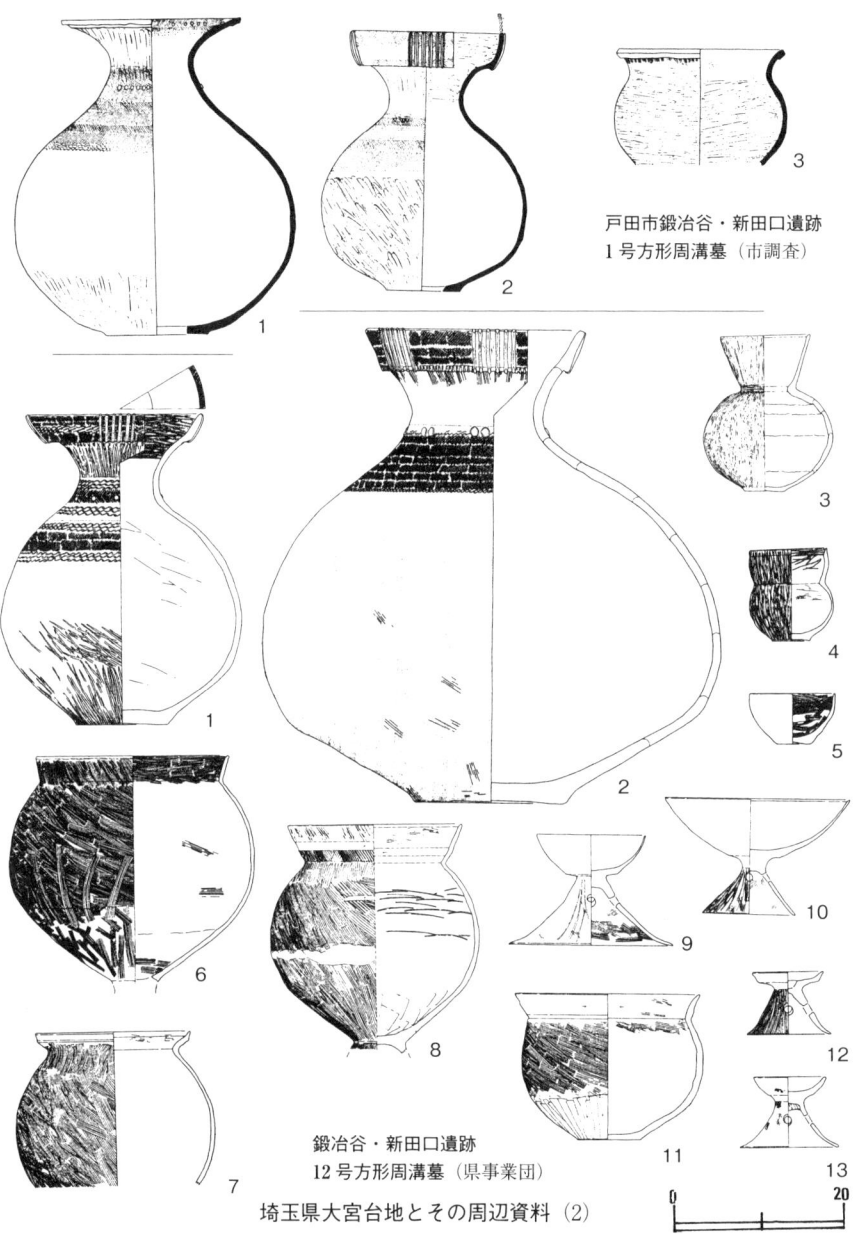

戸田市鍛冶谷・新田口遺跡
1号方形周溝墓（市調査）

鍛冶谷・新田口遺跡
12号方形周溝墓（県事業団）

埼玉県大宮台地とその周辺資料（2）

I 各地域の後期土器

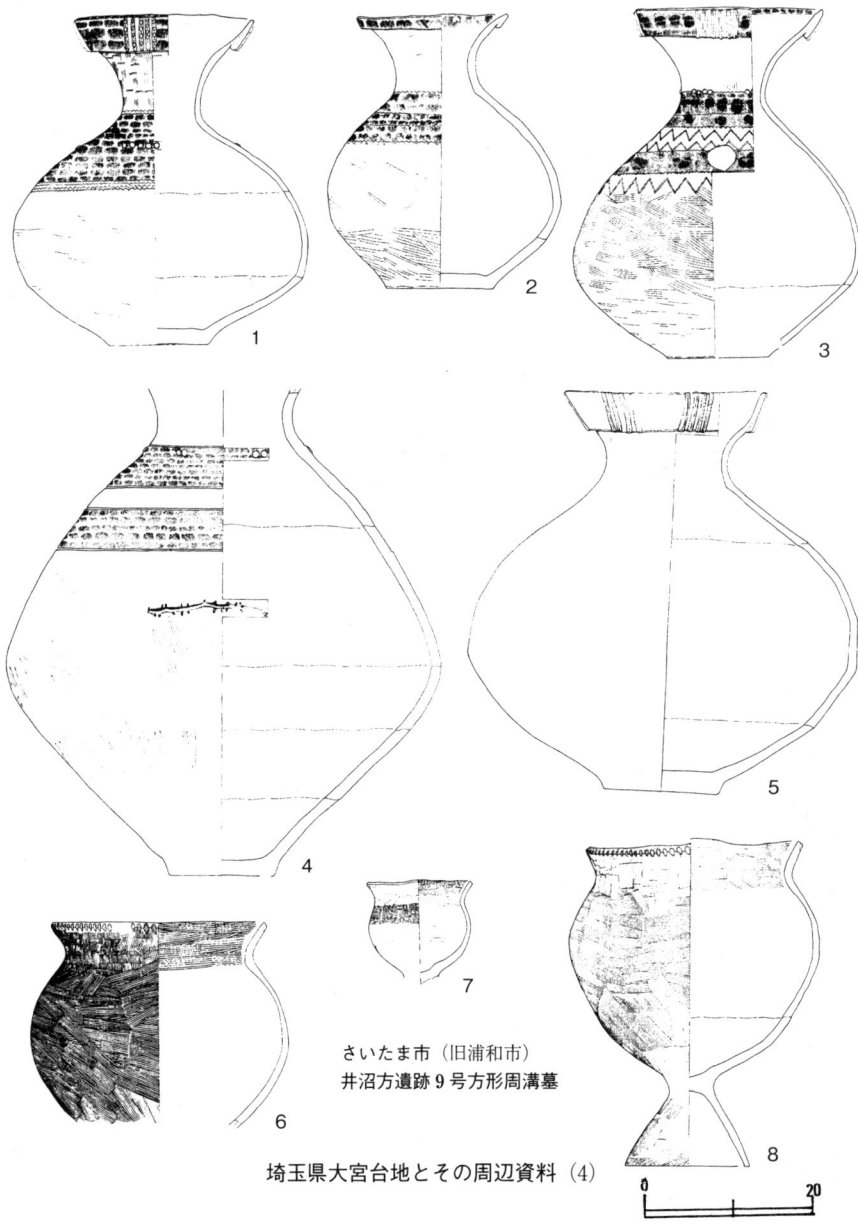

さいたま市（旧浦和市）
井沼方遺跡9号方形周溝墓

埼玉県大宮台地とその周辺資料（4）

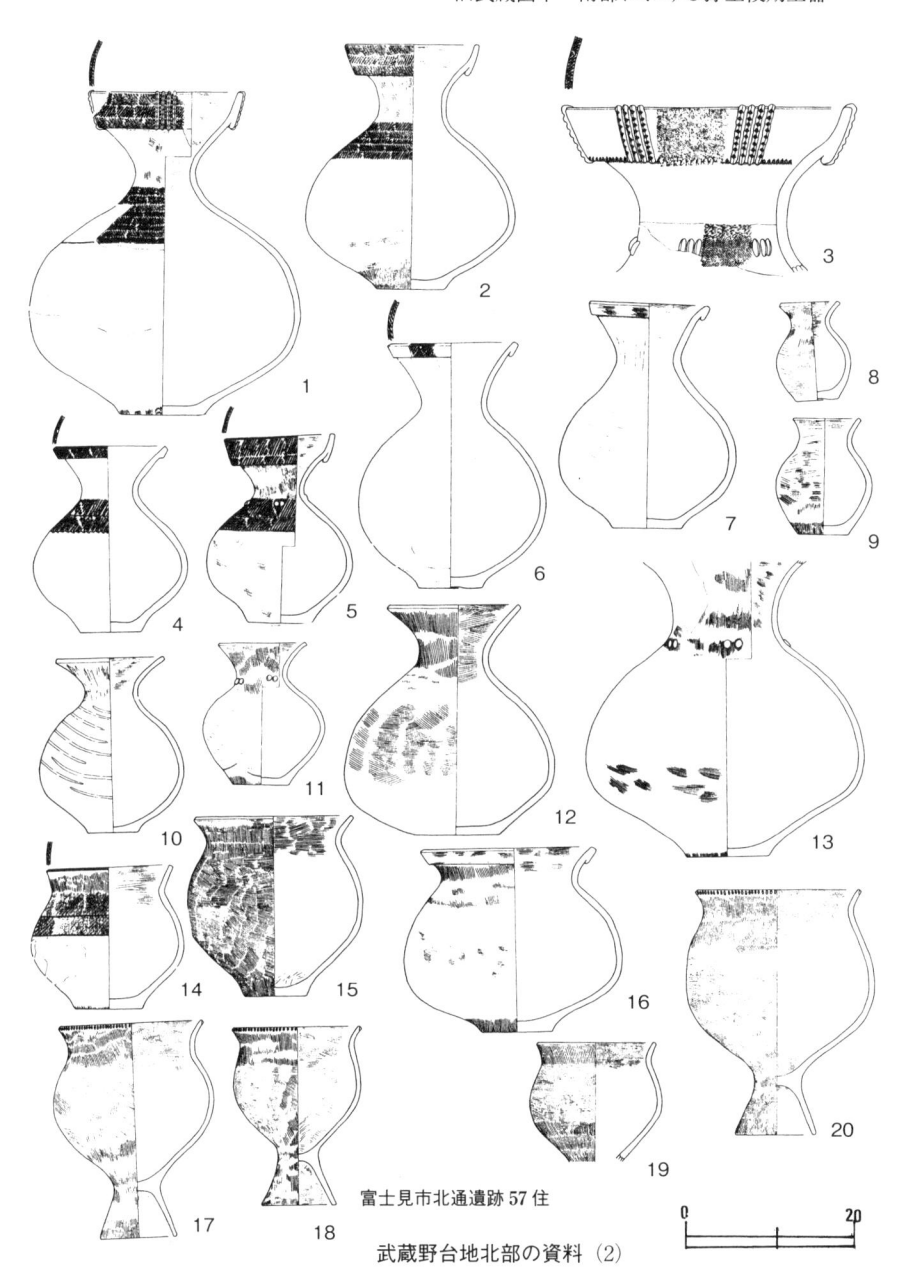

旧武蔵国中・南部における弥生後期土器

富士見市北通遺跡 57 住

武蔵野台地北部の資料（2）

I 各地域の後期土器

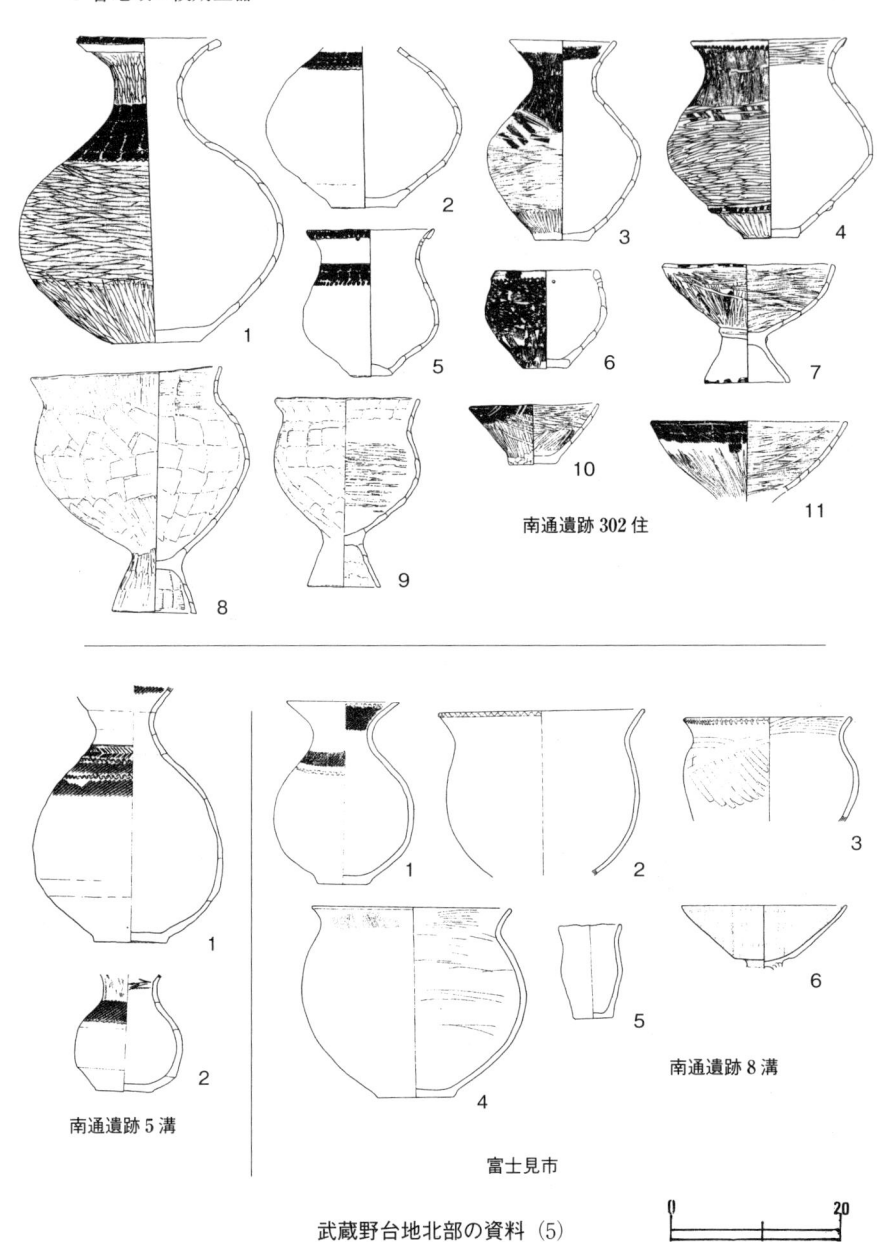

南通遺跡 302 住

南通遺跡 5 溝

富士見市

南通遺跡 8 溝

武蔵野台地北部の資料（5）

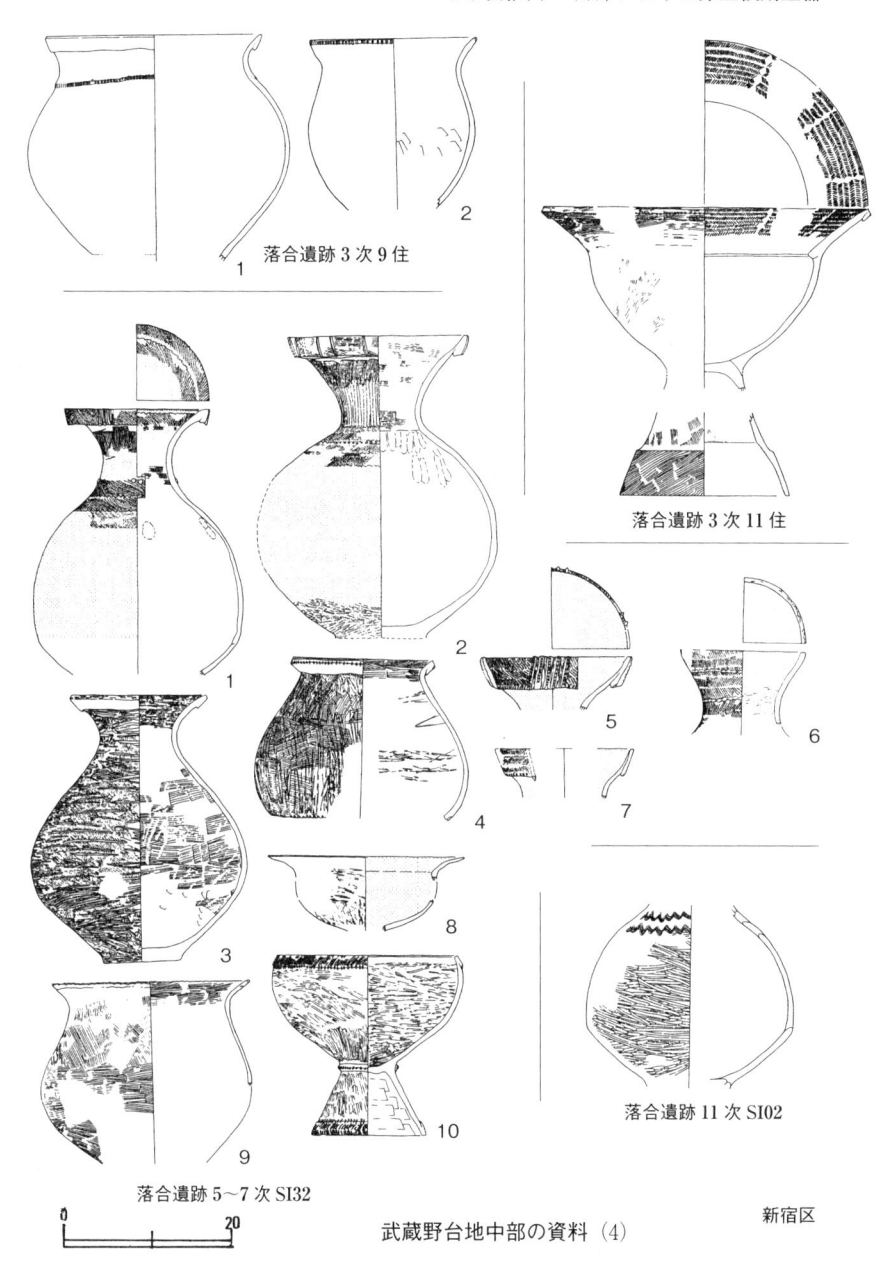

旧武蔵国中・南部における弥生後期土器

落合遺跡3次9住

落合遺跡3次11住

落合遺跡5～7次SI32

落合遺跡11次SI02

武蔵野台地中部の資料（4）

新宿区

I 各地域の後期土器

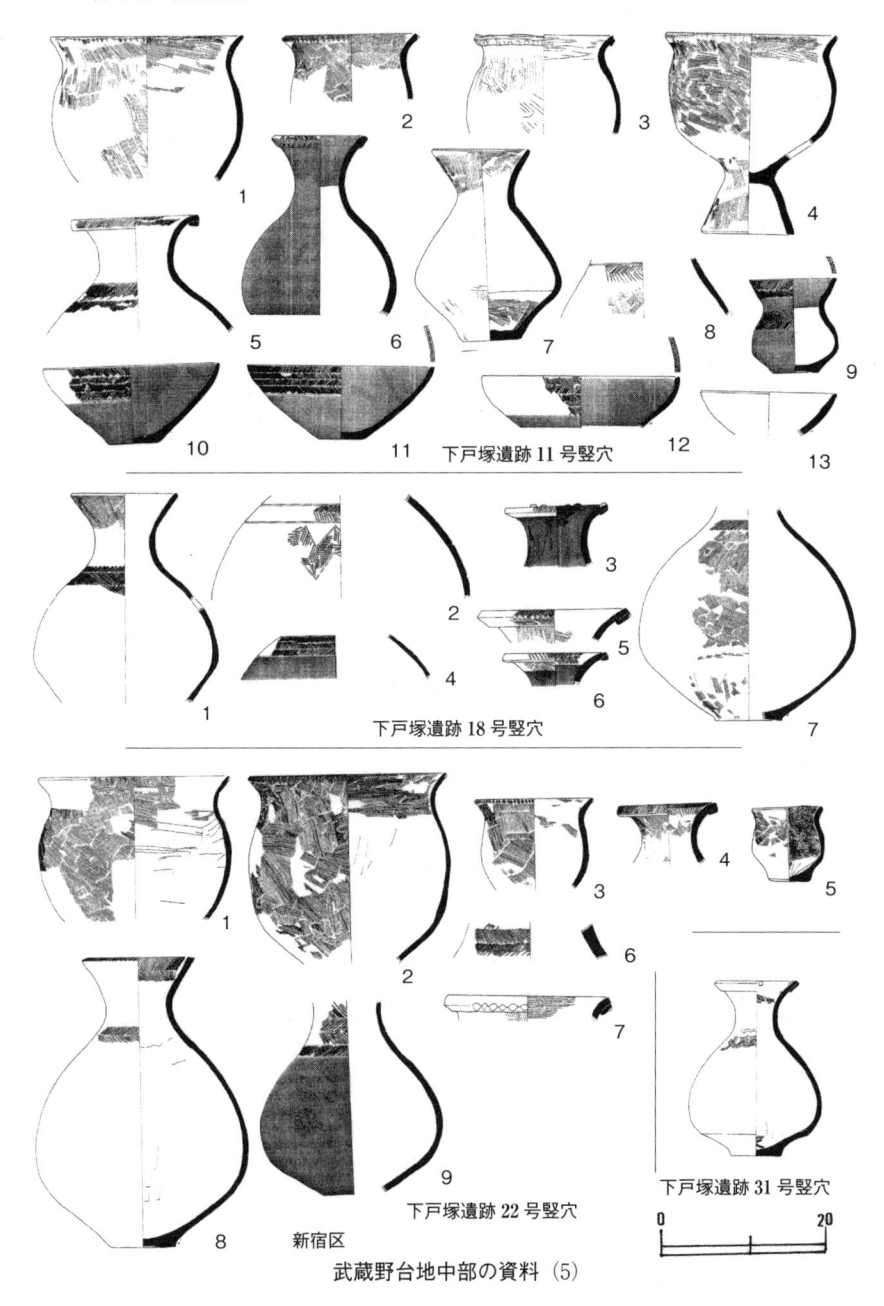

下戸塚遺跡11号竪穴

下戸塚遺跡18号竪穴

下戸塚遺跡22号竪穴

下戸塚遺跡31号竪穴

新宿区

武蔵野台地中部の資料（5）

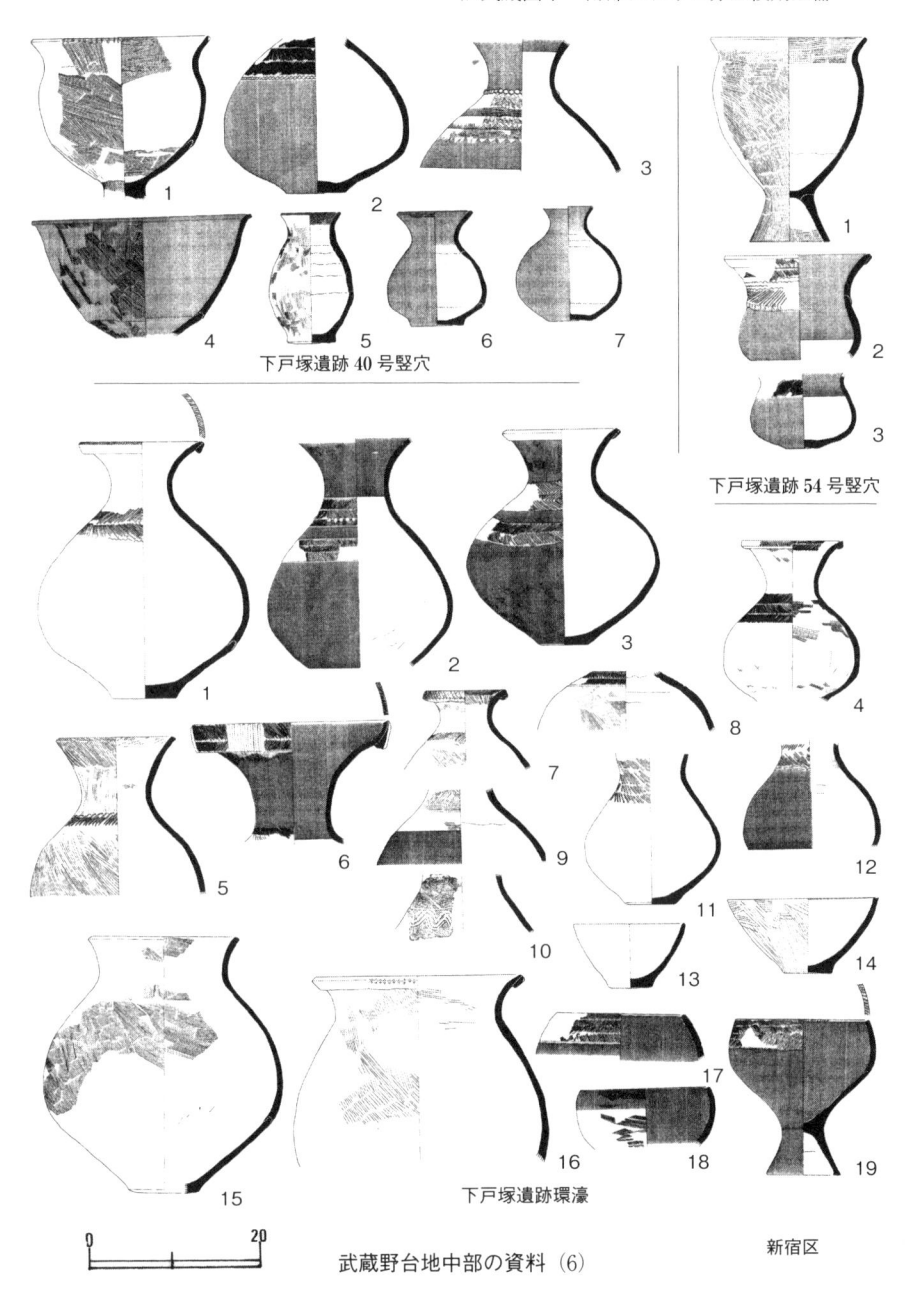

旧武蔵国中・南部における弥生後期土器

下戸塚遺跡 40 号竪穴

下戸塚遺跡 54 号竪穴

下戸塚遺跡環濠

武蔵野台地中部の資料 (6)

新宿区

Ⅰ 各地域の後期土器

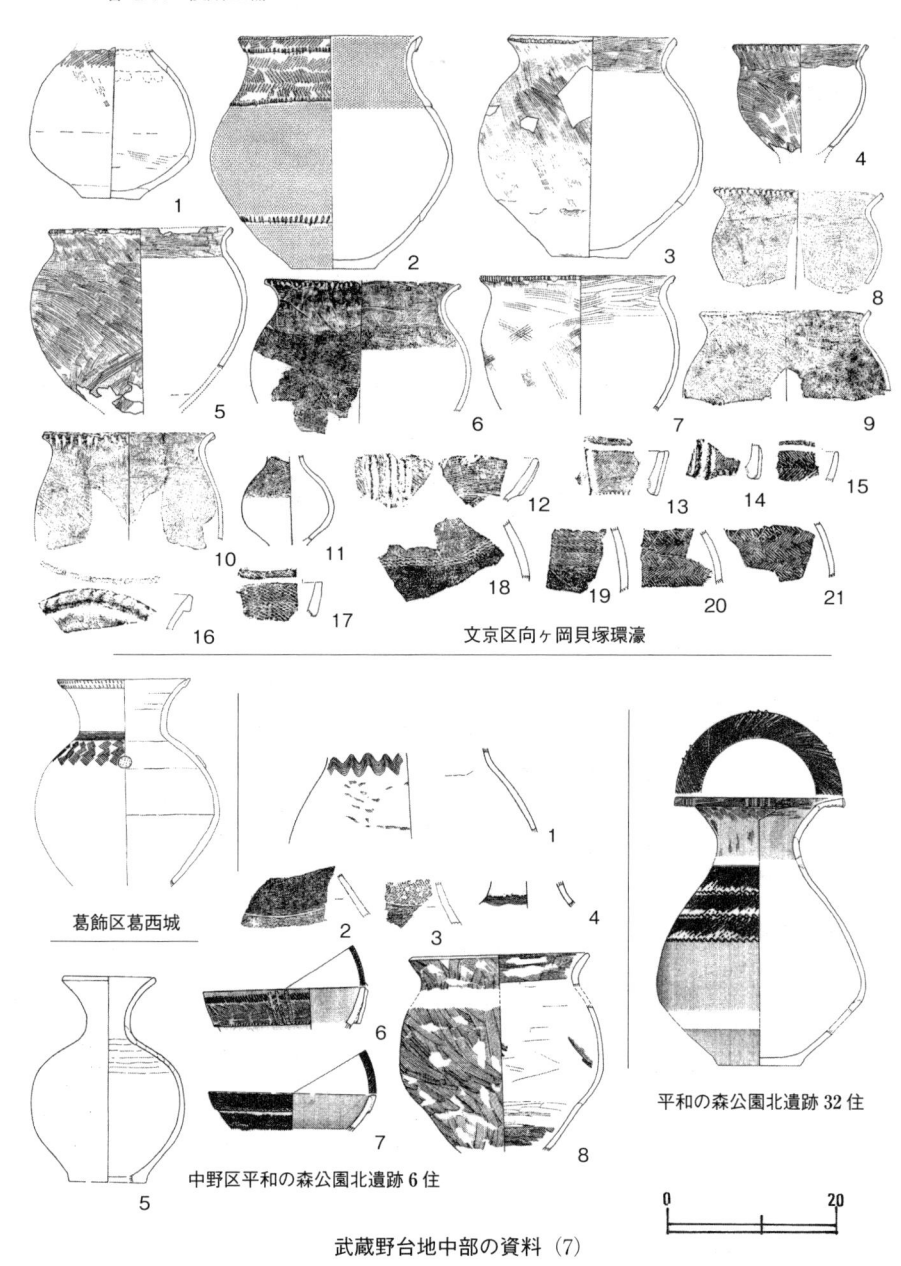

文京区向ヶ岡貝塚環濠

葛飾区葛西城

中野区平和の森公園北遺跡6住

平和の森公園北遺跡32住

武蔵野台地中部の資料（7）

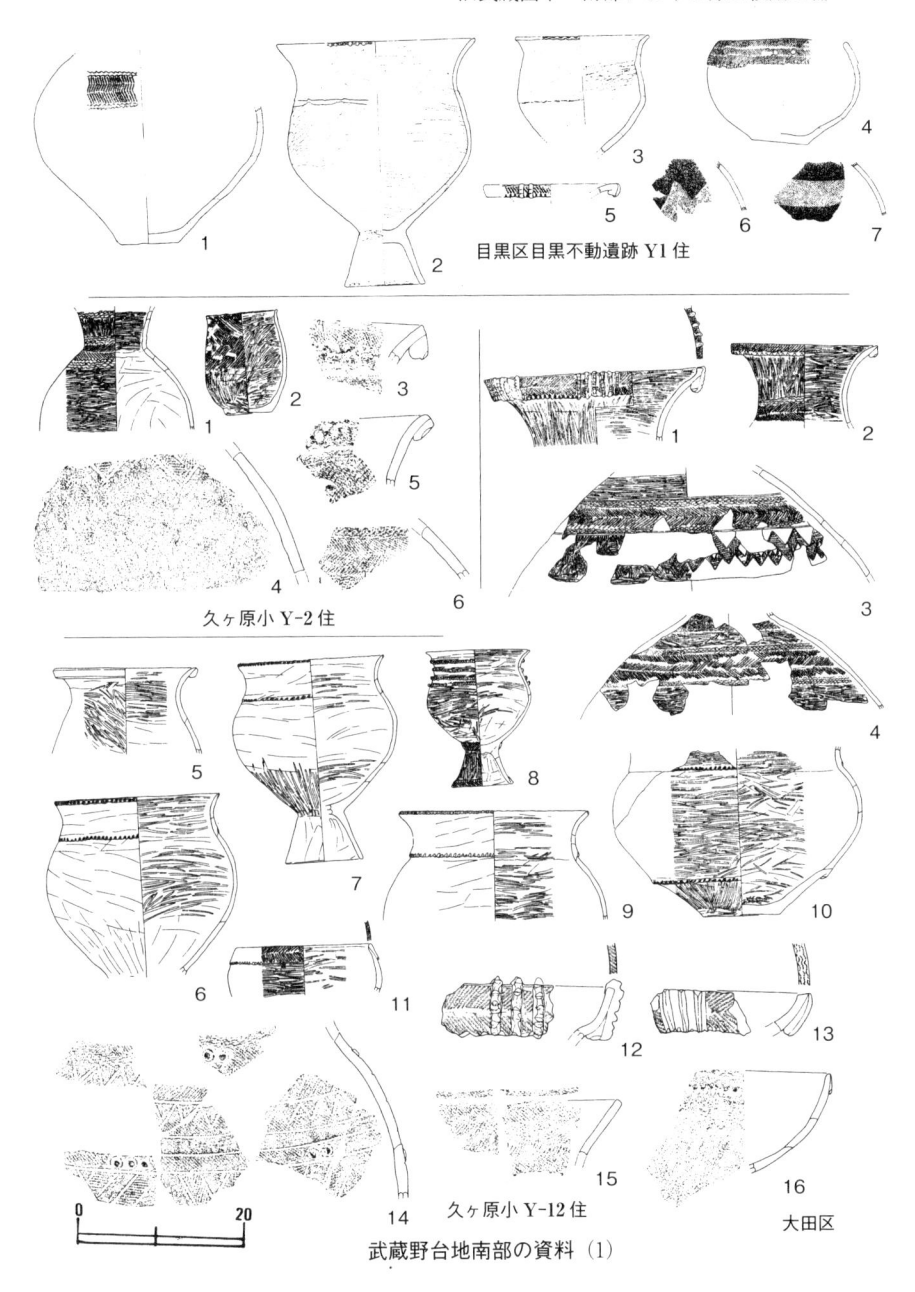

旧武蔵国中・南部における弥生後期土器

目黒区目黒不動遺跡 Y1 住

久ヶ原小 Y-2 住

久ヶ原小 Y-12 住

大田区

武蔵野台地南部の資料（1）

33

I 各地域の後期土器

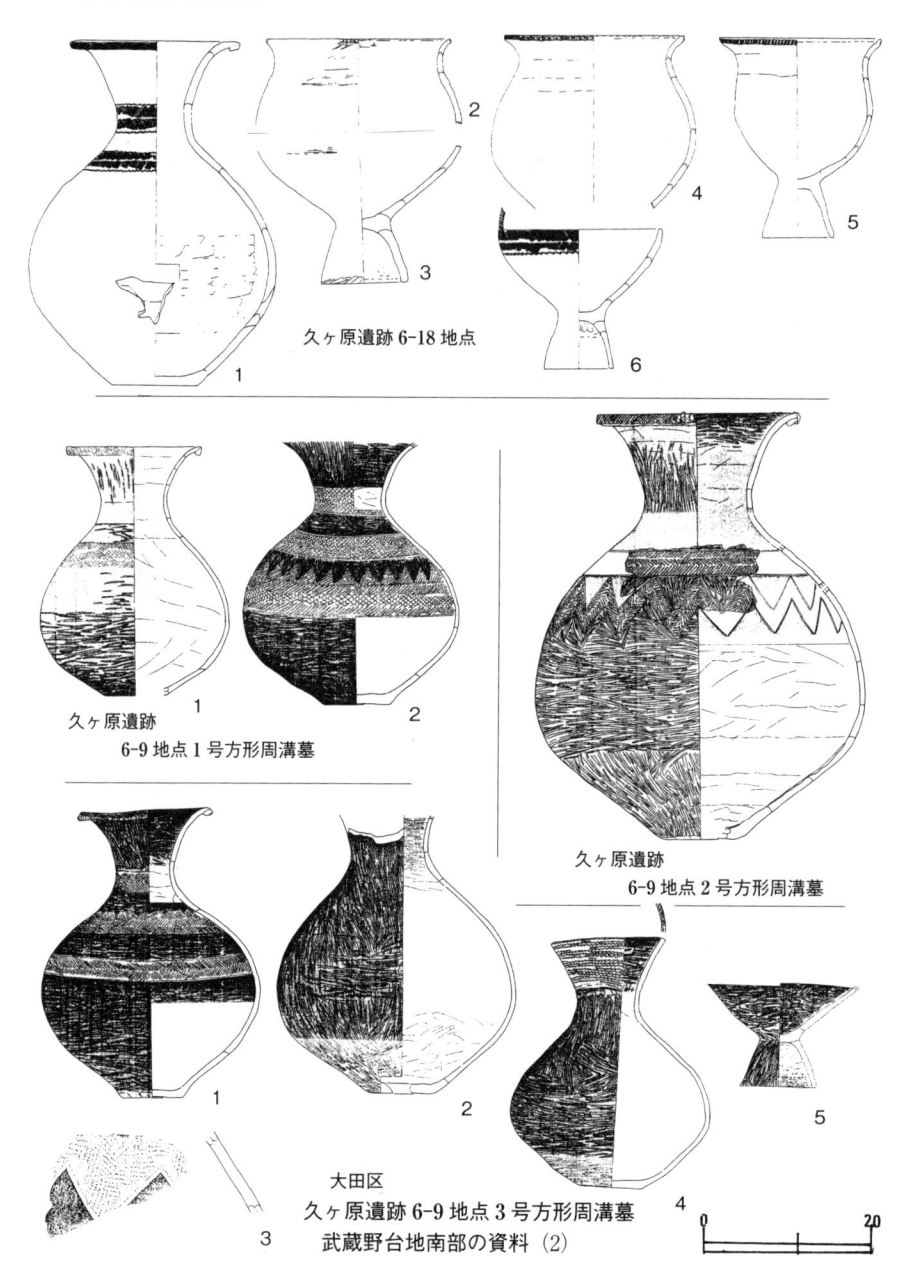

久ヶ原遺跡 6-18 地点

久ヶ原遺跡
6-9 地点 1 号方形周溝墓

久ヶ原遺跡
6-9 地点 2 号方形周溝墓

大田区
久ヶ原遺跡 6-9 地点 3 号方形周溝墓
武蔵野台地南部の資料 (2)

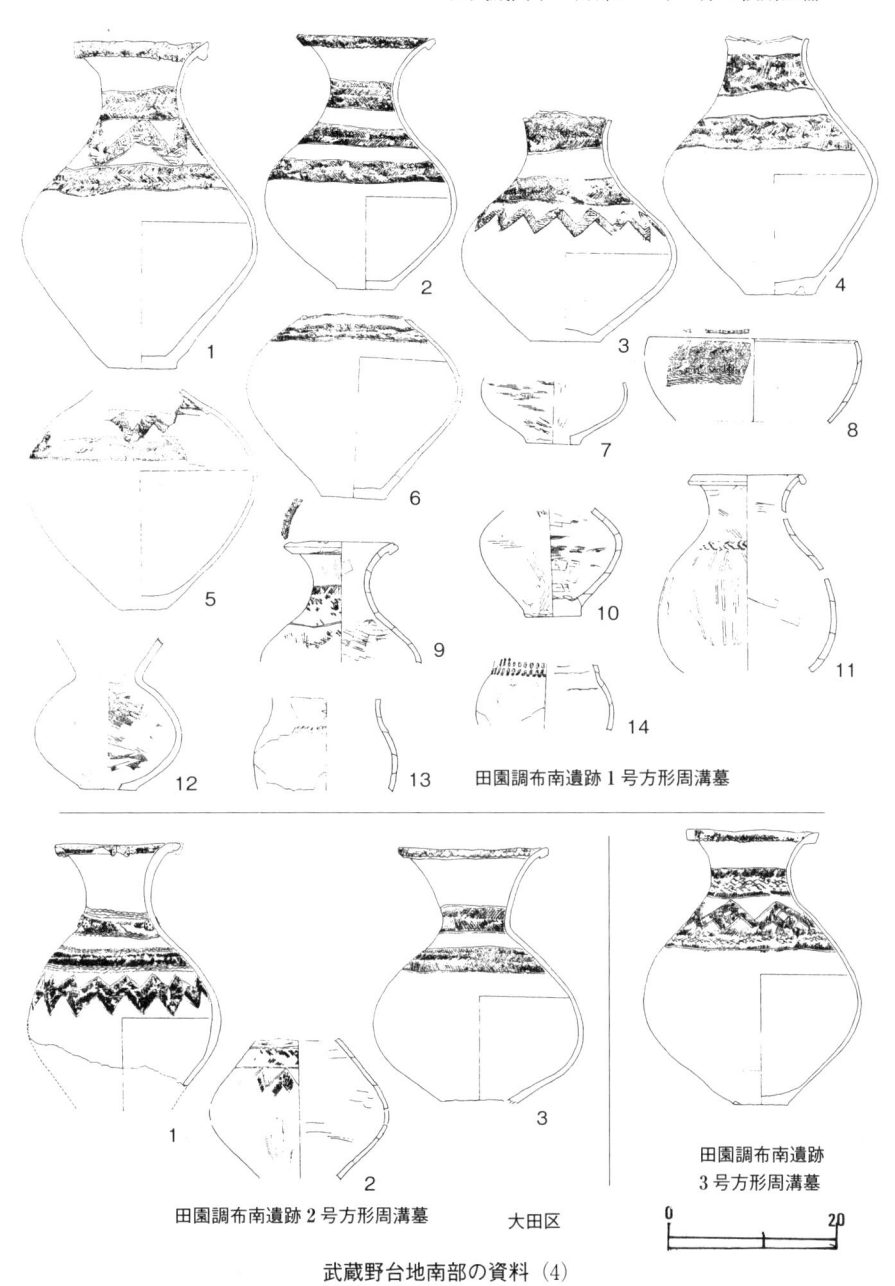

旧武蔵国中・南部における弥生後期土器

田園調布南遺跡 1 号方形周溝墓

田園調布南遺跡 2 号方形周溝墓　　大田区　　田園調布南遺跡 3 号方形周溝墓

武蔵野台地南部の資料（4）

I 各地域の後期土器

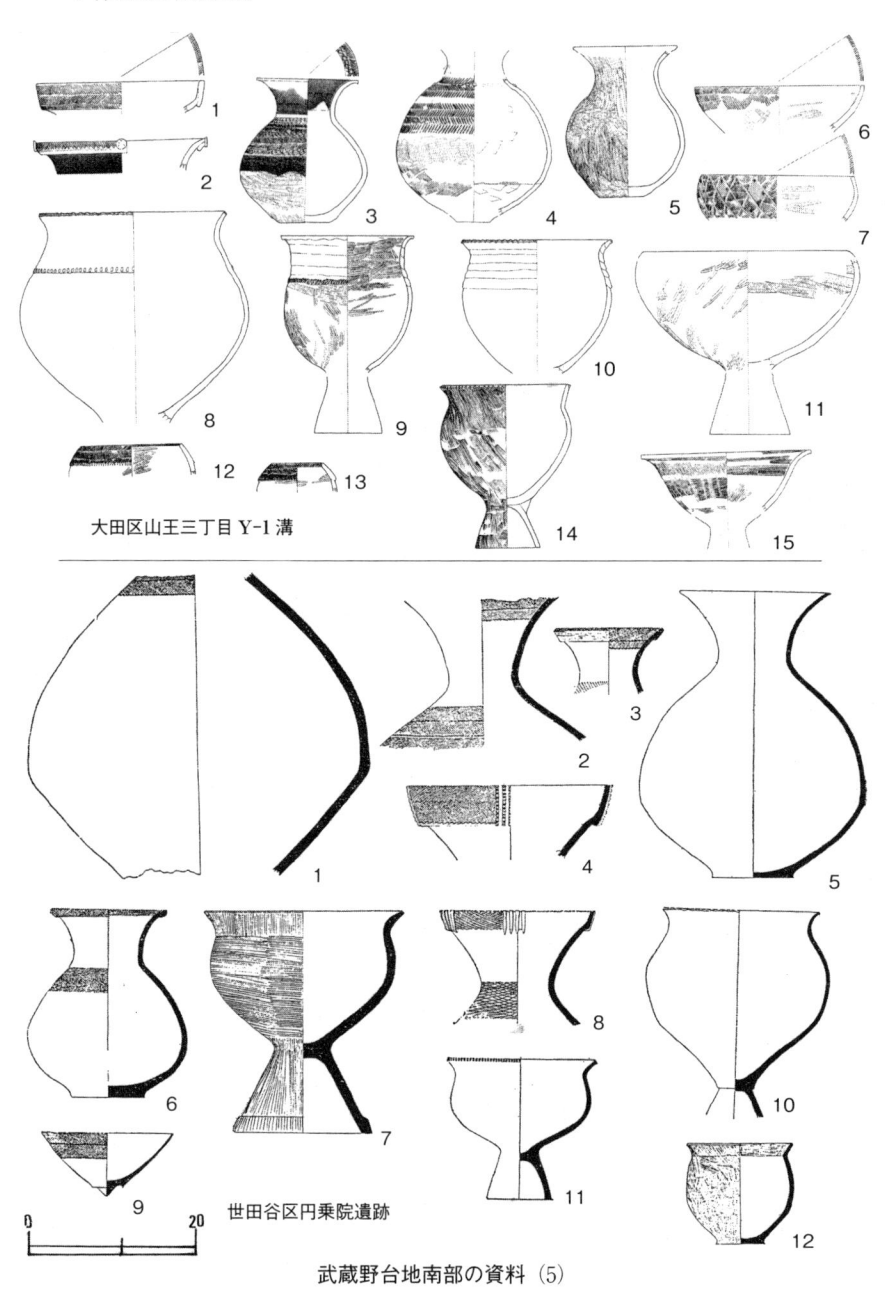

大田区山王三丁目 Y-1 溝

世田谷区円乗院遺跡

武蔵野台地南部の資料 (5)

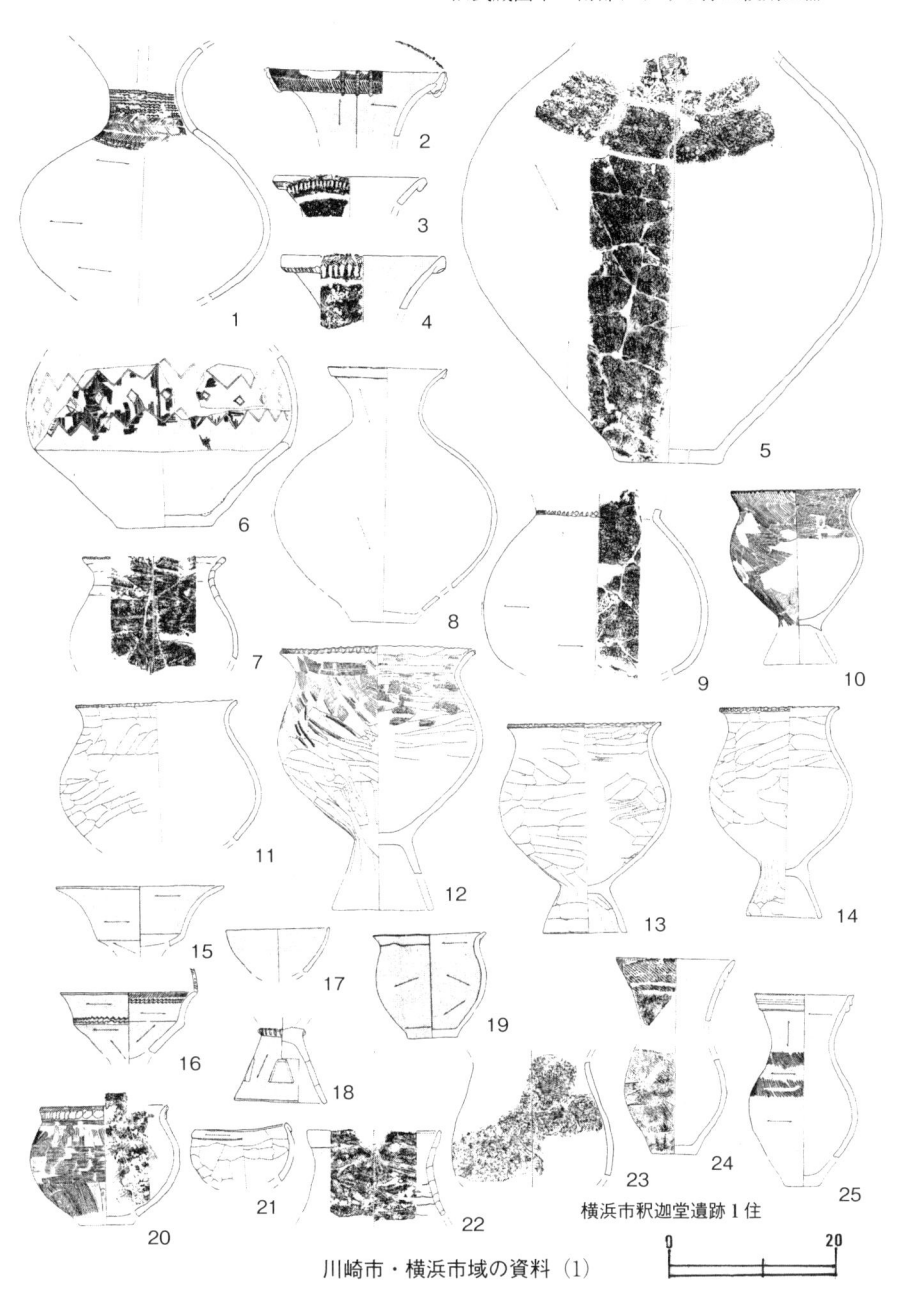

旧武蔵国中・南部における弥生後期土器

横浜市釈迦堂遺跡1住

川崎市・横浜市域の資料（1）

I 各地域の後期土器

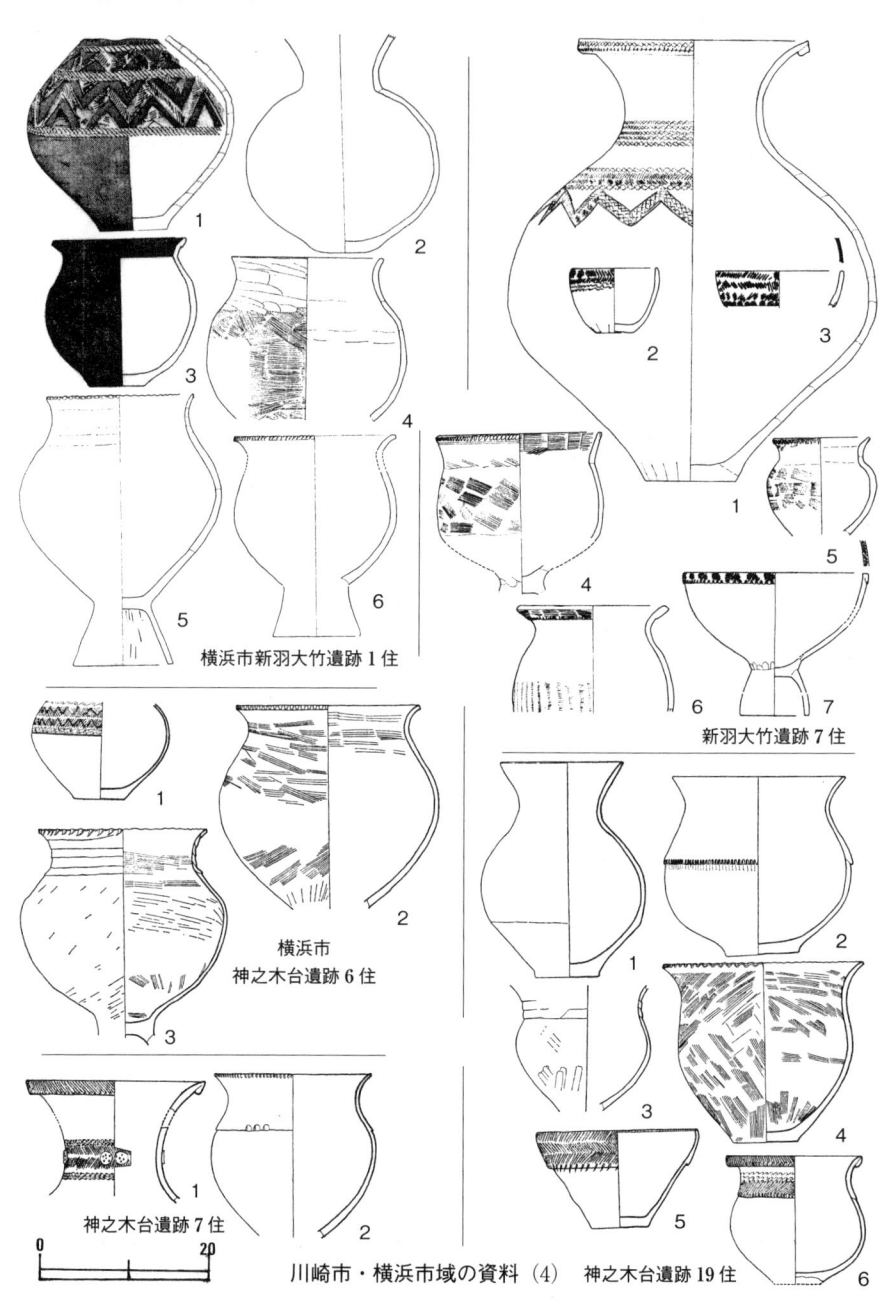

横浜市新羽大竹遺跡1住

新羽大竹遺跡7住

横浜市
神之木台遺跡6住

神之木台遺跡7住

川崎市・横浜市域の資料（4） 神之木台遺跡19住

旧武蔵国中・南部における弥生後期土器

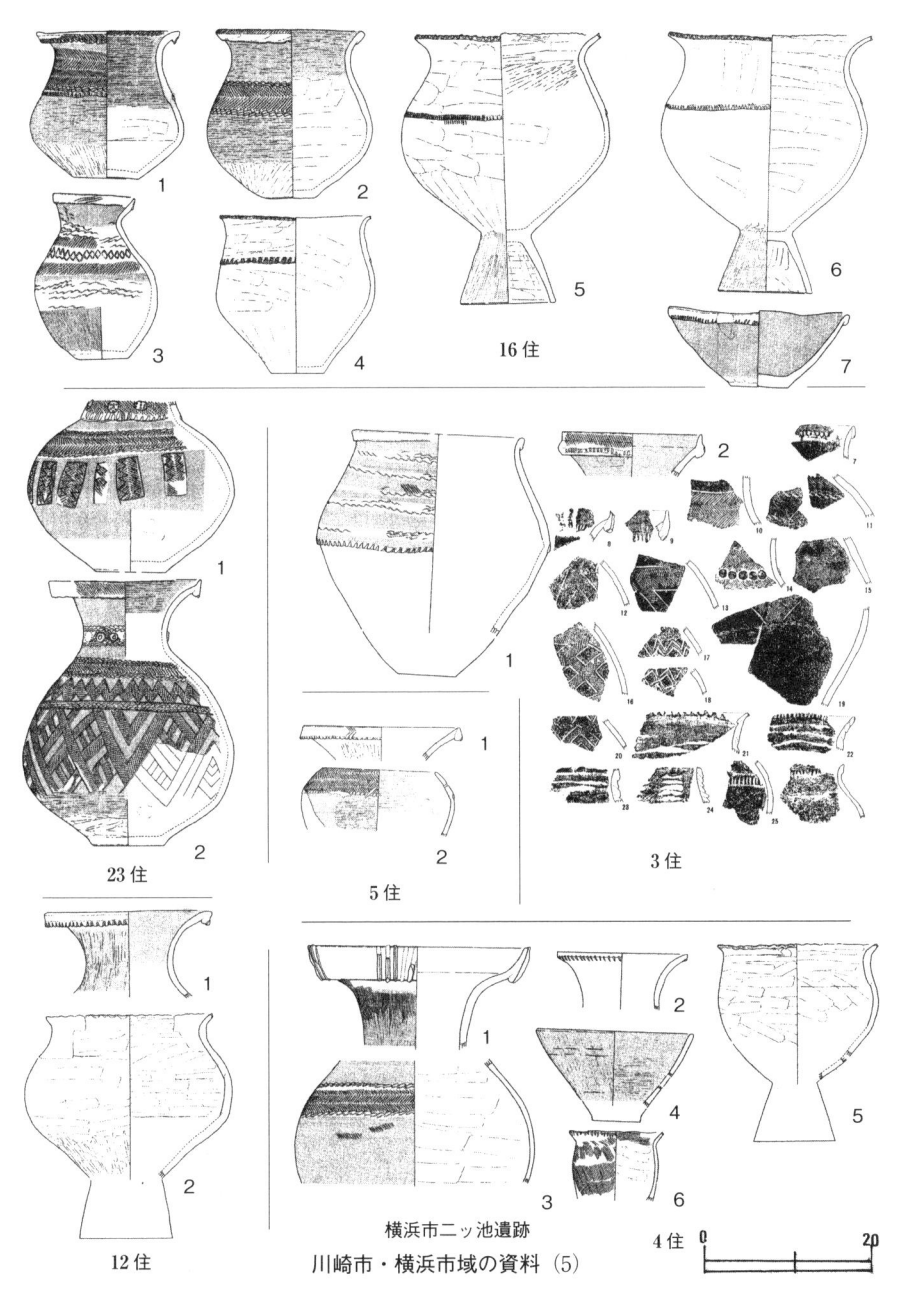

16住

23住

5住

3住

12住

横浜市二ッ池遺跡
川崎市・横浜市域の資料 (5)

4住

久ヶ原式と山田橋式

大 村　　直

当日の口頭発表

　私の発表資料は『予稿集』の 70 ページ以降になります。ただ、今回私は新たに主張することがありませんので、『予稿集』には文章を載せていません。

　私は主催者側の人間ではありませんが、現状でそんなに間口が広い方とは思っておりませんので、小出さんには、論点を絞るようにお願いしたのですが、結局何も連絡がないまま、年末に予稿集が送られてきて、そのお手紙には発展的な話せよと。正直ムッときたのですが、とりあえず、おつきあいさせてもらいます。

　今回は、東京湾東岸地域が私の対象になるのですが、この地域は、1980 年前後の、南関東地方の既成編年の抜本的な見直しが問題になったころ、実際には市原市の国分寺台遺跡群などですでに大規模な発掘調査が行われていたにもかかわらず、資料的な空白を生じていたわけです。いわゆる並行論の段階では、私個人は、久ヶ原・弥生町式というより、主に前野町式に対峙する系統の異なる土器、「鴨居上ノ台式」を切り口にしたのですが、どちらかというと中心地域とは言い難い三浦半島の鴨居上ノ台遺跡を対象としなければならなかったような状況だったわけです。しかし、90 年代に入ってからは、旧君津郡域で、大規模な調査が行われ、まさに爆発的に資料が増えました。市原市でも、ようやくこの 5・6 年になって報告書が刊行されるようになり、大厩遺跡や菊間遺跡、土宇遺跡以後の空白期が埋まってきたというような状況です。ただ、資料の蓄積がまさに加速的で、空白から一気に飽和地帯になってしまいました。今回、小出さんの方でつくられた上総地域の資料

が配付されていますが、個々を網羅的対象としていくことがすでに困難な状況にあると思っています。そうはいっても、外来系土器が在地化を繰り返すような相模湾沿岸から荒川流域地域に比べると、上総地域は方法論的にも実態論としても、さほど難しい地域ではないと思っております。

ただ、私自身ここしばらく、従来型の編年研究を進めていくことに関して抵抗感がありまして。土器も本来「もの」である以上、客観化が可能である。多少、原理主義的な考えに縛られていたともいえますが。客観化といっても絶対値を問題としているわけではありません。そもそも弥生土器は半規格品でありまして、これについても、対象とする「もの」や地域によって感覚は異なるとは思いますが。半規格品であることを前提として、これをいかにとらえるべきか、ということです。

今回、市原市の山田橋遺跡群を対象として編年案を提示したわけですが、当初、集落分析を目的とした多少実験的な編年を行おうと考えました。これは前後の関係から型式変化を設置することが可能と思われる要素、たとえば壺形土器における区画文、口縁部の形態、頸部の帯縄文の位置、連続山形文の波形および地文縄文など、これらをそれぞれ独立した序列としたうえで、もっとも確実な同時性、すなわち個体単位で相互の組み合わせを検証する。そして、確率的な優先順位にもとづいて、色分けをしていくという方法です。結果、型式組列は複数並列することになるわけですが。山田橋遺跡群のような、国分寺台の周縁にあって、時期的にも比較的限定されている。10ヘクタールを超えるような集落範囲をもち、分布は散漫である。こういった集落の動態を把握するうえでは、すくなからず客観性を与えうるのではないかと考えたわけです。

しかし、結論的には、膨大な遺構数にもかかわらず遺構単位の出土量が極端に少ないことがネックになってしまいました。この時期の出土量の少なさは古くに指摘されていることですが、これを追体験することになってしまいまして、結局分類を細分化していくと到底数量化に耐えられないわけです。分析結果の一端は報告の第181・182図などにしめしてありますが。

また、もっとも普遍性をもつ甕形土器は、漸移的な器形変化とミガキの卓

I 各地域の後期土器

越化といったこと以外、明確な変化をとらえきれないという点や、一方で、情報量の多い幾何学文の壺形土器は、出土量がきわめて限定され、編年の基準的な指標としてあつかうことができない。装飾壺形土器については、『西相模考古』で少し補足しましたが。

今回、できるだけ分類基準を明確化するように心がけましたが、結果として従来型の器形変化に依存するようなものになってしまっています。しかし、それでも進めてきたのは、『史館』の冒頭で書いたような開き直りと、相模湾沿岸から荒川流域にいたる「東海系」の移入が、集団移住という具体的な事実をもって検証されつつあり、その具体的事実をもとに、土器型式あるいは地域性の背景についての検討も進められています。それと対極とはいわないまでも異質な土器相をもつ東京湾東岸地域の型式分類を進め、対比してみたかったということがあります。

今回、市原台地周辺を主な対象地域として、宮ノ台式と鴨居上ノ台式、鴨居上ノ台式は私個人としても現状ではあまり積極的には使っていませんが、その間を久ヶ原式と山田橋式に大別し、さらに細別4段階、細々別6段階の設定を行いました。

大別基準は、各器種を横断する、「様式」的変化としての帯縄文沈線区画、久ヶ原式と、自縄結節区画、山田橋式です。しかし、甕形土器が、久ヶ原式—山田橋式をとおして明確な型式的特徴が乏しいように、大中細の段階的区分としたのは、同レベルでの細別区分による適用が困難なことによります。

久ヶ原式については、壺形土器の帯縄文沈線区画を指標とすることによって、基本点における合意を得ることができるのではないかと考えました。

成立期について、『史館』では椎津茶ノ木遺跡123号遺構を取り上げたのですが、これは『予稿集』大村資料7（本書53頁）です。ここでは宮ノ台式、久ヶ原式の特徴が個体間、さらに個体内で混在する。全体としてみると、複合口縁、20についてはやや新しいようにも思えますが。壺形土器・椀形土器の沈線区画の帯縄文や、甕形土器口縁端部交互押捺、口頸部多段など、久ヶ原式の特徴をすべて備えることから、実態として久ヶ原式成立期と考えたわけです。ただ、『史館』でも書いたように、型式として昇華するために

は純化すべき必要があると思っています。

　この資料でとくに注目したのは他地域との併行関係を明らかにするうえで重要な常総系とか中部高地系といった土器が混在していることです。それらにも、中期末、後期初頭という従来の認識のなかで若干の幅が認められますが、宮ノ台式・久ヶ原式を含めた様々な混在について、実態としての、過渡期における混在とみるか、共伴関係そのものの混在を含む、とみるかは意見が分かれると思われます。しかし、このことが久ヶ原式の根幹にかかわるとは思っておりませんし、現状において結論を急ぐ必要はないと考えています。なお、これと同段階、久ヶ原1式古段階としたものは菊間遺跡、根田代遺跡環濠などにありますが、甕形土器の口縁部の折り返し状の段部、たとえば椎津茶ノ木遺跡ですと6・7・9などですね。こういった甕形土器が指標になってくるのではないかと思います。ただ、今あげた資料を含めて壺形土器にはあまり良好なものがありませんので、内容的にはなお不完全な状態です。

　久ヶ原式についてはここまでにして、問題になるのは久ヶ原式よりも山田橋1式かなと個人的には思っています。山田橋1式としたものは『予稿集』大村資料8（本書54頁）に代表的なものをのせています。山田橋1式の壺形土器は、区画文として地文とは別原体の結節文の採用を特徴としますが、この段階は置換期にあたり、沈線区画と混在する状況が認められます。口縁部形態には、折り返し状の口縁と、受口の複合口縁があり、とくに後者はこの段階以降一般化します。折り返し状口縁については、『予稿集』大村資料8の山田橋大山台遺跡36号竪穴住の1、その下の土宇遺跡8号住居跡の8などです。それらは複合部が厚く、断面形状が三角形で、口縁に対して直立する複合面をもつことが特徴です。また、壺形土器の口頸部文様帯は、その位置が器形変化に連動して変化していきます。久ヶ原式はなで肩の胴上半部に広く施文するのですが、口径部が屈曲していくのにともない、山田橋1式古段階の頸部文様帯位置は頸部の括れ部にあたるようになります。以上は、連続的な器形変化ですが、この段階でとくに問題となるのが、比較的強固な企画性が認められた久ヶ原式の文様構成の解体期にあたるということです。山田橋式は、結節区画の帯縄文2帯を基本としつつ、いわゆる幾何学文土器を

Ⅰ 各地域の後期土器

はじめとした文様の多様化と地文としての結節文と網目状文の出現が認められるわけです。

『西相模考古』では、市原市長平台遺跡201・202号方形周溝墓出土例を主に対象としましたが、これは『予稿集』大村資料9（本書55頁）にあります。その文様構成は、1の下部横帯文の上下を鋸歯文状に区画するもの、2の横位連続回転の結節文を磨り消した上向き鋸歯文、4の結節区画の横帯縄文3帯で構成し、下部間帯に複合山形文を配置するもの、5・6の上向き鋸歯文を2段配置するものなどであり、これらの地文、文様構成の出自を、房総半島南部地域の「安房形」装飾壺形土器に求めることができると考えたわけです。

これについては大村資料6（本書52頁）にあります。安房形としたものは、湊川流域以南房総半島南部地域に成立する装飾性が豊かな壺形土器であり、とくに回転結節文、網目状文を地文とすることに主な特徴があります。ただ、現状では鴨川市根方上ノ芝条里跡、館山市健田遺跡などに限られており、その全貌を系統的に整理するには情報量が乏しいと言わざるをえません。ただし、終末期の18・21の富津市東天王台遺跡や19・20の木更津市林遺跡などの事例、これらは安房からすこし離れますが、これをあわせて考えると、横帯縄文の多重化と、横帯文間の山形文、重山形文、菱形連続文、重菱形文、縦帯文などの帯縄文間連続文様、帯縄文の上下の鋸歯文、波長振幅の細かい山形連続文や菱形連続文による下部文様帯など、いくつかの系列を認めることができます。また、終末期前後は、沈線や、櫛ないし半截竹管などの複沈線を区画文にするものが認められます。

あらためて、長平台遺跡の出土土器をみると、とくに202号には根方上ノ芝条里跡SD01と直接対比することが可能なものがある、というよりも、安房形そのものと考えることができるのではないかと思っています。長平台遺跡の202・201号は、新旧関係で202号が先行しますが、上向鋸歯文を共有しつつ、沈線区画と網目状文・回転結節文帯をもつ202号から、沈線・結節区画と単節羽状縄文文帯の組み合わせからなる201号への移行が認められるわけです。安房形では、ほぼ一貫して自縄結節区画が明確ではありませんが、

安房形の参入が、結節区画の出自と定着にいたる契機となるのではないかと考えたわけです。

　また、『西相模考古』では、幾何学文土器を「東京湾岸形」装飾壺形土器として分類を試みました。これは大村資料 4・5（本書 50・51 頁）にあります。
　東京湾岸形 A 類としたものは、結節区画横帯縄文 2 帯と山形連続文帯の基本型を上部に圧縮し、その下部に幾何学文を追加したものです。また、東京湾岸形 B 類は、山形連続文帯を省略し、2 帯縄文下に幾何学文を配置したものです。B 類は、幾何学文下部に第 3 帯の横帯縄文をもつもの Ba 類と、もたないもの Bb 類に細別されます。また『西相模考古』では、山形連続文系譜の幾何学文を分類しましたが、これは「重文」と「複合文」に大別しました。このうち重文とは、単位をずらした前後交差の表現をとるものであり、複合文は入れ子状に複帯化したものです。「東京湾岸形」に関連するものは、基本的に複合文であり、複合菱形文と複合重山形文の 2 系列に大別することができます。これに対して、安房形は重文系を基本とし、複合文系は支配的ではない。ただし、その系譜は、安房形に求められると思っています。とくに、Ba 類の構図は、安房形に直接対比することが可能です。
　おそらく、安房形壺形土器に代表される房総半島南部地域における独自性の発現は、強力な力となって、山田橋式の成立に関与した。しかし、自縄結節区画にしても、東京湾形装飾壺にしても、その受容は選択的であり、安房形の波及と定着にいたる過程は、相模から荒川流域地域における山中式、菊川式の直接的な移植とは異なる情報伝達の形態による。具体的には、現実的な力すなわち集団移住のようなものではないと思っています。
　解釈にかかる部分ですが、相模から荒川流域地域との対比からいえば、久ヶ原式の規格性は、言い換えれば単純化した斉一性であり、近年、社会的な背景もあって海水準の変動パターンが色々問題とされていますが、おそらく、海面水位の上昇を契機とした中期社会の解体をうけて、地域内の集団移住を含む再編が活発に行われた段階が久ヶ原式期かと思っています。その安定化が安房形を含めた山田橋式期の小地域色の背景にあるのではないかと考えています。

I 各地域の後期土器

あとは感想ですが。今回『西相模考古』を書いてから少々時間がありまして、少し考えてみたのですが、『西相模考古』には解釈が勝っている部分もあって、「山田橋1式」に異質性を圧縮してしまった感があります。房総半島湊川流域以南において、久ヶ原式を保証するものが現状では健田遺跡第2次の一部、田子台遺跡第2号住居跡などに限られていることもあって、安房形の端緒については、なお予断を許さない部分があるのではないかと思っています。

また、さきほど、山田橋1式で網目状文が出現すると言いましたが、事実は若干違います。山田橋の報告で簡単にふれていますが、久ヶ原2式期のほぼ単純集落と考えている市原市坊作遺跡では、網目状文、付加条3種が地文として一定量認められます。これについては、問題として放置したままですが、なんらかの評価が必要かもしれません。なお、網目状文について、山田橋大山台遺跡の安房形は、報告の観察表にあるとおり、そのほとんどが付加条3種の可能性が高い。引きこもり癖がひどくて、健田遺跡など実際に確認していませんが。いずれにせよ、端緒、あるいは先駆けといった部分では、まだ問題を残しており、それによって、山田橋1式前後の位置づけというのは変動があるかもしれません。ただ、今回は、具体的な変更案はもっていません。このことを皆さんにお伝えしたうえで、検討を加えてほしいと思っています。以上です。

久ヶ原式と山田橋式

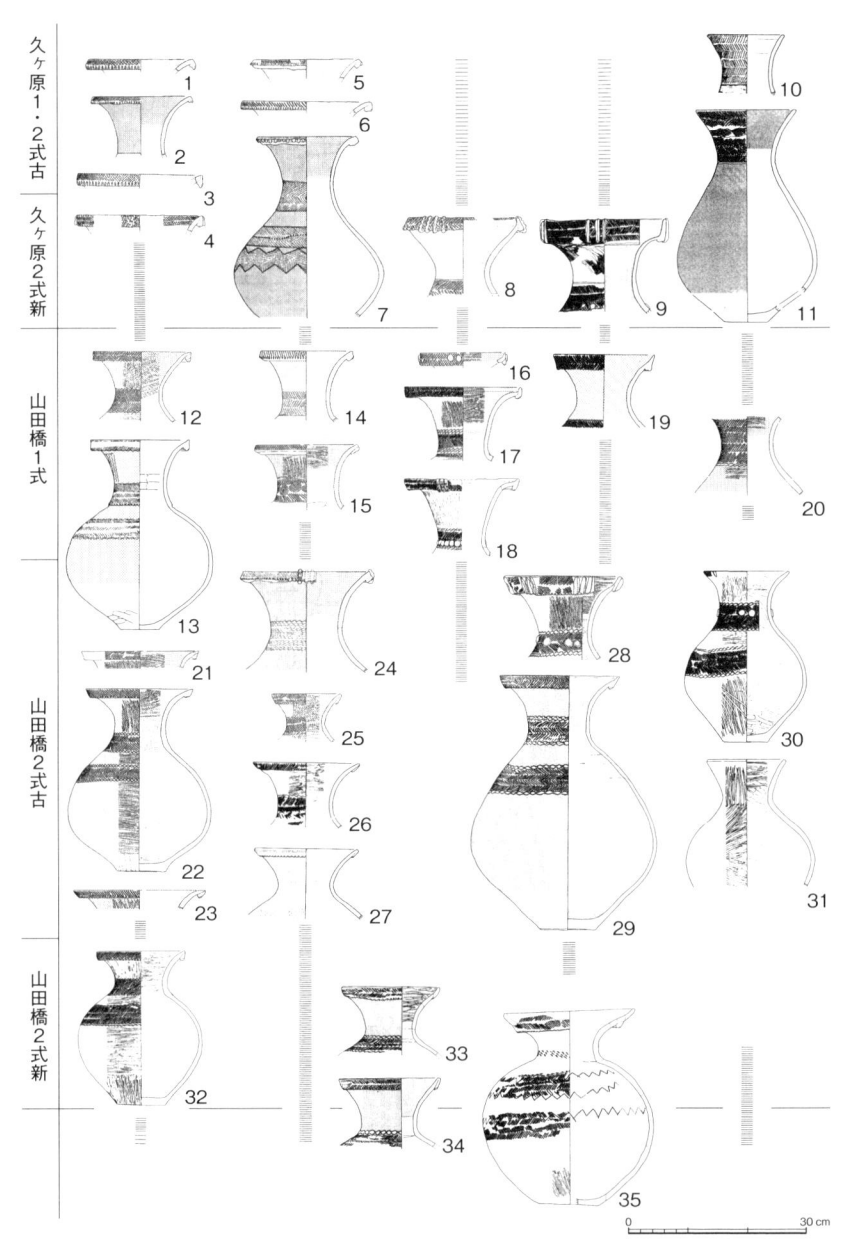

| 久ヶ原1・2式古 |
| 久ヶ原2式新 |
| 山田橋1式 |
| 山田橋2式古 |
| 山田橋2式新 |

市原台地周辺　略編年図（1）（大村 2004a）

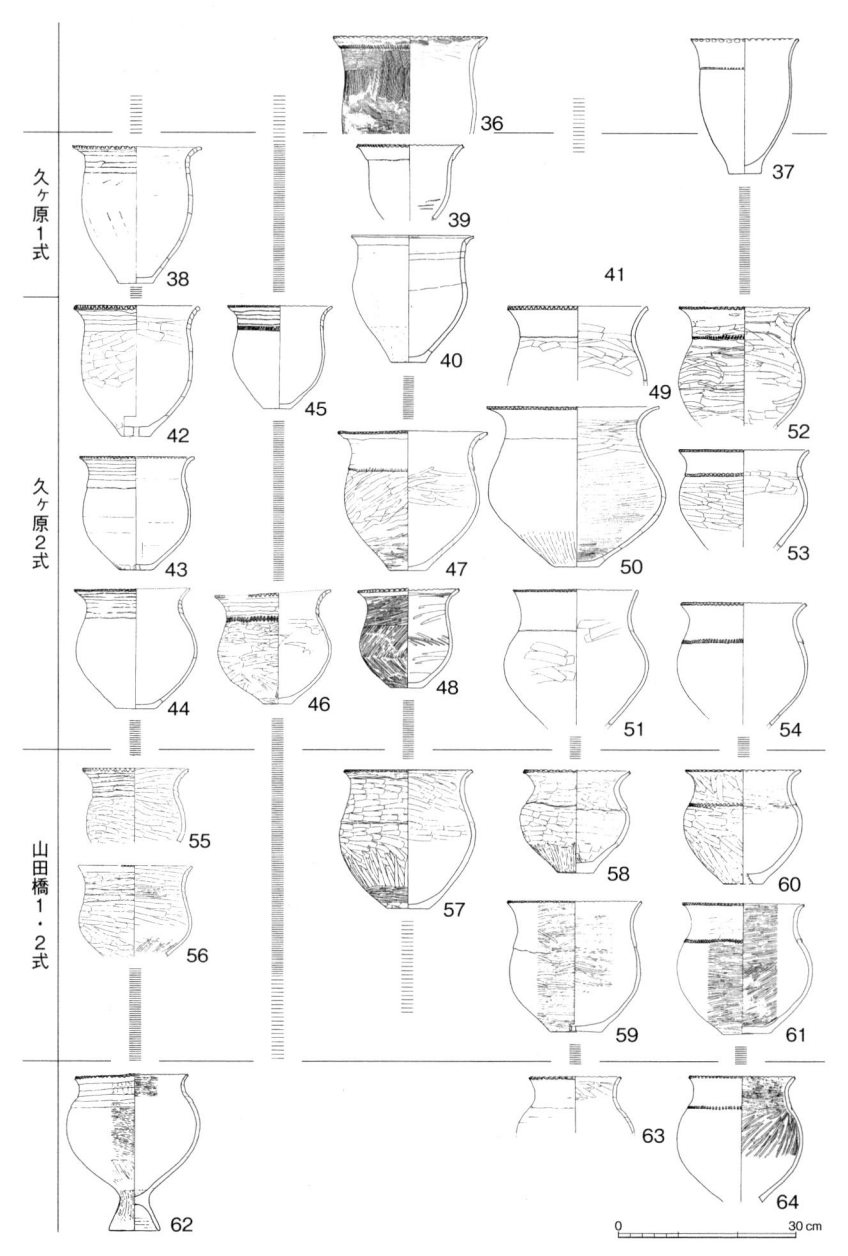

I 各地域の後期土器

久ヶ原1式

久ヶ原2式

山田橋1・2式

市原台地周辺　略編年図（2）（大村 2004a）

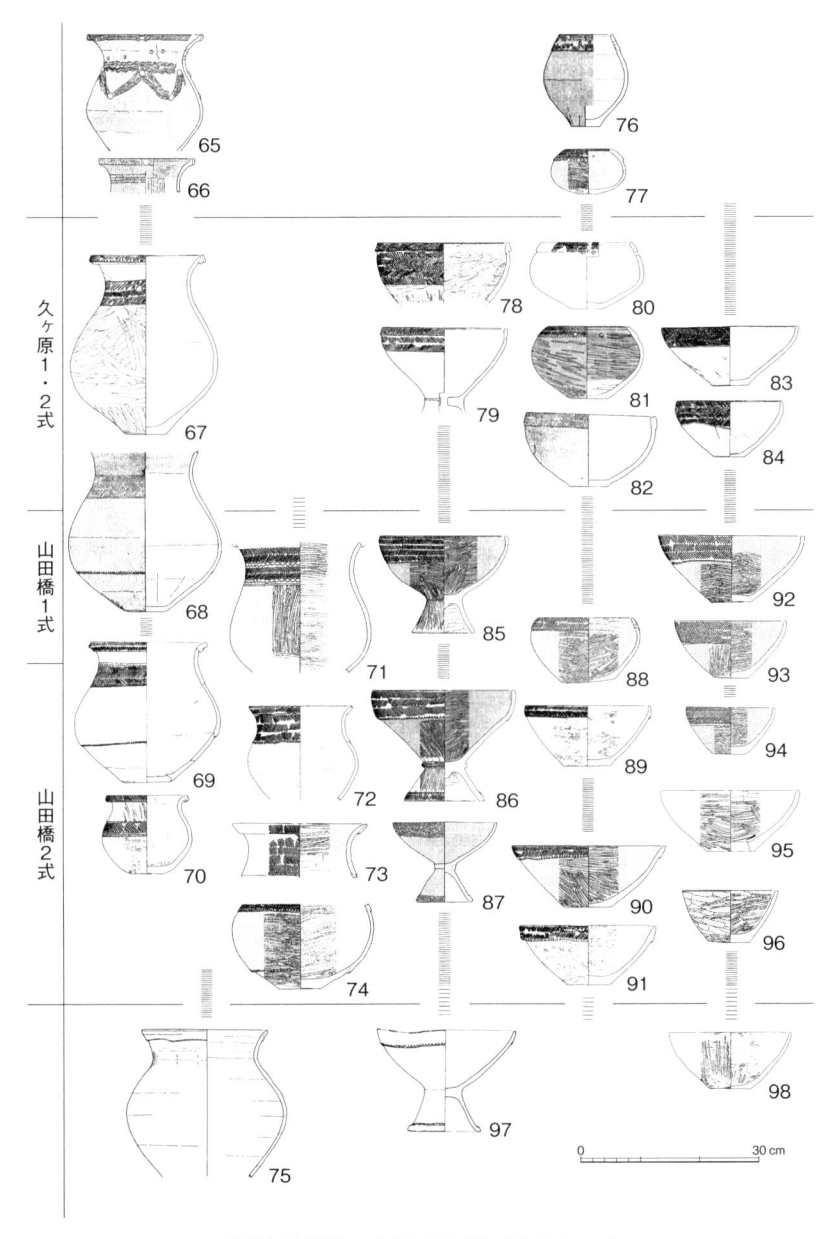

久ヶ原式と山田橋式

市原台地周辺　略編年図（3）（大村 2004a）

Ⅰ 各地域の後期土器

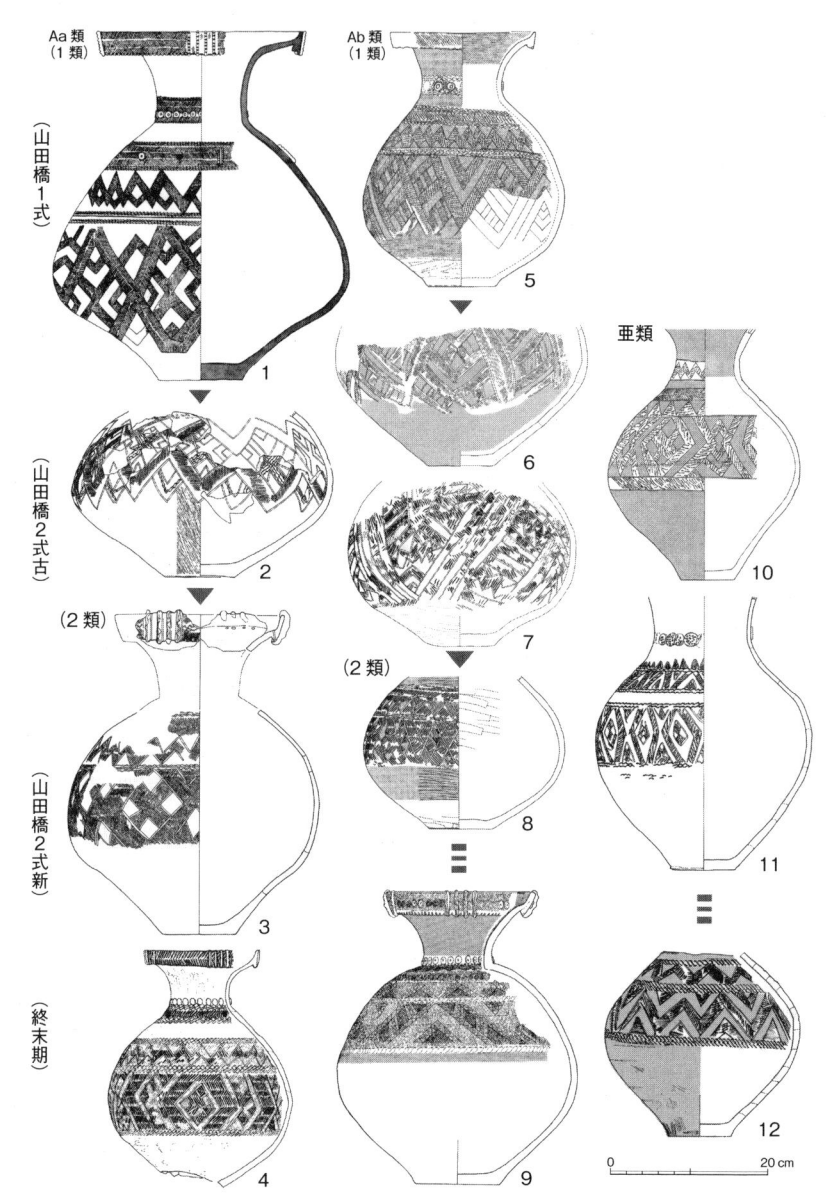

Aa類(1類)
Ab類(1類)
亜類

（山田橋1式）
（山田橋2式古）
（2類）
（山田橋2式新）
（終末期）

（2類）

「東京湾岸形A類」装飾壺形土器（大村 2007）

久ヶ原式と山田橋式

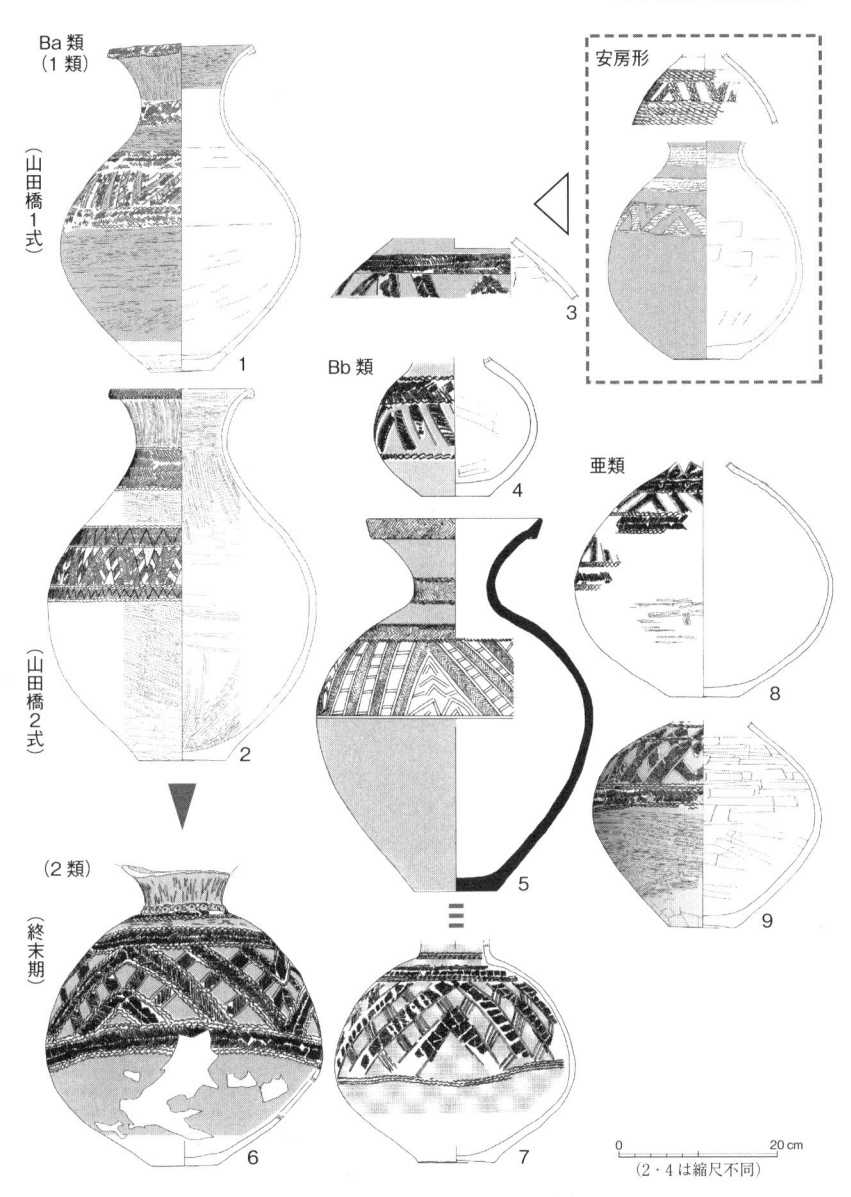

Ba類
(1類)

(山田橋1式)

安房形

Bb類

亜類

(山田橋2式)

(2類)

(終末期)

0　　　　20 cm
(2・4は縮尺不同)

「東京湾岸形B類」装飾壺形土器（大村 2007）

51

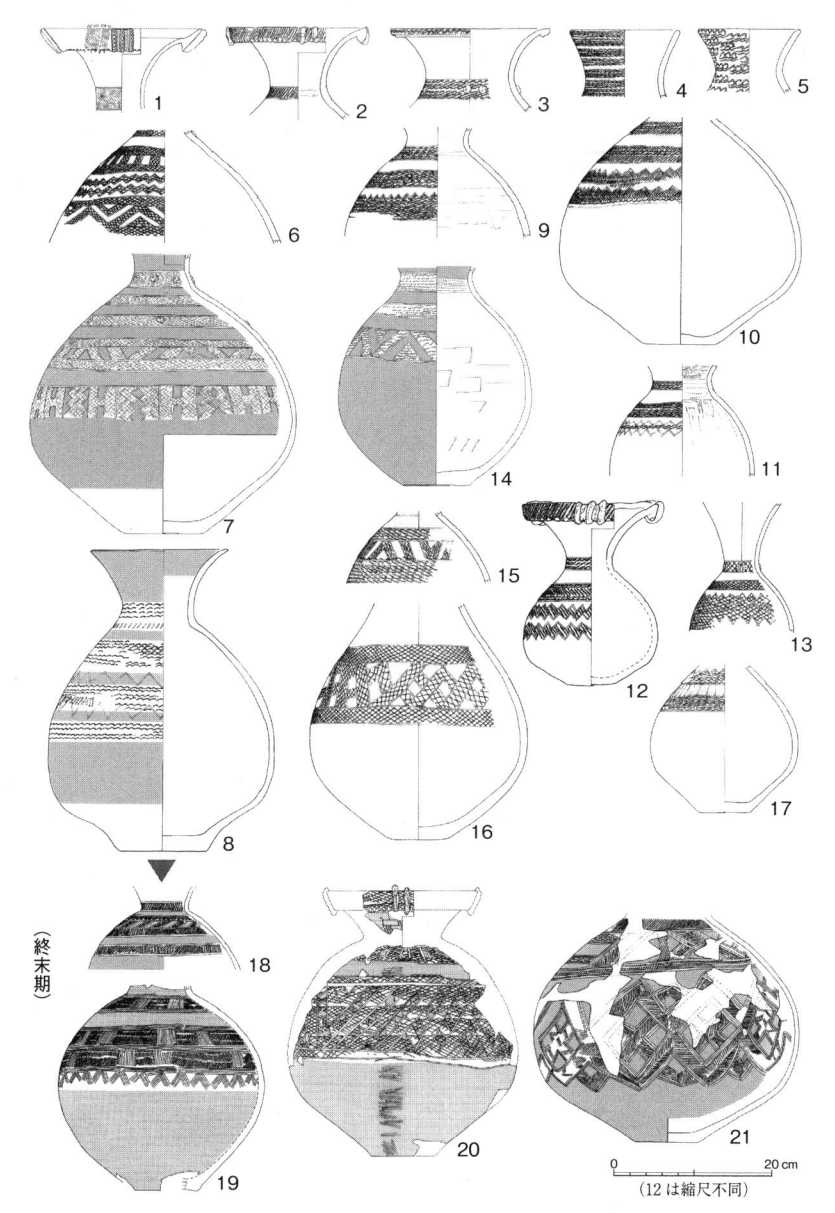

I 各地域の後期土器

(終末期)

0　　　　　20 cm
(12 は縮尺不同)

「安房形」装飾壺形土器（大村 2007）

久ヶ原式と山田橋式

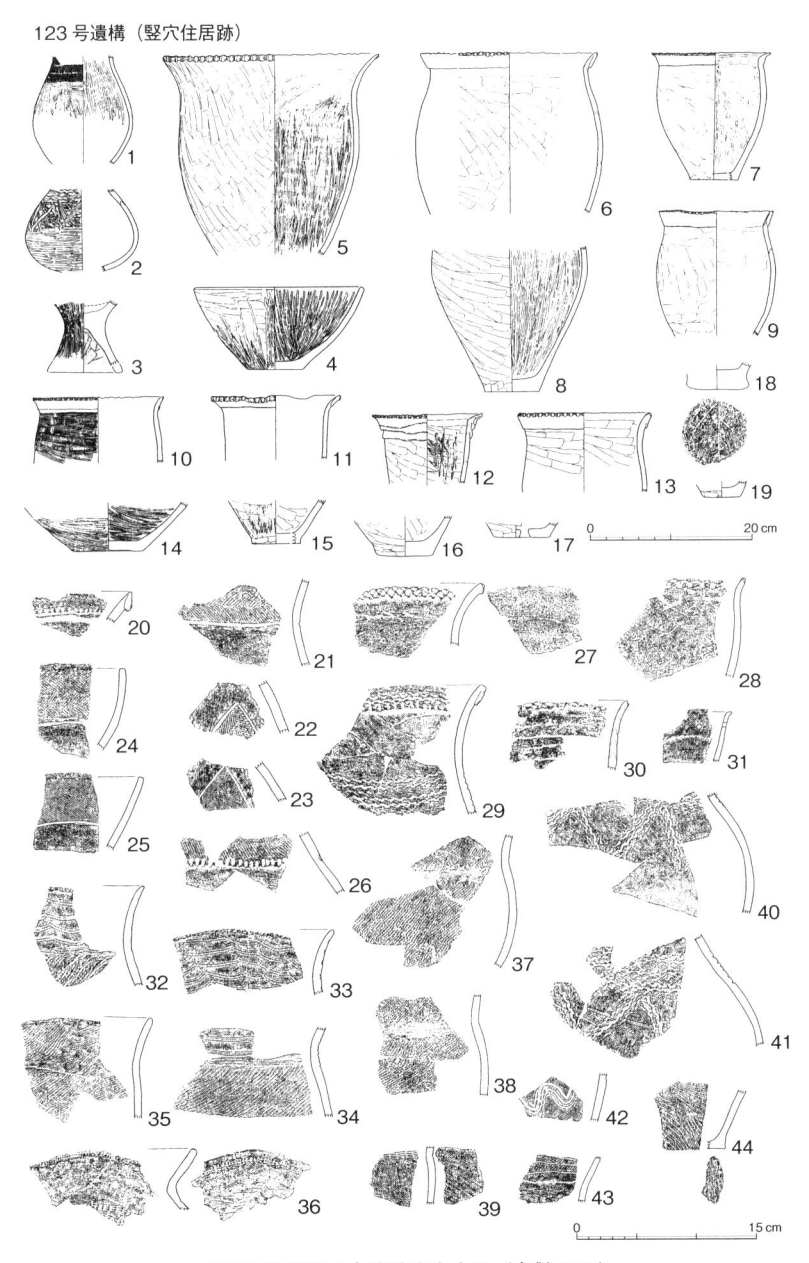

123号遺構（竪穴住居跡）

市原市椎津茶ノ木遺跡出土土器（木對 1992）

I 各地域の後期土器

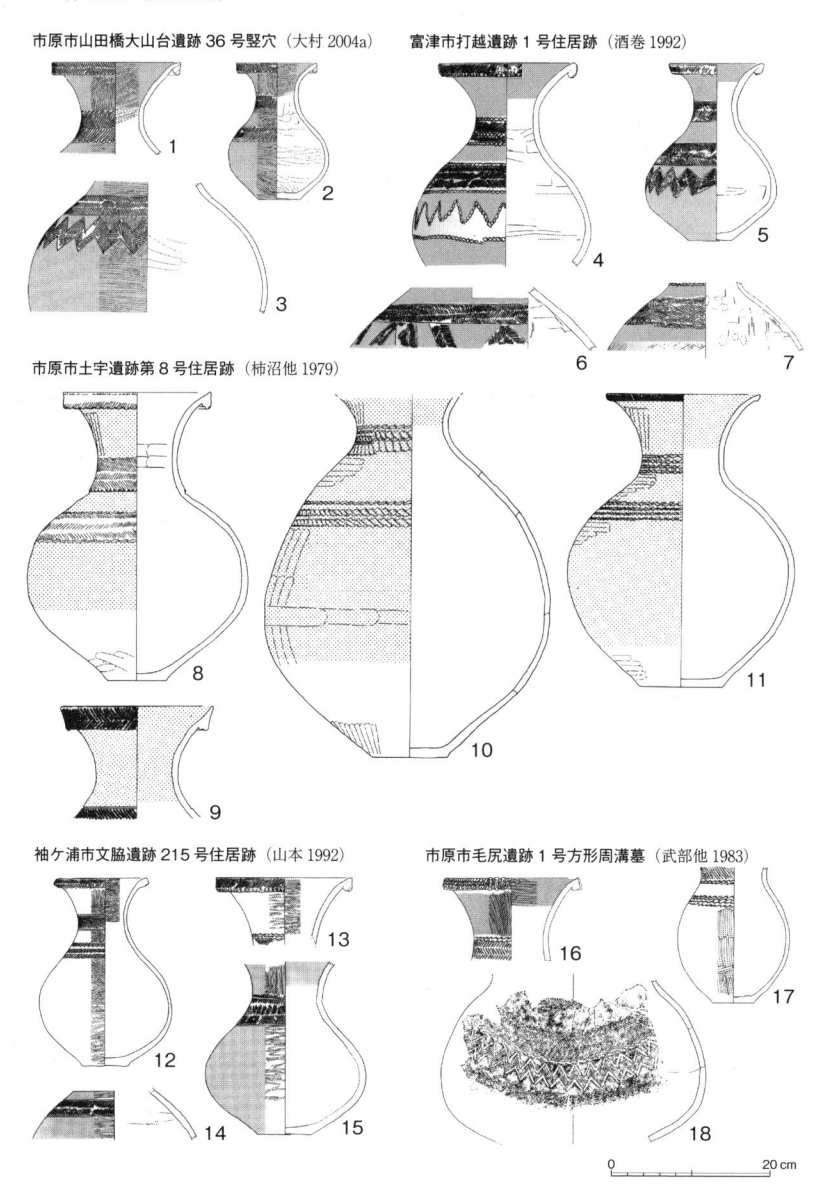

市原市山田橋大山台遺跡 36 号竪穴（大村 2004a）　富津市打越遺跡 1 号住居跡（酒巻 1992）

市原市土宇遺跡第 8 号住居跡（柿沼他 1979）

袖ケ浦市文脇遺跡 215 号住居跡（山本 1992）　市原市毛尻遺跡 1 号方形周溝墓（武部他 1983）

山田橋 1 式の壺形土器

久ヶ原式と山田橋式

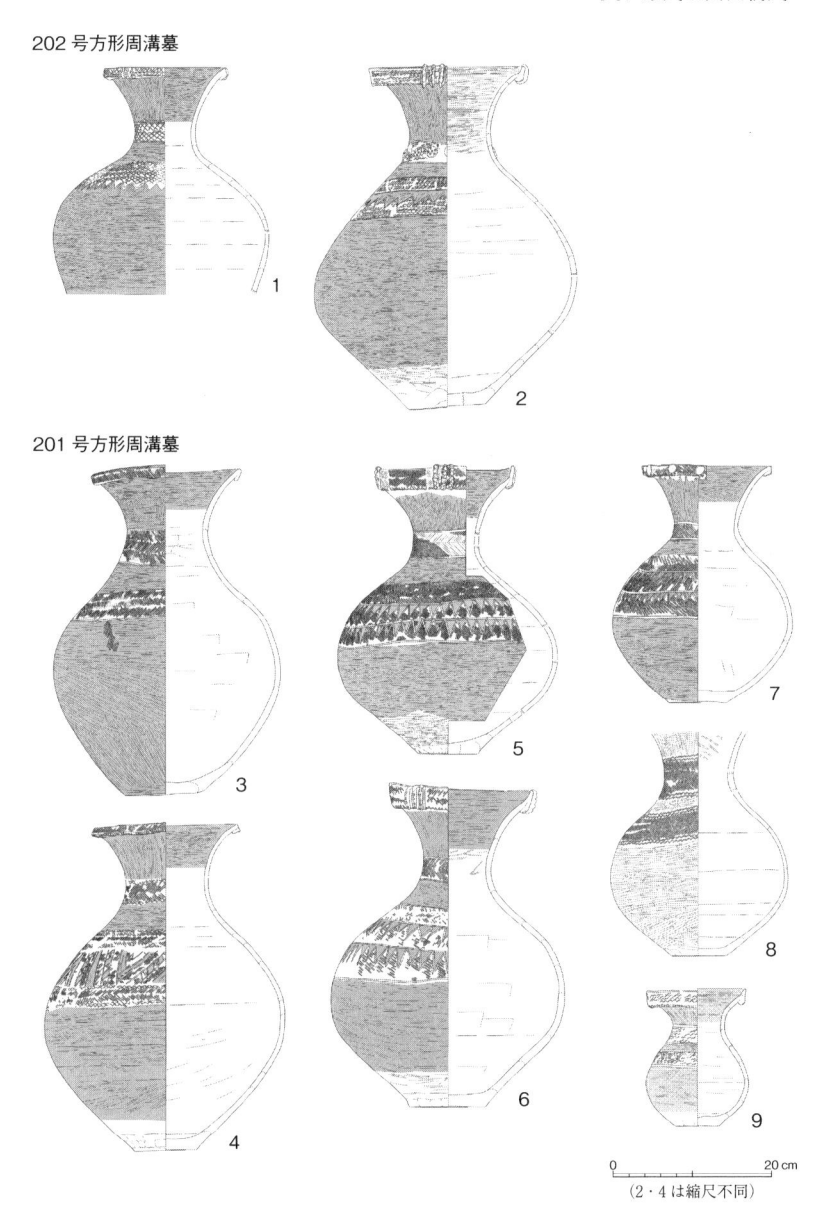

202号方形周溝墓

201号方形周溝墓

0　　　20cm
（2・4は縮尺不同）

市原市長平台遺跡方形周溝墓出土土器（小橋 2006）

I 各地域の後期土器

略編年図 (1) ～ (3)

　1 坊作遺跡 232 号住居跡（小出 2002）、2 坊作遺跡 221 号住居跡、3 坊作遺跡 218 号住居跡、4 坊作遺跡 212 号住居跡、5 坊作遺跡 215 号住居跡、6 坊作遺跡 232 号住居跡、7、草刈遺跡 A 区 9 号跡（小久貫 1983）、8 郡本遺跡 4 号遺構（木對 1987）、9 御林跡遺跡 120 号遺構（木對 2004）、10 大厩遺跡 Y-60 号址（三森・阪田 1974）、11 釜神遺跡 114 号住居跡（田中 2002）、12 山田橋大山台遺跡 36 号竪穴、13 土宇遺跡第 8 号住居址（柿沼ほか 1979）、14 今富新山遺跡 061 号（石倉・新田・高梨 1999）、15 山田橋大山台遺跡 85 号竪穴、16 山田橋大山台遺跡 10 号竪穴、17 山田橋大山台遺跡 89 号竪穴、18 山田橋表通遺跡第 027 号跡（蜂屋・小橋 1999）、19 土宇遺跡第 8 号住居址、20 山田橋大山台遺跡 51 号竪穴、21 山田橋大山台遺跡 110 号竪穴、22 山田橋大山台遺跡 97 号竪穴、23 山田橋大山台遺跡 42 号竪穴、24 草刈遺跡 B 区 440 号跡、25 山田橋大山台遺跡 30 号竪穴、26 山田橋大山台遺跡 37 号竪穴、27 草刈遺跡 B 区 436 号跡（高田 1986）、28 山田橋大山台遺跡 116 号竪穴、29 唐崎台遺跡第 42-B 号住居址（田中・鈴木 1981）、30 山田橋大山台遺跡 37 号竪穴、31 山田橋大山台遺跡 114 号竪穴、32 山田橋表通遺跡第 046 号跡、33 唐崎台遺跡第 41 号住居址、34 唐崎台遺跡第 41 号住居址、35 草刈遺跡（市セ調査）22 号住居址（高橋 1985）、36 祇園原貝塚 21 号住居（忍澤 1999）、37 大厩遺跡 Y-31 号址、38 菊間遺跡第 28 号住居址（斉木・種田・藤池 1974）、39 菊間遺跡第 10 号住居址、40 南向原遺跡 2 号住居址（田中 1976）、41 菊間遺跡第 25 号住居址、42 坊作遺跡 232 号住居跡、43 大厩遺跡 Y-20 号址、44 坊作遺跡 204 号住居跡、45 坊作遺跡 221 号住居跡、46 唐崎台遺跡第 9 号住居址、47 小田部新地遺跡 14 号遺構（山口 1984）、48 福増山ノ神遺跡 6 号住居跡（浅利 1989a）、49 坊作遺跡 215 号住居跡、50 坊作遺跡 204 号住居跡、51 坊作遺跡 230 号住居跡、52 唐崎台遺跡第 10-A 号住居址、53 坊作遺跡 204 号住居跡、54 坊作遺跡 230 号住居跡、55 山田橋大山台遺跡 49 号竪穴、56 山田橋大山台遺跡 12 号竪穴、57 山田橋大山台遺跡 31 号竪穴、58 山田橋大山台遺跡 51 号竪穴、59 山田橋大山台遺跡 37 号竪穴、60 山田橋大山台遺跡 46 号竪穴、61 山田橋表通遺跡第 46 号跡、62 草刈遺跡（市セ調査）22 号住居址、63 唐崎台遺跡第

24号住居址、64下鈴野遺跡34号住居跡（大村1987）、65大厩遺跡Y-47号址、66菊間遺跡第2号周溝、67唐崎台遺跡第1号住居址、68大厩遺跡Y-20号址、69土宇遺跡第17号住居址、70山田橋大山台遺跡93号竪穴、71東千草山遺跡第4号住居跡、72山田橋大山台遺跡63号竪穴、73山田橋大山台遺跡116号竪穴、74山田橋大山台遺跡116号竪穴、75大厩遺跡Y-4号址、76大厩遺跡Y-31号址、77祇園原貝塚Grid、78小田部新地遺跡14号遺構、79坊作遺跡230号住居跡、80釜神遺跡169号住居跡、81福増山ノ神遺跡6号住居跡、82大厩遺跡Y-20号址、83小田部新地遺跡14号遺構、84小田部新地遺跡14号遺構、85山田橋大山台遺跡49号竪穴、86山田橋大山台遺跡31号竪穴、87草刈六之台遺跡3号周溝内・9表土、88山田橋大山台遺跡63号竪穴、89山田橋大山台遺跡93号竪穴、90山田橋大山台遺跡115号竪穴、91山田橋表通遺跡第046号跡、92山田橋大山台遺跡52号竪穴、93山田橋大山台遺跡51号竪穴、94山田橋大山台遺跡44号竪穴、95山田橋大山台遺跡93号竪穴、96山田橋大山台遺跡114号竪穴、97南祇園原遺跡201号住居跡、98祇園原貝塚34号住居

[東京湾岸形A類]

　1市原市天神台遺跡第92号住居跡（平野・対馬・谷島・菊池1975）、2袖ケ浦市文脇遺跡208号住居跡（山本1992）、3市原市南祇園原遺跡203号住居跡（髙橋・櫻井2002）、4横浜市横浜市道高速2号線No.6遺跡2号方形周溝墓（岡田・松本・水沢1981）、5横浜市二ツ池遺跡第23号住居跡（黒沢2003）、6市原市六孫王原遺跡83号住居跡A（半田1997）、7東金市道庭遺跡住居跡No.1（有沢・石本・小高1983）、8市原市東千草山遺跡第7号住居跡（大村2004a）、9市原市大厩遺跡5号墳（三森・阪田ほか1974）、10木更津市請西庚申塚第1号墳（椙山・荒木・鈴木1977）、11木更津市マミヤク遺跡81号住居跡（小沢1989）、12横浜市新羽大竹遺跡第1号住居跡（岡本ほか1980）

[東京湾岸形B類]

　1市原市長平台遺跡201号方形周溝墓（小橋2006）、2市原市山田橋大山台遺跡53号竪穴（大村2004a）、3富津市打越遺跡1号住居跡（酒巻1992）、4打越遺跡235-237号住居跡、5横浜市東台遺跡（武蔵東臺）（小林編1939）、6木

I 各地域の後期土器

更津市東谷遺跡第 11 号墳（西原・桐山 2002）、7 佐倉市高岡大山遺跡 322 号住居跡（宮内・大沢・阿部ほか 1993）、8 マミヤク遺跡 110 号住居跡、9 木更津市俵ヶ谷遺跡 120 号住居跡（小林 1991）

[**安房形**]

　1 館山市健田遺跡第 2 次第 18 号住居跡（玉口 1978）、2～6・9～11・13・15・17 鴨川市根方上ノ芝条里跡 F 地点 SD-1（野中・杉山ほか 2000）、7・14 館山市東田遺跡 BSD-1（高梨 2006）、8 健田遺跡第 3 次稲子沢地点方形周溝墓、12 根方上ノ芝条里跡 F 地点 SI-8、16 根方上ノ芝条里跡 F 地点 SD-2、18・21 富津市東天王台遺跡住居跡 No. 5（山下ほか 1984）、19 木更津市林遺跡 6 号方形周溝墓（能城 1994）、20 林遺跡 10 号方形周溝墓

朝光寺原式土器の編年と共伴土器

浜 田 晋 介

1. 朝光寺原式土器の編年の前提

　朝光寺原式土器の編年については、これまでいくつかの試案が提出されている（松本 1984、橋本 1986・2000、持田・村田 1988、渡辺 1989・1994・1995・1997・1998・1999、安藤 1996、田村 1998、伊丹・池田 2000）。それらを参考にし、朝光寺原式土器の編年と共伴遺物について述べていくが、先学の研究成果との違いも少なくない。編年試案を示す前にその前提となる考え方について述べておく。

　朝光寺原式土器の編年作業は、まず成立期の土器と終末期の土器を措定し、その変化の過程を型式論的に導き出し、その変化が層位や共伴関係で、矛盾なく存在していることが説明できれば、一つの案として成り立つと考える。そのうえで別型式の土器の共伴関係を論じていく。成立期の土器の措定は、前段階の中期後半の土器群を検討し、典型的な朝光寺原式土器（型式設定で規定した、甕に施される「櫛描波状文」「櫛描簾状文」を特徴とする土器：岡本・武井 1969）が登場することを、型式的に説明できる土器が候補となる。また、終末期の土器の措定は、典型的な朝光寺原式土器から、紋様要素・描出手法の変化や土器面の調整、器形などが簡素化に向かって変化した土器が候補となる。想定する変化は、紋様要素と描出手法を中心にみる。

2. 成立期の土器の措定

　典型的な朝光寺原式土器の成立に、中部高地地域の土器が関与していると考えている（浜田 1995・1999、橋本 2000）。朝光寺原式土器の前段階にヘラ描紋を主体とする、横浜市受地だいやま遺跡を標識とする受地だいやま式土器

I 各地域の後期土器

がある（第1図、橋本 1986）。受地だいやま式が典型的な朝光寺原式土器に先行することは、受地だいやま遺跡第1号方形周溝墓の層位的事例から確認できる（第1図）。受地だいやま式の甕には、ヘラ描き波状紋とその直下に付加されるヘラ描きの鋸歯紋（充塡連続三角紋）とともに、櫛描波状紋と鋸歯紋の組み合わせをもつ甕が共伴する。鋸歯紋に注目すればこの紋様は、川崎市長尾台北遺跡14号住居址床面出土事例のように、壺に採用される事例が存在する。しかし、共伴の甕はすでにヘラ描手法が脱落して頸部に波状紋と簾状紋の組み合わせをもつ、櫛描紋のみの紋様構成をもつ土器である。単体としてみた場合、この甕は典型的な朝光寺原式土器と変わらない。また、同じ住居址の覆土下層から中層出土の土器群の壺からは鋸歯紋がなくなり、頸部から肩部にかけて櫛描波状紋を施紋する事例が存在する。共伴する甕は櫛描の簾状紋・波状紋を施紋する土器とともに、胴部に斜め方向の櫛描紋を施紋する土器が存在する。そして土器面の調整痕跡としての刷毛目を施しただけの、櫛描紋を施紋しない無文の土器（上星川式土器の一部、滝澤 1985）もある。

受地だいやま式と長尾台北遺跡床面、そして長尾台北遺跡覆土下層から上層出土の事例から、朝光寺原式土器の成立について、次の見通しがたつ。(1) 甕の紋様は、ヘラ描の波状紋と鋸歯紋から鋸歯紋がなくなり、波状紋もヘラ描から櫛描に変化する。(2) ヘラ描の鋸歯紋は施紋される器種が甕から壺に変わる。(3) 壺の鋸歯紋はその後消失し、頸部から肩部に櫛描の紋様帯を形成する。(4) 甕の胴部紋様帯が出現するとともに無文の土器も出現する。

長尾台北遺跡14号住居址床面出土と覆土出土の土器群は、同じ住居址出土として（廃棄の）同一性をもつ可能性はある。将来良好な一括遺物の出土によって、それが確認できるかもしれない。しかし、ここでは層位的な出土とともに型式的な作業仮説として、両者を分離して扱っておくこととする。

3. 終末期の土器の措定

朝光寺原式土器の終末期の様相は典型的な朝光寺原式土器から、紋様要素が欠落し、土器面の調整などが簡素化に向かって変化した土器が候補となる。これは弥生時代後期土器の一般傾向でもある。ただし、典型的な朝光寺原式

土器から櫛描紋様がなくなった、調整痕跡である刷毛目だけの土器は、成立期の朝光寺原式にも存在するため、これを、朝光寺原式土器の簡素化した姿とするには問題がある。ここで注目するのは、川崎市津田山9遺跡3号住居址出土例や川崎市東泉寺上1号住居址出土事例（第6図）のような、櫛描波状紋をもつ（有紋の）朝光寺原式土器に共伴する、同じ器形のヘラ調整される無紋の甕である。有紋の土器にも底部周辺のヘラ調整が行われているが、これが土器面全体に及ぶものである。ヘラ調整の甕は平底で胴部の張りが弱いことなど、全体的な器形は有紋の朝光寺原式と同じである。また、ヘラ調整以前に、刷毛目による土器面調整を行っている点なども、有紋の朝光寺原式土器の施紋順序と共通する。したがって、この土器を指標に終末期の土器を措定しておく。津田山9遺跡第3号住居址は、第2号住居址と重複関係にあり、新しく位置づけされる後者からは、刷毛調整される台付甕が出土するが、有紋・無紋・ヘラ調整の朝光寺原式土器は共伴していない。また、小形器台・小形丸底坩やS字状口縁甕などに伴った、有紋の朝光寺原式土器は出土していない（以前、川崎市下原遺跡6号住居址出土事例を、この時期に伴うことを示唆したが（浜田2000）、出土層位の上下関係が存在するのでこれを撤回する）。

4. 朝光寺原土器の内容

朝光寺原0式（第1図4-14）

長尾台北遺跡第14号住居址床面出土土器を指標とする。櫛描紋とヘラ描で各紋様要素を描くことが、本段階の特徴である。長尾台北遺跡の鋸歯紋は竹管による円紋を充塡するが、世田谷区喜多見陣屋遺跡からも破片資料ながら類似の土器が出土している（13・14）。この他に喜多見陣屋遺跡からはヘラ描の格子目（11）や櫛描紋で充塡する鋸歯紋（12）も存在する。櫛描紋は簾状紋と波状紋の組み合わせである。

朝光寺原1式（第2図）

朝光寺原1式土器は、紋様要素のなかにヘラ描紋がなくなる段階で、甕には櫛描の簾状紋・波状紋とともに、胴部の紋様帯が存在する段階でもある。土器組成をみると朝光寺原式の大形の甕が存在する特徴をもつ。長尾台遺跡

I 各地域の後期土器

14号住居址のほか、横浜市寺下遺跡YT-1、同YT-2、横浜市横浜市道高速2号線No6遺跡15号住居址（以下高速2号線と略記）、世田谷区喜多見陣屋遺跡158号住居址出土例が、これに該当する。

朝光寺原2式（第3図・第4図）

朝光寺原2式は甕の胴部紋様帯がなくなり、頸部の櫛描簾状紋と波状紋を基本的な組み合わせとする段階である。土器組成上は櫛描施紋される鉢や刷毛目の高坏が存在するが、櫛描施紋の大形の壺がなくなり小型化する段階でもある。高速2号線No6遺跡第3号住居址、喜多見陣屋遺跡125号住居址床面、同遺跡20号住居址床面、赤田遺跡No10YT3、関耕地遺跡第46号住居址下層・床面出土事例が、これに該当する。

朝光寺原3式（第5図）

朝光寺原3式は甕の紋様帯が頸部、口縁から肩部に集中し、櫛描簾状紋がなくなる段階である。また土器組成をみると櫛描施紋の壺・鉢、刷毛目調整の高坏がなくなる段階でもある。多くの事例があるが、関耕地遺跡11号住居址床面、影向寺裏貝塚出土事例など、久ヶ原式・弥生町式との良好な共伴事例がある。

朝光寺原4式（第6図）

朝光寺原4式はヘラ調整を行う無紋の甕を指標とする段階である。波状紋を施紋する甕も確実に共伴する。川崎市津田山9遺跡第3号住居址、東泉寺上遺跡1号住居址、元石川遺跡YT2、同遺跡YT4、横浜市赤田遺跡No1YT5号住居址、釈迦堂遺跡（1次）YT4などが該当する。このうち津田山、東泉寺上、元石川YT4、などの事例は、口縁部が短く頸から胴部間が長い、胴部に最大径がある細長い器形をもつことも、特徴となろう。

5. 共伴関係

朝光寺原0式での共伴関係は明らかではない。朝光寺原1式では寺下遺跡YT1から口縁部に最大径をもつヘラ甕（第2図17：但しこれは宮ノ台式土器である）、高速2号線No6遺跡からは頸部から口縁部にかけて縄紋施紋される壺（第2図26）、喜多見陣屋遺跡からは印旛沼・利根川周辺の地域の土器が

共伴している（第2図23）。朝光寺原2式では、高速2号線No6遺跡・喜多見陣屋遺跡（第3図）・関耕地遺跡・赤田遺跡（第4図）で頸部から口縁部直下までと、頸部・肩部に沈線区画の羽状縄紋を施紋する壺と、肩部に連続山形紋を施紋する壺が共伴する。また、多段の輪積み痕跡をもつ甕が共伴する。朝光寺原3式では連続山形紋の壺の共伴は確認できないが、輪積痕の最下端に刻みをつける台付甕と、一段の輪積痕をもつ甕がある（第5図）。朝光寺原4式ではS字状結節紋を多用する、幅広の紋様帯をもつ壺とハケ調整の台付甕が共伴している（第6図）。この他に2式で一段の輪積痕をもつ甕（第7図6）、無頸壺（第7図21）が共伴する。また2式には吉ケ谷式土器と簾状紋の小形の朝光寺原式土器との共伴もある（第7図12）。さらに時期的には不明だが、付加状縄文を施紋する印旛沼・利根川流域周辺の土器（第7図3）と輪積甕が共伴する。

I 各地域の後期土器

受地だいやま式（右）と朝光寺原式（左）の出土状態（1号方形周溝墓）

受地だいやま遺跡（橋本1986）

長尾台北14住 床面（伊東・碓井1997）

喜多見陣屋遺跡（寺田1996）

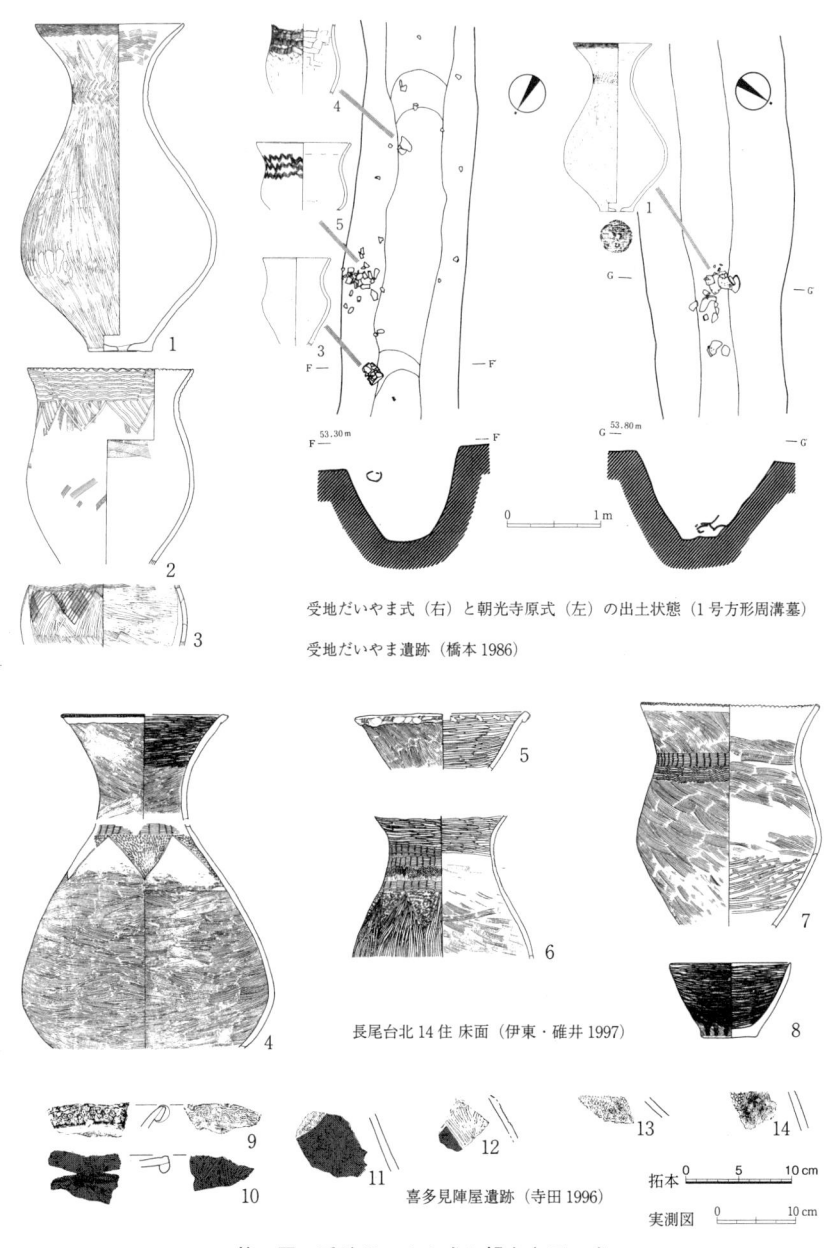

拓本 0　5　10 cm
実測図 0　　　10 cm

第1図　受地だいやま式と朝光寺原0式

64

朝光寺原式土器の編年と共伴土器

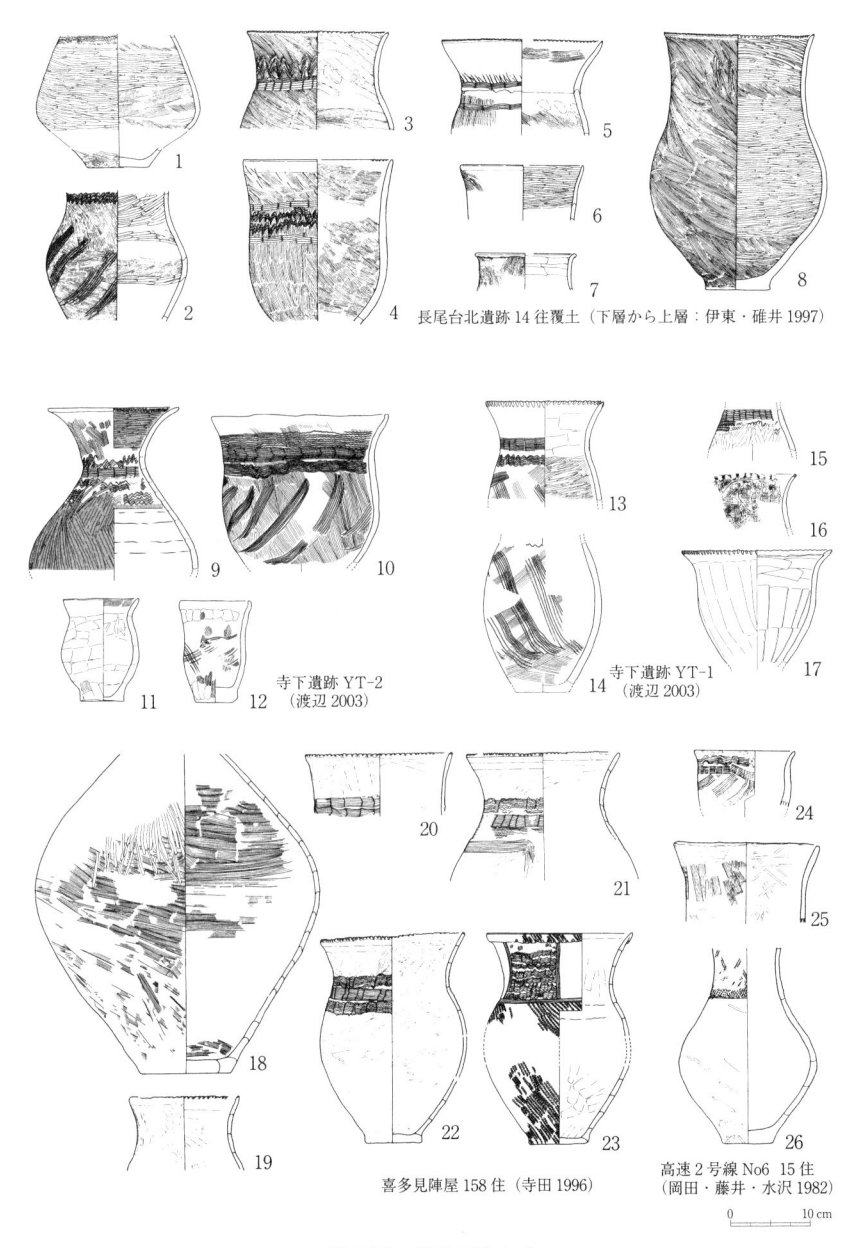

長尾台北遺跡14住覆土（下層から上層：伊東・碓井1997）

寺下遺跡 YT-2
（渡辺2003）

寺下遺跡 YT-1
（渡辺2003）

喜多見陣屋158住（寺田1996）

高速2号線 No6 15住
（岡田・藤井・水沢1982）

第2図　朝光寺原1式

65

I 各地域の後期土器

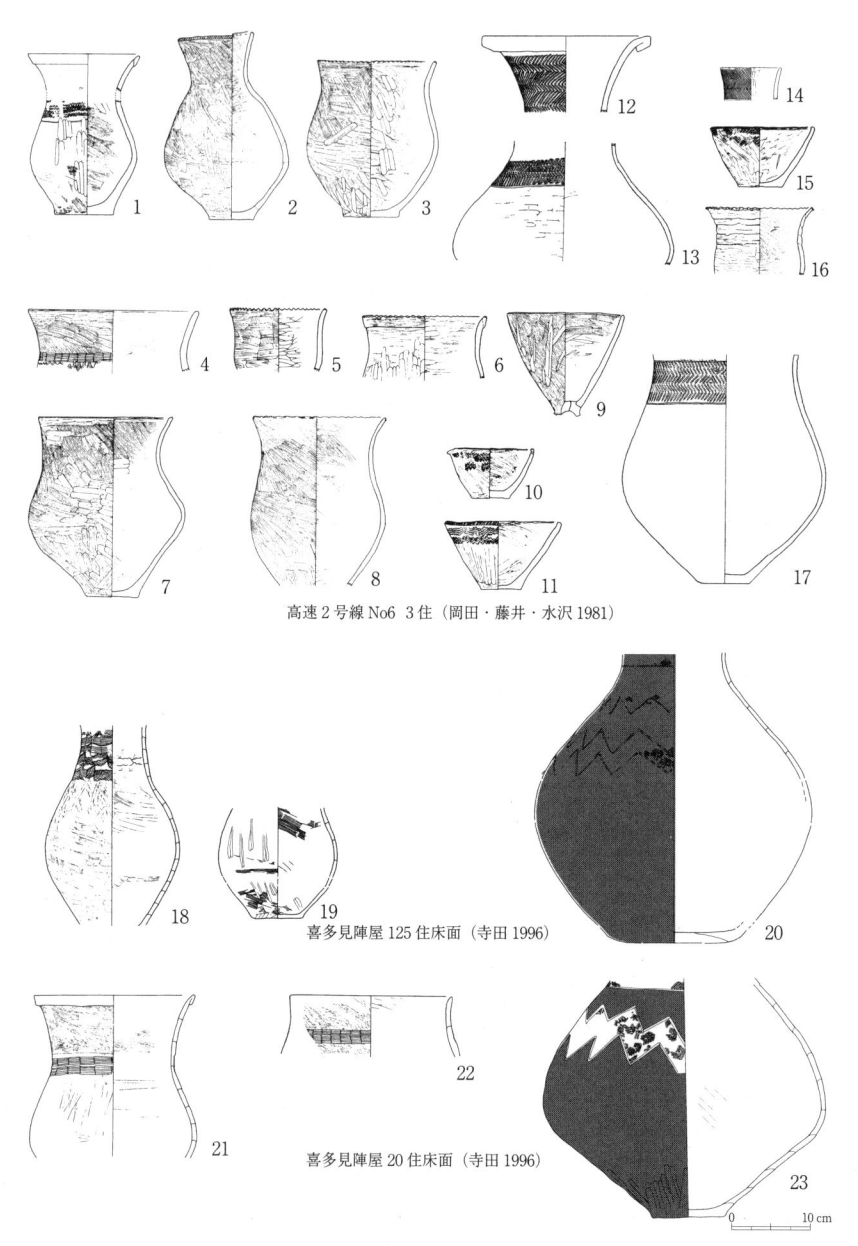

高速2号線 No6 3住（岡田・藤井・水沢 1981）

喜多見陣屋 125住床面（寺田 1996）

喜多見陣屋 20住床面（寺田 1996）

第3図　朝光寺原2式

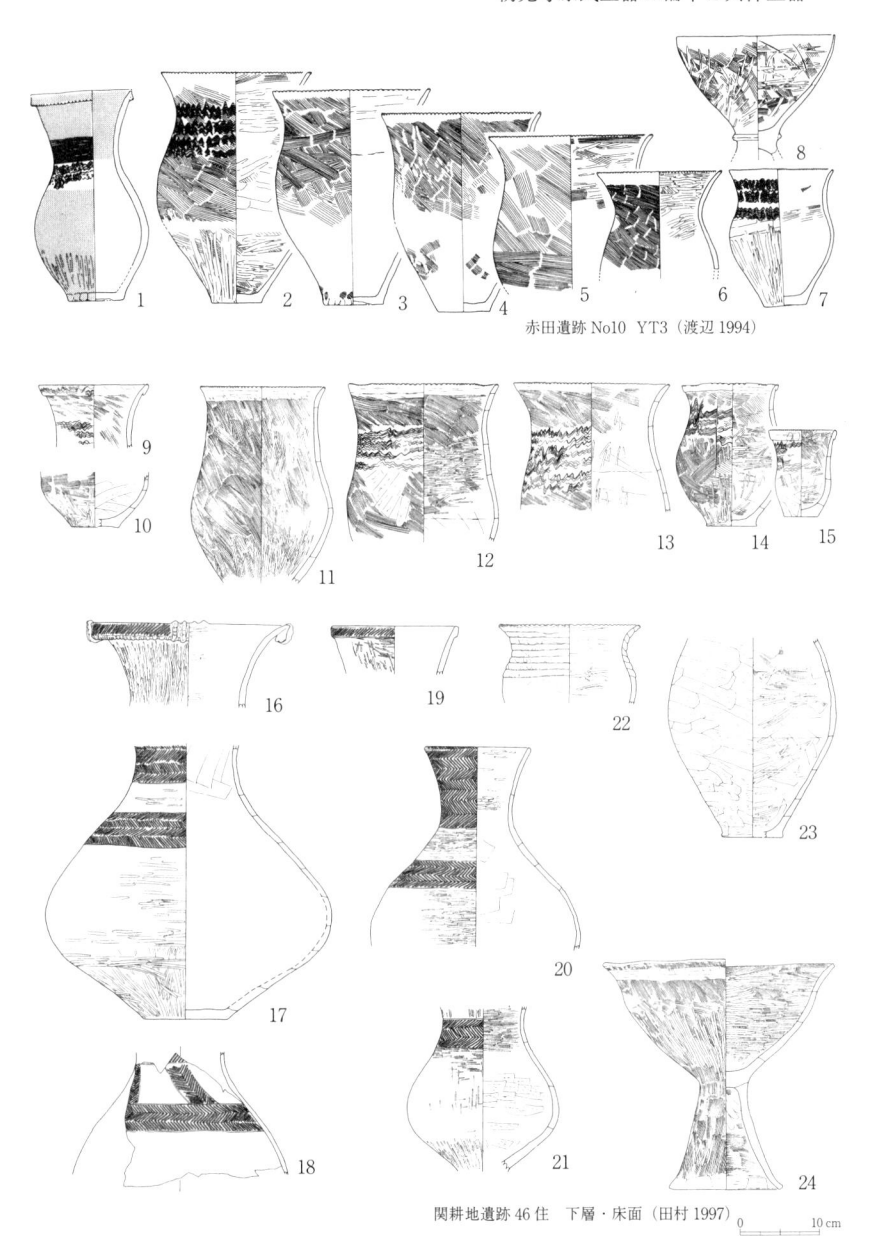

朝光寺原式土器の編年と共伴土器

赤田遺跡 No10 YT3（渡辺 1994）

関耕地遺跡 46 住 下層・床面（田村 1997） 0　　10cm

第4図　朝光寺原2式

I 各地域の後期土器

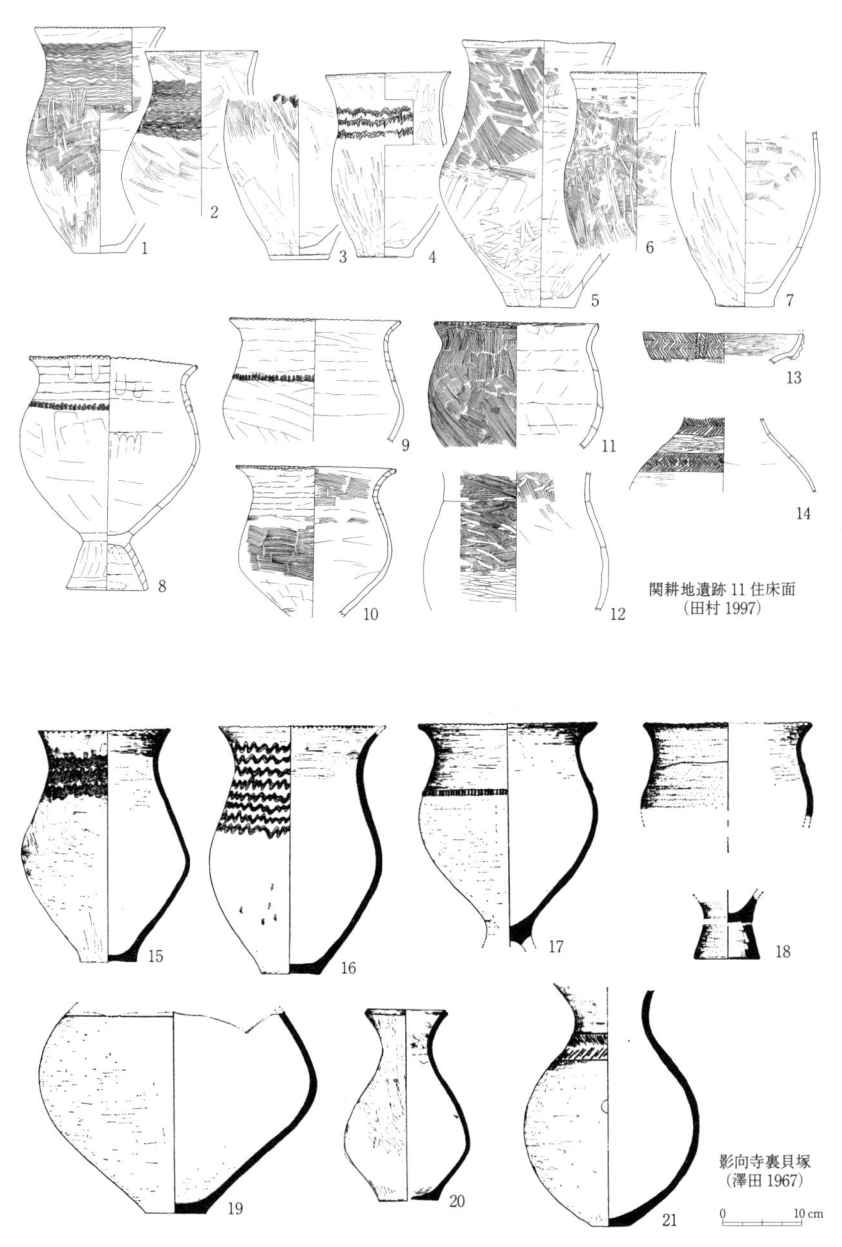

関耕地遺跡 11 住床面
（田村 1997）

影向寺裏貝塚
（澤田 1967）

0 10cm

第5図　朝光寺原3式

朝光寺原式土器の編年と共伴土器

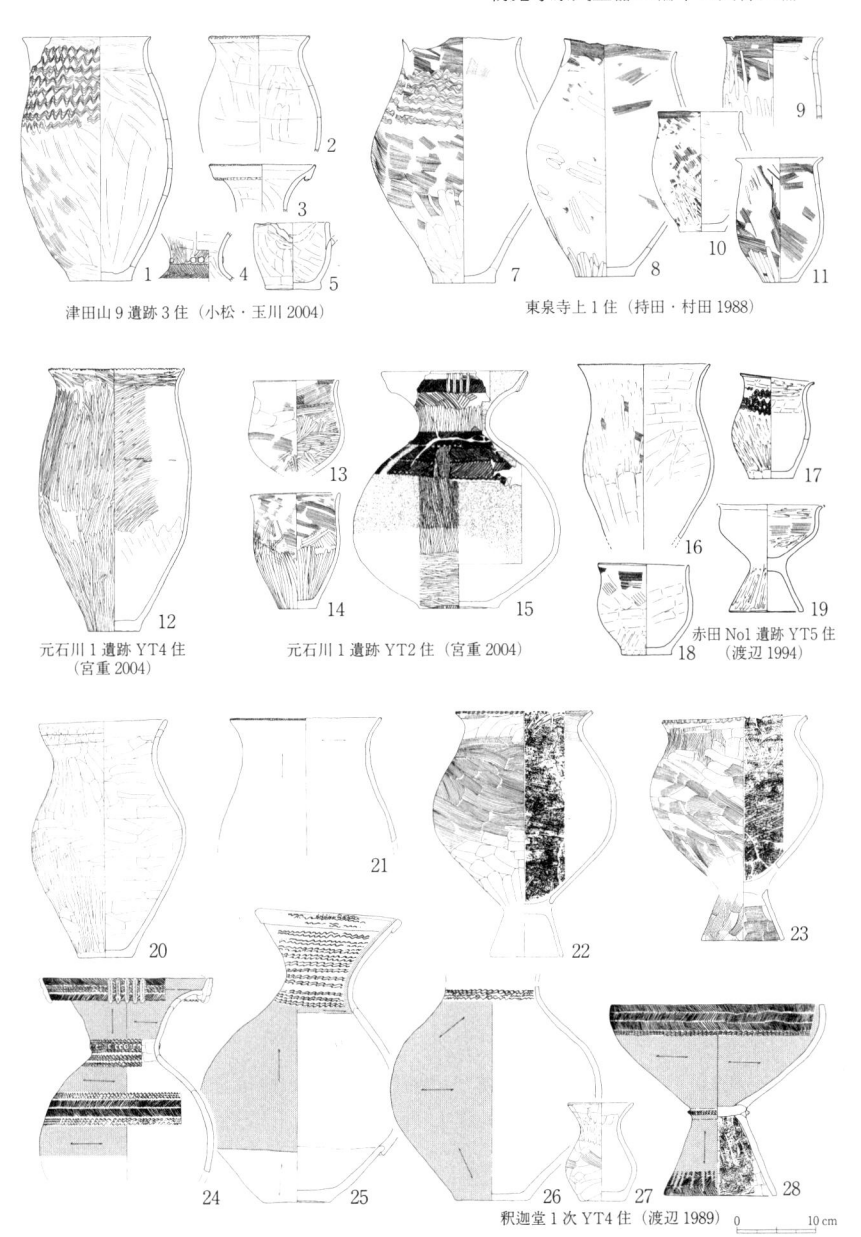

津田山9遺跡3住（小松・玉川2004）　東泉寺上1住（持田・村田1988）

元石川1遺跡YT4住　元石川1遺跡YT2住（宮重2004）　赤田No1遺跡YT5住
（宮重2004）　　　　　　　　　　　　　　　　　　　　（渡辺1994）

釈迦堂1次YT4住（渡辺1989）

第6図　朝光寺原4式

Ⅰ 各地域の後期土器

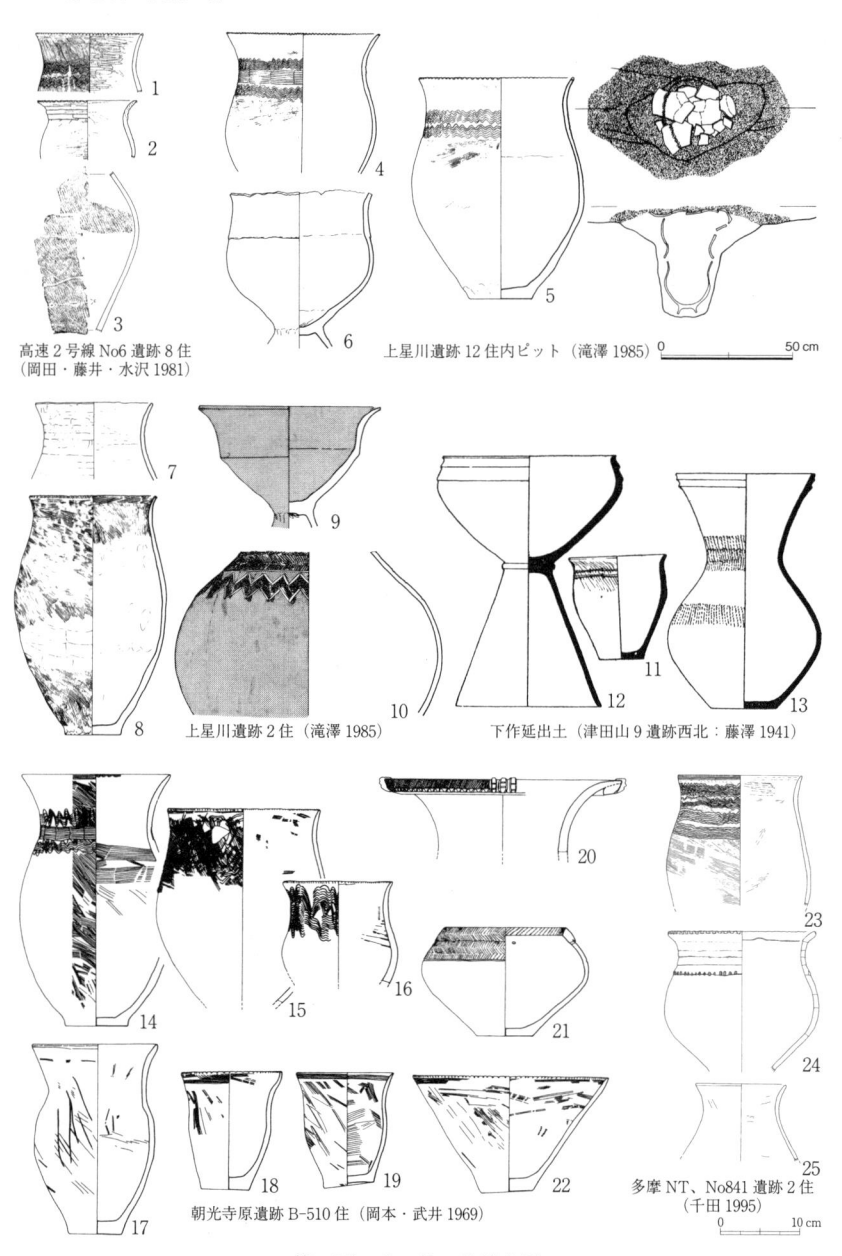

高速2号線 No6 遺跡 8 住
(岡田・藤井・水沢 1981)

上星川遺跡 12 住内ピット (滝澤 1985)

上星川遺跡 2 住 (滝澤 1985)

下作延出土 (津田山 9 遺跡西北：藤澤 1941)

朝光寺原遺跡 B-510 住 (岡本・武井 1969)

多摩 NT、No841 遺跡 2 住
(千田 1995)

第 7 図　その他の供伴事例

北武蔵中央部の後期土器

柿沼 幹夫

　本稿の対象地域は、旧武蔵国の北半部の内、荒川中流域右岸、入間川左岸の入間台地・岩殿丘陵・東松山台地・比企丘陵・江南台地とその周辺の低地である。中小河川でいえば、和田吉野川、市野川（滑川を併せる）、越辺川（都幾川・高麗川を併せる）、入間川の4流域であり、地域名では比企地方と入間地方の北東部にあたる[1]。

岩鼻式以前の土器

　対象地域は宮ノ台式土器分布圏の北限にあたっており、白岩式系統の櫛描文主体の時期（坂戸市木曽免遺跡など）から文様の簡略化や無文化の傾向を強める末期（東松山市代正寺遺跡、坂戸市附島遺跡など、第6図1～10）まで継続する（松本2003）。その一方で、中部高地型櫛描文土器も一定の割合で混じており、次期には主体化し岩鼻式土器が形成される。ただし、宮ノ台式土器から後期の岩鼻式土器成立に至る過程には、諸系統が入り込む型式的に安定しない一時期が存在し（第6図12～24）、筆者は「代正寺式」と仮称している。鶴見川上流域の橋本裕行氏が提唱した受地だいやま式土器（橋本1986・2000・2005）に対応する段階とみられ[2]、東京湾沿岸域では宮ノ台式土器の要素を残す大村直氏の久ヶ原1式土器（菊間18住、椎津茶ノ木123号遺構）に対応すると考える（大村2004）。

岩鼻式土器

　おおむね壺と甕が櫛描文土器を主体とする同一文様が施される段階（松本2003）をもって、岩鼻式土器成立の指標とする。岩鼻式土器は、おおむね3

I 各地域の後期土器

期分類が可能である（第2・3図　柿沼2006）。

1期（第7図）

1期は、壺・甕ともに単口縁で胴部中位が張る算盤玉状の器形・櫛描手法等で中期的様相を残している。文様は頸部に集中し、櫛描簾状文a（等間隔止め）を基調に波状文が平行に丁寧に描かれる（波状文a）。甕は口唇に刻みを施すのを基調とし指頭押捺もあり、壺と同様の頸部文様に加え、胴部にも櫛描縦羽状文・斜格子文・斜状文を施す場合が多い。口縁部内面に波状文を施す小型台付甕(20)もある。甕の頸部や口縁部の外反度等の形状から、古・新の2小期に分けることができる。

朝光寺原式土器では、横浜市寺下遺跡YT-1、YT-2出土土器が、壺口縁内部波状文、甕胴部斜格子文・斜状文、甕口縁指頭押捺などから岩鼻式1期に対応できる。渡辺務氏の編年（渡辺1995・1999）のI式には該当資料はなく、前段階とみたい[3]。久ヶ原1式土器と併行すると考えたいが、伴出関係による確認はできない。

2期（第8図・第9図）

2期は、複合口縁の登場・口縁部の伸張化傾向・頸部の緩曲化・胴部の丸味化があり、櫛描手法も1期に比して原体がやや細く、簾状文aや波状文に乱れが見られるようになる（波状文b）。2小期に分けることができる。

2（古）期は、壺における未発達の折り返し口縁の登場、甕における胴部文様の稀少化が新しい要素であり、櫛描文では段重ねの簾状文が盛行する。朝光寺原式土器では、川崎市長尾台北遺跡14号住、横浜市赤田No.1YT-2（赤田I期）で壺における未発達の折り返し口縁や簾状文aの多用が見られることから渡辺編年のI式、橋本裕行氏の編年（2006）のI式（新）に対応できる。大村直氏は、長尾台北遺跡14号住の朝光寺原式を久ヶ原1式には遡らせず同2式に対応させている（大村2004）。世田谷区喜多見陣屋遺跡20号住（浜田第3図21〜23：本書66頁）では、段重ねの簾状文aで胴部中位に算盤玉状の形状を残す2（古）期に対応する土器に、久ヶ原2式古の壺が伴出しており併行関係が確認できる。

なお、和田吉野川沿いの熊谷市（旧大里町）円山遺跡方形周溝墓からは

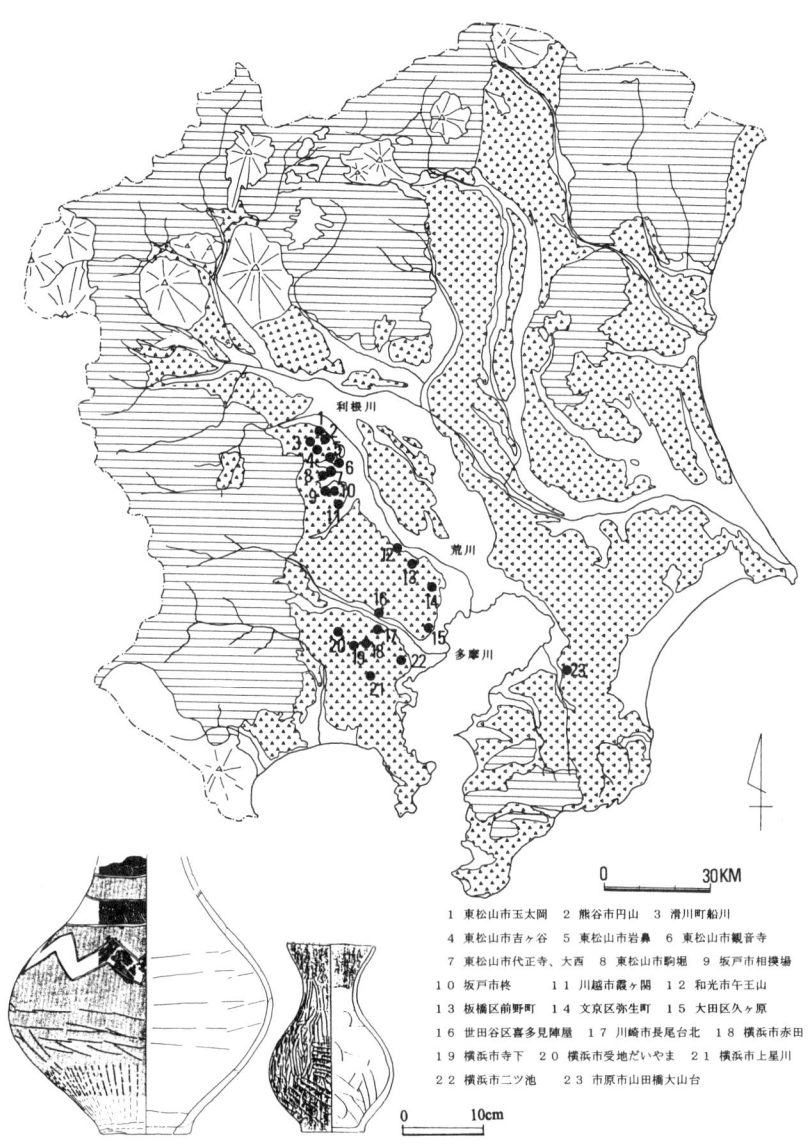

北武蔵中央部の後期土器

```
1  東松山市玉太岡    2  熊谷市円山     3  滑川町船川
4  東松山市吉ヶ谷    5  東松山市岩鼻   6  東松山市観音寺
7  東松山市代正寺、大西  8  東松山市駒堀   9  坂戸市相撲場
10 坂戸市柊        11 川越市霞ヶ関   12 和光市午王山
13 板橋区前野町    14 文京区弥生町   15 大田区久ヶ原
16 世田谷区喜多見陣屋 17 川崎市長尾台北 18 横浜市赤田
19 横浜市寺下     20 横浜市受地だいやま 21 横浜市上星川
22 横浜市二ツ池    23 市原市山田橋大山台
```

熊谷市（旧大里町）円山遺跡方形周溝墓出土　久ヶ原式土器

第1図　関連遺跡の位置と円山遺跡出土の久ヶ原式土器

I 各地域の後期土器

久ヶ原式2式(古)土器が出土しており(第1図)、東京湾沿岸地域との直接交流がうかがえる。岩鼻式土器における複合口縁の採用と時期が適合することや、後の吉ヶ谷式土器の発生に東京湾沿岸地域の影響を考えるうえで理解しやすい。

2(新)期は、壺の折り返し口縁の肥厚化(断面三角形・四角形)、甕における頸部の曲線化・胴部の張りの弱まりがある。朝光寺原式の渡辺編年のII古式(赤田II期)では、壺の減少傾向、甕における形状・文様帯の幅広化・簾状文の減少など次の岩鼻式3期に近い様相をもつが、赤田II期には三角形状の口縁・簾状文2段の壺があり対応させておきたい。世田谷区喜多見陣屋遺跡9号住では、久ヶ原2式(新)土器の壺や甕と伴出しており(第9図18〜22)、20号住より後出の朝光寺原式土器との関係でも矛盾しない(寺田ほか1996)。

3期(第10図)

3期は、櫛描手法が弛緩し、簾状文aを継承しながらきちんと止めないもの、脱落するものがあり、文様帯(主に波状文b)が幅広くなる。甕は口縁部のヨコナデが顕著である。その後半段階の相撲場遺跡1号住では破片ながら吉ヶ谷式土器(20・21)が伴出している。2号住では、原体端末結節の壺破片(24)が伴出している。東松山市高坂二番町遺跡(第14図)では、岩鼻式土器3期の櫛描文土器(幅広波状文・無文甕で構成)に、発生期の吉ヶ谷式土器と考えられる頸胴部帯縄文甕や輪積装飾縄文施文甕が伴出している[4]。

朝光寺原式では、渡辺編年II新式の施文が波状文主体であり、赤田III期には連止めの簾状文があり(25)、口縁部のヨコナデ盛行も岩鼻式3期と共通する。田村良照氏の編年(田村1998)のIII期(古)の横浜市関耕地11号住では吉ヶ谷式近似の甕(27)が出土し[5]、輪積痕下端に刻み目を施す台付甕(29)が伴う。大村直氏は山田橋1式土器と併行させている(大村2004)。

吉ヶ谷式土器

吉ヶ谷式土器は岩鼻式土器の3期後半段階に発生するが、岩鼻式の壺の文様帯が頸部〜胴部上半の1帯であるのに対し(中部高地型)、吉ヶ谷式の壺の2帯縄文帯(ただし、無区画)や甕の輪積装飾は東京湾沿岸地域からの影響に

より生まれたものと考えられる。吉ヶ谷式土器の発生は、山田橋1式土器の成立とほぼ時期を同じくしていると考えられる。

吉ヶ谷式土器は暫定的に3期に分類しているが（第4・5図）、型式的には1期をⅠ式、2～3期をⅡ式と大別し、各々を細分すべきかとも考えている（他日を期したい）。

1期（第11図・第12図）

1期は、吉ヶ谷式土器が発生し岩鼻式3期（後半）と併存する段階、確立する段階、甕など胴部の張りがみられるようになる新段階の3小期程度に分けられるが、その変遷は漸次的である。併存段階の滑川町船川遺跡1号住では岩鼻式の無文甕（第11図3）や高坏（4）が伴い、3号住で櫛描文帯の位置に原体端末結節のある頸胴部帯縄文甕（6）が、4号住で縄文のない輪積装飾甕（9）が出土している。確立段階の東松山市観音寺4号方形周溝墓でも頸胴部帯縄文甕（17）が残っている。新段階の東松山市駒堀遺跡では、ボタン状突起のある壺（第12図3）、羽状縄文帯の壺（4）が出土している。

朝光寺原式分布地域と比較すると、横浜市上星川遺跡6号住の壺（第11図18・19）は船川遺跡1号住の壺（1）や観音寺4号方形周溝墓の壺（11）に近似し、壺（20）は回転結節文帯を沈線区画している（山田橋1式か）。横浜市関耕地42号住では、頸胴部帯縄文甕（22）が田村編年Ⅲ期（新）の櫛描波状文甕（21）に伴出している。川崎市影向寺周1号住では、観音寺4号の輪積縄文装飾甕（14）に近似する甕（24）に羽状縄文帯を別原体回転結節文で区画する壺（23）が伴出している（山田橋1式か）。川崎市三荷座前第2地点環濠から、新段階の甕（第12図36）に羽状縄文帯を回転結節で区画するが胴部の球形化が進みつつある壺（37）が伴う（山田橋2式古か）。

2期（第12図）

2期は、壺の口唇部の平坦面が狭まり胴部の球形化が始まり、甕の輪積装飾・胴部のハケ整形痕を残さないものが主体を占めるようになる。横浜市釈迦堂1号住からは2期の壺2点が幾何学的な文様をもつ山田橋2式以降の壺と伴出している。横浜市観福寺北18号住から甕1点（34）が出土し、ボタン状突起がある小型壺（35）に伴出している。

I 各地域の後期土器

《参考》 編年比較対照表（試案）

	岩鼻式・吉ヶ谷式土器	朝光寺原式土器等	
仮称「代正寺式」	東松山市代正寺遺跡12・46号住	横浜市受地だいやま遺跡1号方形周溝墓・底、19号住	
	東松山市大西遺跡市2次2区H-41号住		（受地だいやま式、松本0式）
岩鼻式1期（古）	東松山市雉子山遺跡1・2号住		
	同　　　3次2号住		
1期（新）	東松山市西浦7・16号住	横浜市寺下遺跡 YT-1・YT-2	
2期（古）	東松山市代正寺遺跡27・72・77号住	横浜市長尾台北遺跡14号住	（橋本Ⅰ式新、渡辺Ⅰ式）
	同　　 6号方形周溝墓・14号溝	横浜市赤田No.1 YT-2、No.10 YT-1	
	東松山市岩鼻遺跡（中原区）B-2号住	世田谷区喜多見陣屋20号住	（久ヶ原2式古）
2期（新）	東松山市代正寺遺跡73・76号住	世田谷区喜多見陣屋9号住	（久ヶ原2式新）
	同　　 4号方形周溝墓	横浜市赤田No.10 YT-3	（橋本Ⅱ式古＝渡辺Ⅱ古式）
	東松山市岩鼻遺跡A調査区2次5号住		
	坂戸市柊3区1号住、4区1号土坑		
3期	坂戸市柊2区2号方形周溝墓		
	坂戸市石井前原6号住		
	坂戸市相撲場1・2・3号住	横浜市関耕地11号住	（田村Ⅲ期古＝渡辺Ⅱ新式）（山田橘1式）
吉ヶ谷式	東松山市高坂二番町1次12号住	横浜市上星川12号住	（安藤Ⅲ期前＝渡辺Ⅱ式新）
1期	滑川町船川1・3・4号住	横浜市上星川6号住、横浜市関耕地42号住	
	東松山市観音寺4号方形周溝墓	川崎市影向寺周辺1号住	
	東松山市玉太岡2・4・18号住		
	坂戸市花影1～8号方形周溝墓		
	東松山市駒堀5・6号住	世田谷区堂ヶ谷戸遺跡118号住	
		川崎市三荷座前第2地点環濠	（山田橘2式古）
2期	東松山市吉ヶ谷遺跡住居跡	横浜市観福寺北18号住	（田村Ⅲ期新＝渡辺Ⅲ式）
	嵐山町大野田西3・5・15号住	横浜市釈迦堂1号住	
3期	川本町四反歩遺跡南地区2・3・4号住	横浜市釈迦堂4号住	（安藤Ⅳ期、田村Ⅳ期＝渡辺Ⅳ式）
	東松山市大西62号住		
	川本町焼谷1・2・3・4号住		（安藤Ⅴ期）
	東松山市駒堀11号住		

*1 上表は、主に朝光寺原式土器との型式的な対比、伴出関係をもとに岩鼻式・吉ヶ谷式土器と周辺土器との併行関係を探ったものである。

*2 橋本裕行氏編年（橋本2005）、渡辺務氏編年（渡辺1995・1999）、松本完氏編年（松本1984）、田村良照氏編年（田村1998）、安藤広道氏編年（安藤1996）、大村直氏編年（大村2004）に対比させ、比田井克仁氏編年（比田井1997・1999）も参照した。東京都・神奈川県内出土の吉ヶ谷式土器については、浜田晋介・宮川和也氏の集成（浜田・宮川2003）に頼った。

3期（第13図）

　3期は、壺では口縁部の口唇や輪積み装飾が扁平となり、胴部の球形化が進む。甕は、頸部が明瞭化してきて胴部径も大きくなり、壺・甕共に加飾部以外は光沢をもつほど丁寧にヘラミガキする。大型の高坏（12）の存在もあげられる。大西62号住では、棒状突起をもつ幅広複合口縁壺ながら縄文帯が無区画で斜行という吉ヶ谷式土器との折衷土器（16）が伴う。駒堀11号住では大型の幅広複合口縁壺（35）が伴っていて、鋸歯状文をもつ壺として縄文が斜行し笹森紀己子氏の変遷では「前野町式以降」とされているが（笹森1984）、総体的には吉ヶ谷式土器として器種構成が保たれている最終段階と位置づけられる[6]。横浜市釈迦堂遺跡4号住では、3期の甕が末期的な朝光寺原式土器の甕（渡辺Ⅳ式）やS字状結節文を多用する壺と伴出している。

　最後に、これまで概述してきたように岩鼻式土器や吉ヶ谷式土器は朝光寺原式土器との関係が深く、とくに岩鼻式土器の変遷はほぼ同調過程をたどっている。その一方で、岩鼻式土器は菊川式系土器とは相容れないようであり[7]、共伴例が極端に少ないことも付記しておきたい。

　　　註
1) 荒川以北・以東の妻沼低地や本庄台地・児玉丘陵にも後期後半以降吉ヶ谷式土器の分布は拡大するが、中期後半から後期前半の土器文化の展開は荒川中流域右岸とは様相を異にする。本稿では南関東地方との関連がより強く、宮ノ台式→（＋）→岩鼻式→吉ヶ谷式と型式的変遷が共通する荒川中流域右岸を対象とした。
2) 代正寺46号住の壺の櫛描原体は岩鼻式土器より太目で中期的であるが、簾状文単独（第6図16）や簾状文を重ねる手法（15）などは岩鼻式に特徴的である。大西遺跡市2次2区H-41号住の壺（22）は、幅広の箆描横線に下向き鋸歯文（列点充填）は中期的だが、岩鼻式土器では鋸歯文は付加文として継承する。高坏（23）の櫛描波状文施文の鍔状口縁部も中期的だが幅が狭くなっており、岩鼻式の突帯状口縁の高坏に連なる。櫛描波状文の甕（24）は腰高で、橋本裕行氏が朝光寺原Ⅰ式（古）としたものに類似資料があり、櫛描波状文を施す鍔状高坏も含めている。ただ、これらは受地だいやま遺跡では1号方形周溝墓上層や包含層からの出土であり、資料的に難がある。松本完氏が朝光寺原0式と呼称した型式

I 各地域の後期土器

壺

1期(古)

1期(新)

2期(古)

2期(新)

24・27 代正寺4号方形周溝墓
25 代正寺76号住

3期

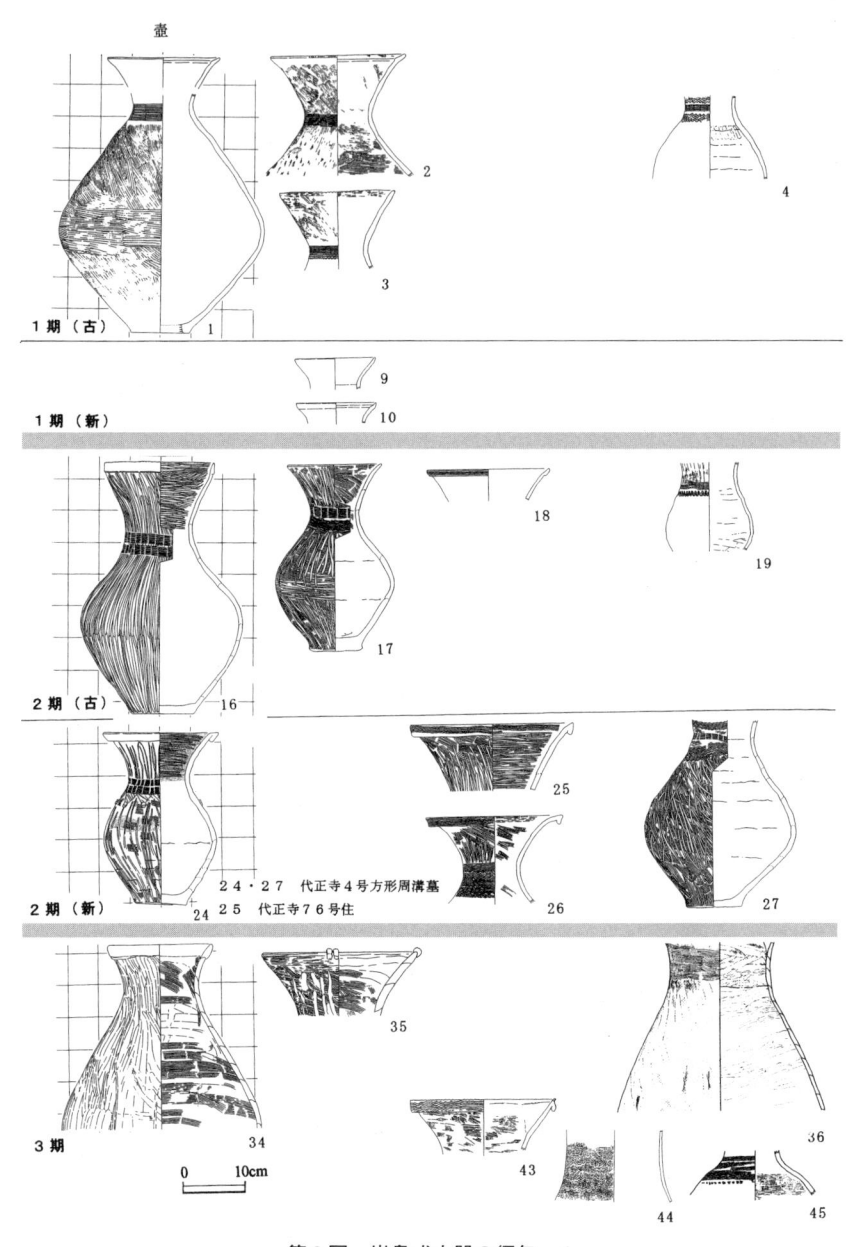

0 10cm

第2図 岩鼻式土器の編年-1

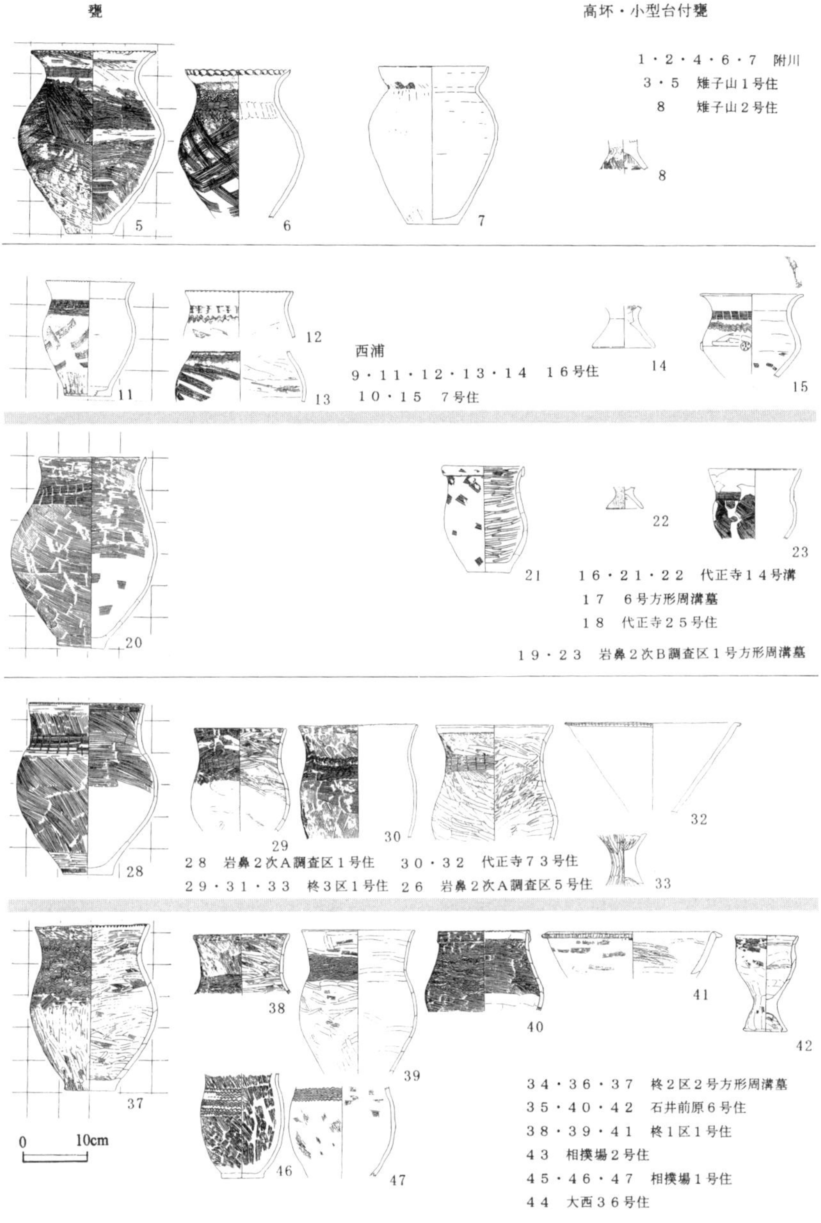

北武蔵中央部の後期土器

甕

高坏・小型台付甕

1・2・4・6・7　附川
3・5　　雉子山1号住
8　　　雉子山2号住

9・11・12・13・14　16号住
10・15　7号住

西浦

16・21・22　代正寺14号溝
17　　6号方形周溝墓
18　　代正寺25号住
19・23　岩鼻2次B調査区1号方形周溝墓

28　岩鼻2次A調査区1号住　　30・32　代正寺73号住
29・31・33　柊3区1号住　　26　岩鼻2次A調査区5号住

34・36・37　柊2区2号方形周溝墓
35・40・42　石井前原6号住
38・39・41　柊1区1号住
43　　相撲場2号住
45・46・47　相撲場1号住
44　　大西36号住

0　10cm

第3図　岩鼻式土器の編年－2

I 各地域の後期土器

船川　1・2・5・6/1号住　3・7/3号住　4/4号住
　　　8・9・16～19 観音寺4号方形周溝墓
花影　10・21/6号方形周溝墓　22・25/2号方形周溝墓
玉太岡　11・13/4号住　12・14/2 2号住　21・24/1 8号住
駒堀　15/5号住　23/6号住

1 期

2 期

3 期

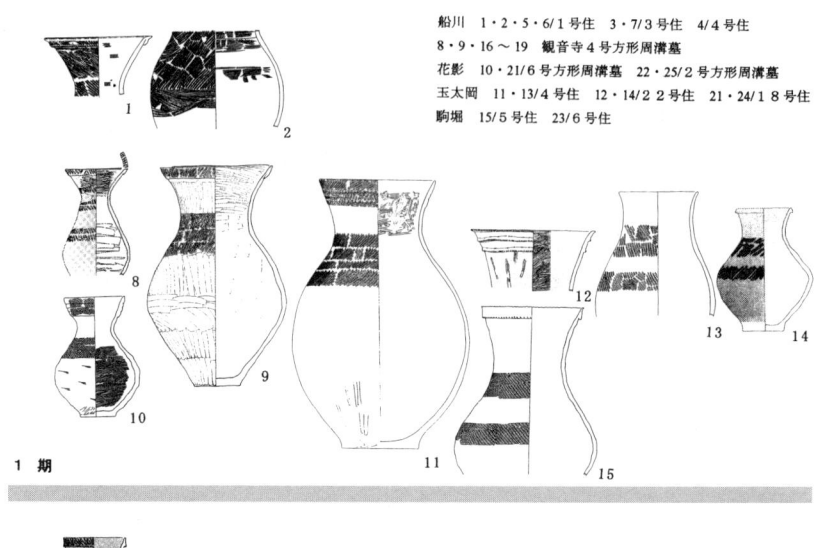

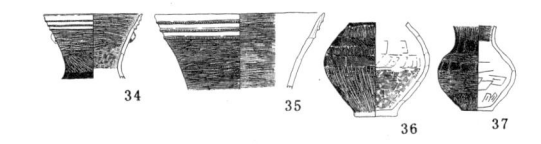

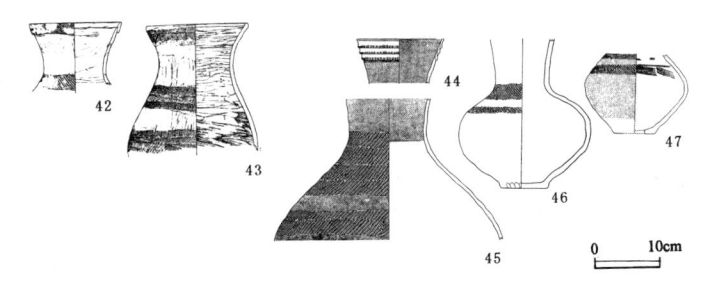

第4図　吉ヶ谷式土器の編年－1

北武蔵中央部の後期土器

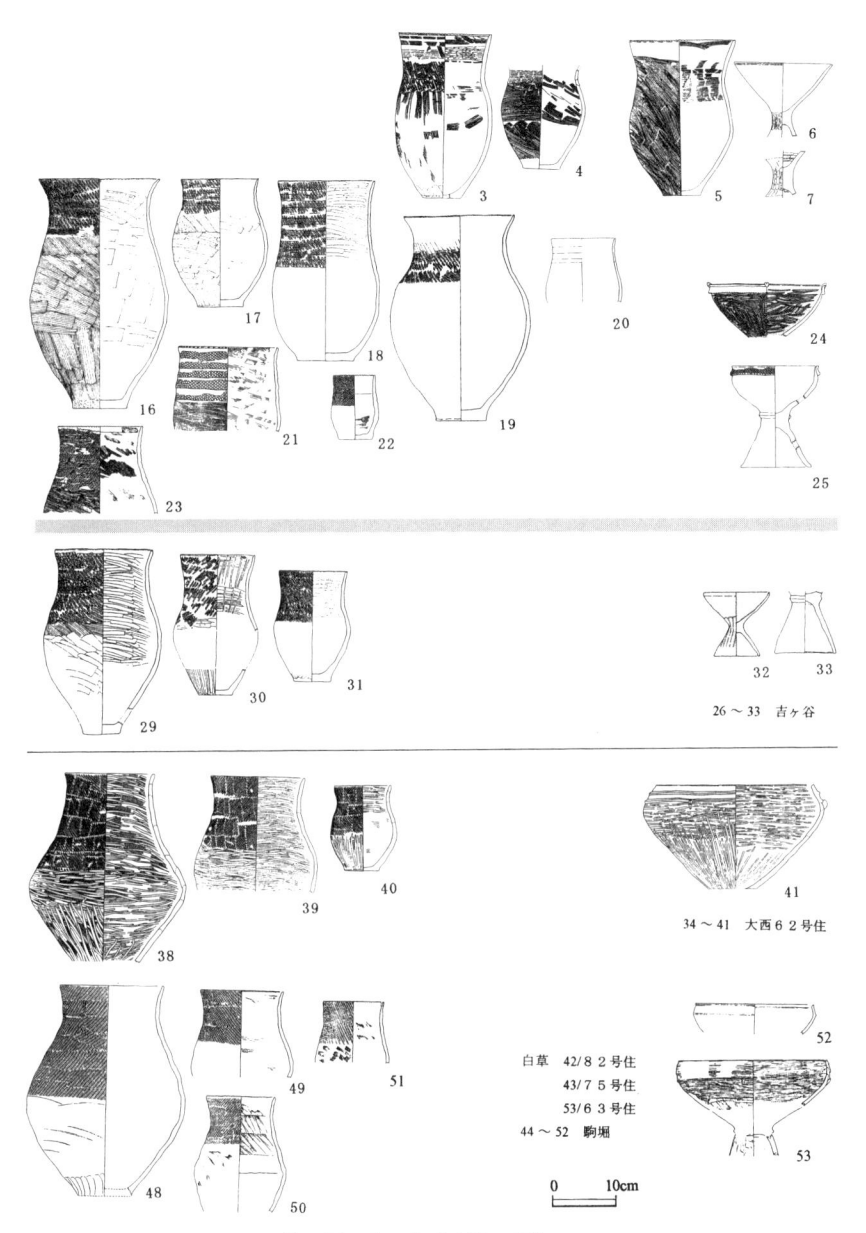

26～33 吉ヶ谷

34～41 大西62号住

白草 42/82号住
43/75号住
53/63号住
44～52 駒堀

0 10cm

第5図 吉ヶ谷式土器の編年－2

81

I 各地域の後期土器

　　的に安定しない 1 時期が（松本 1984）、朝光寺原式土器や岩鼻式土器が確立する以前に存在しているものと私考する。この 1 時期は、西方との相対的な比較では後期に入れるべきと考えている。
3）渡辺編年 I 式以前となれば橋本編年の I 式（古）となるが、該当資料はないので呼称を活かすとしても内容の再編が必要と考える。
4）3 期も文様帯の幅広化・波状文の盛行ながら簾状文が施される古段階と、簾状文の脱落化が進行した新段階に分けることができ、新段階のなかから吉ヶ谷式土器が発生してくるようである。その発生の仕方は、甕においては櫛描文を施す部分に縄文を施すようになる岩鼻式土器からの変容であり、「吉ヶ谷式の縄紋も櫛描文の代替」とした中村五郎氏の指摘（中村 1986）の正しさを再認識する気持ちに傾いている。
5）第 10 図 27 のような吉ヶ谷式近似の甕や、4）で触れた頸・胴部上半の櫛描文の位置に縄文を施す土器（第 11 図 22）を、滝沢亮氏は「仮称上星川式」とし（滝沢 1985）、渡辺務氏は「朝光寺原式土器の整形技法と胎土で撚りの粗い斜縄文が施される甕」と表現しているが（渡辺 1998）、両氏とも朝光寺原式土器の範疇に含めている。田村良照氏は、「頸部にだけ単斜縄文を施文する、吉ヶ谷式の規範からはずれたようなもの」と表現している（田村 1998）。浜田晋介氏は、朝光寺原式土器とは分離し、「変容した吉ヶ谷式土器」と表現し、吉ヶ谷式土器の型式内容をもちながら厳格にはあてはまらないものと甕の頸部にだけ斜行縄文を施すものに分け、後者を「長尾台北式」と作業用の型式名を付している。これらが伴うようになるのは渡辺編年の II 式（新）、田村編年の III 式であり、幅広の波状文主体の岩鼻式 3 期後半段階の吉ヶ谷式土器が発生する時期に併行する。発生期の吉ヶ谷式土器には頸胴部帯縄文甕（第 11 図 6・17）や輪積みをもたない縄文施文甕の存在が明らかにされつつあり（東松山市高坂二番町遺跡）、これらの多くは吉ヶ谷式土器と認識すべきと考える。
6）比田井克仁氏の編年では（比田井 1997）、古墳前期 I 段階に含められるようである。ただ、外来系の小型高坏・高坏・小型器台などが伴うようになるのは直後で、頸部の明確化や球胴化がより進んだ吉ヶ谷式系土器の段階である。
7）松本完氏のご教示による。神田川、石神井川流域など武蔵野台地北西部域や大宮台地南部域に吉ヶ谷式土器が拡散するのは吉ヶ谷式土器 2 期以降からであり、吉ヶ谷式系土器の段階（古墳時代前期）に継続する。

北武蔵中央部の後期土器

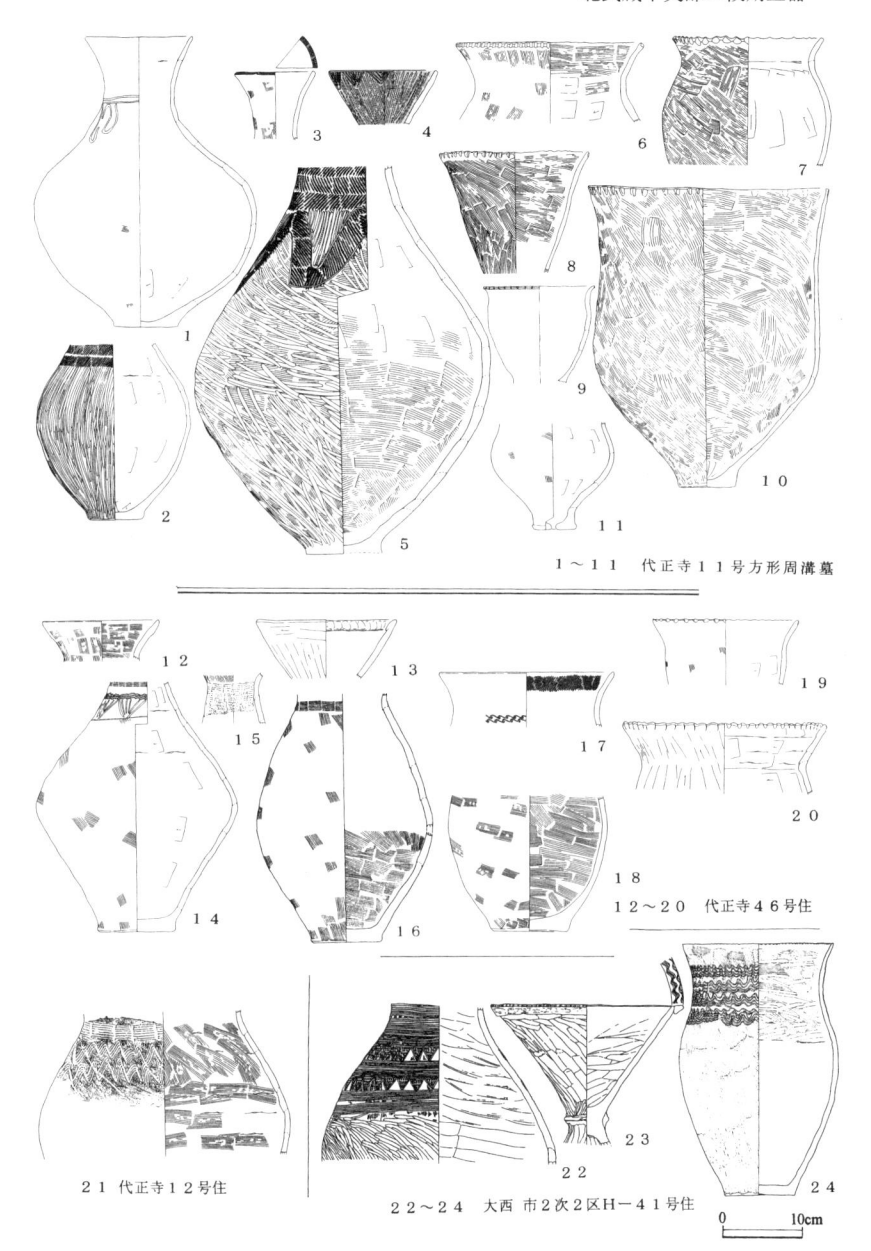

1～11 代正寺11号方形周溝墓

12～20 代正寺46号住

21 代正寺12号住

22～24 大西市2次2区H-41号住

0 10cm

第6図　岩鼻式以前の土器

83

Ⅰ 各地域の後期土器

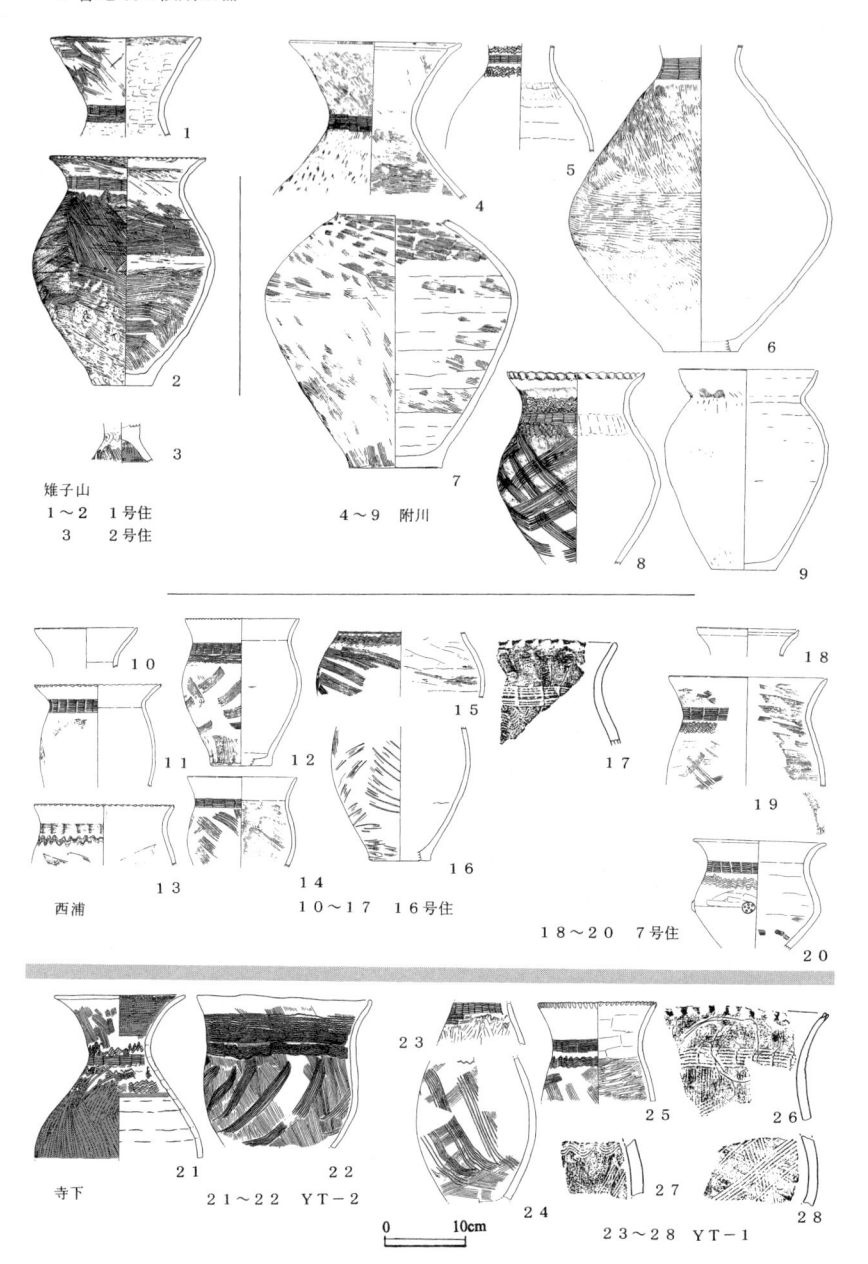

雉子山
1～2　1号住
3　　2号住

4～9　附川

西浦

10～17　16号住

18～20　7号住

寺下

21～22　YT-2

23～28　YT-1

0　10cm

第7図　岩鼻式1期と朝光寺原式

北武蔵中央部の後期土器

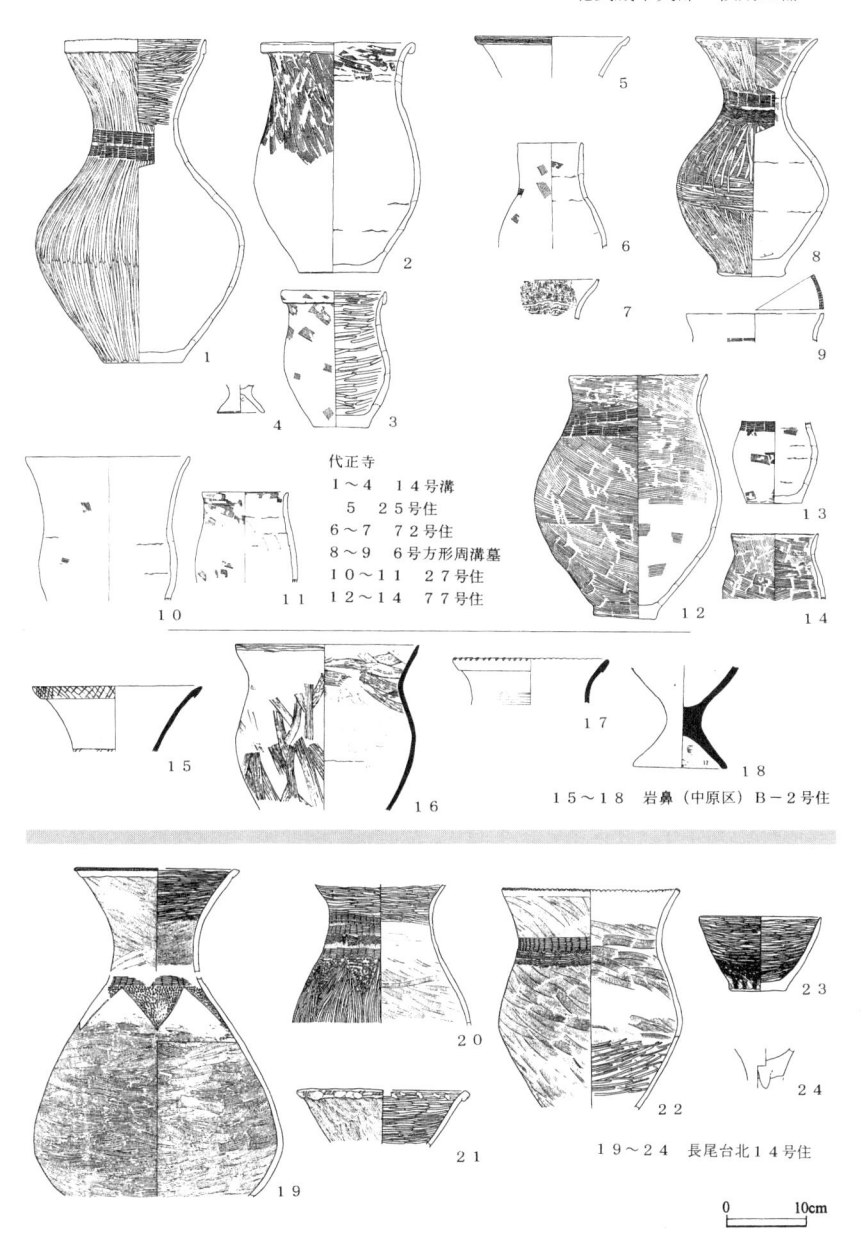

代正寺
1～4　14号溝
5　25号住
6～7　72号住
8～9　6号方形周溝墓
10～11　27号住
12～14　77号住

15～18　岩鼻（中原区）B-2号住

19～24　長尾台北14号住

0　10cm

第8図　岩鼻式2期（古）と朝光寺原式

85

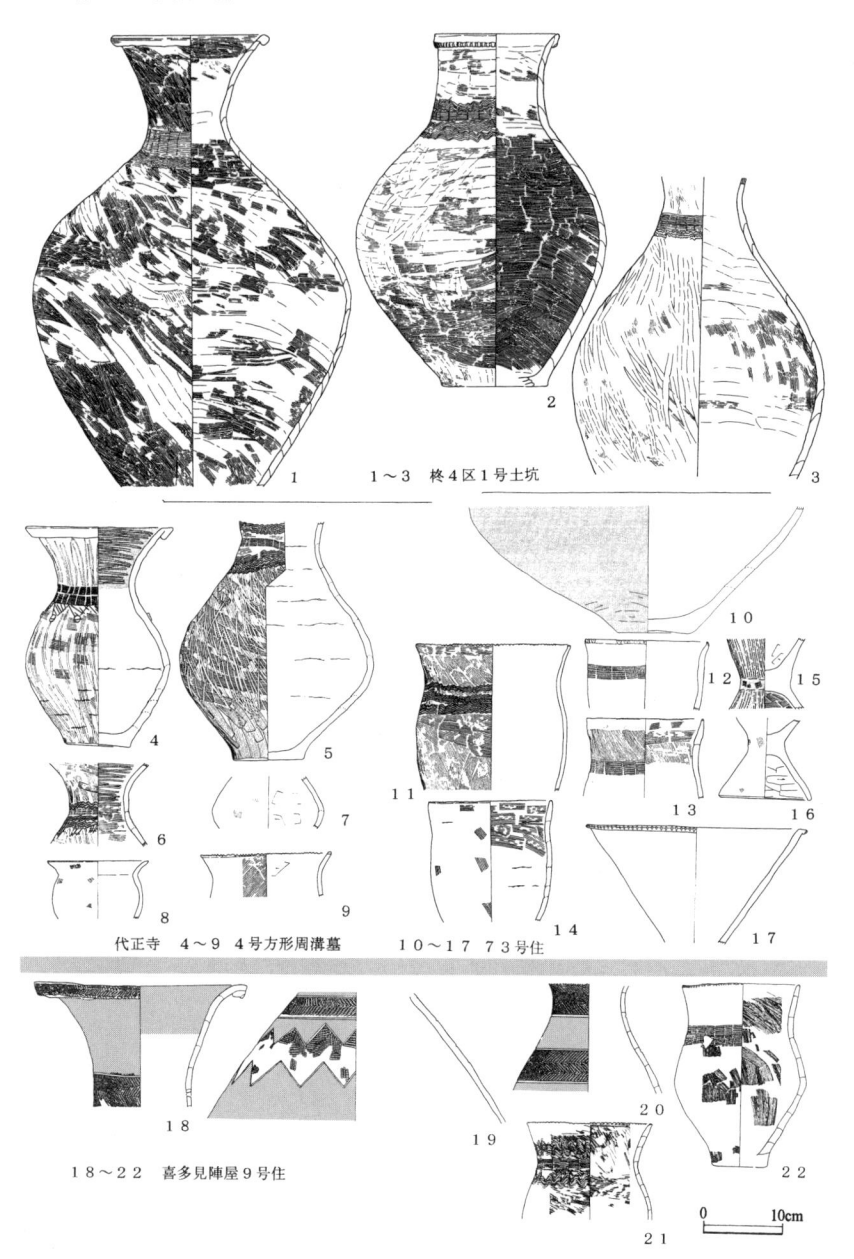

I 各地域の後期土器

1～3 柊4区1号土坑

代正寺 4～9 4号方形周溝墓　　10～17 73号住

18～22 喜多見陣屋9号住

0　10cm

第9図　岩鼻式2期（新）と朝光寺原式等

86

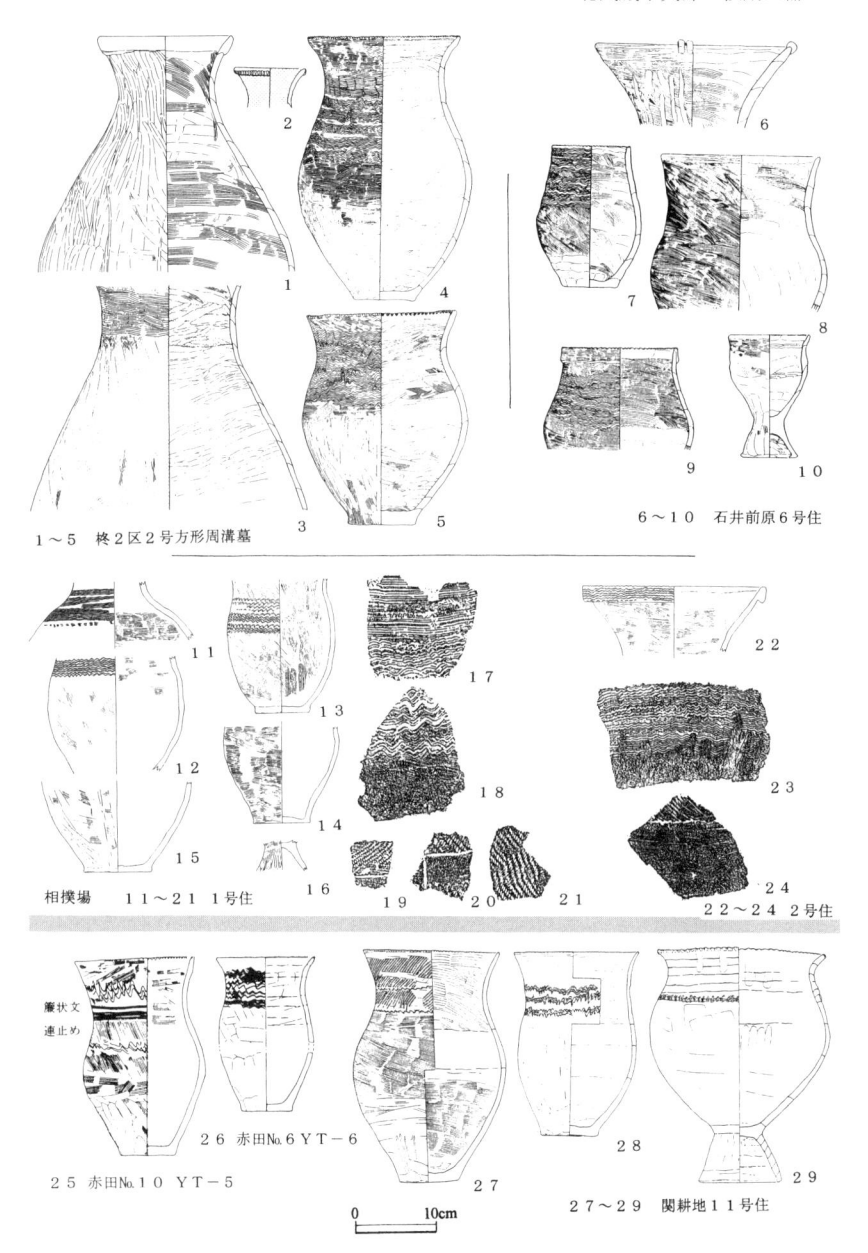

北武蔵中央部の後期土器

1〜5　柊2区2号方形周溝墓
6〜10　石井前原6号住
相撲場　11〜21　1号住
22〜24　2号住
25　赤田No.10 YT-5
26　赤田No.6 YT-6
27〜29　関耕地11号住

簾状文
連止め

0　　10cm

第10図　岩鼻式3期と朝光寺原式等

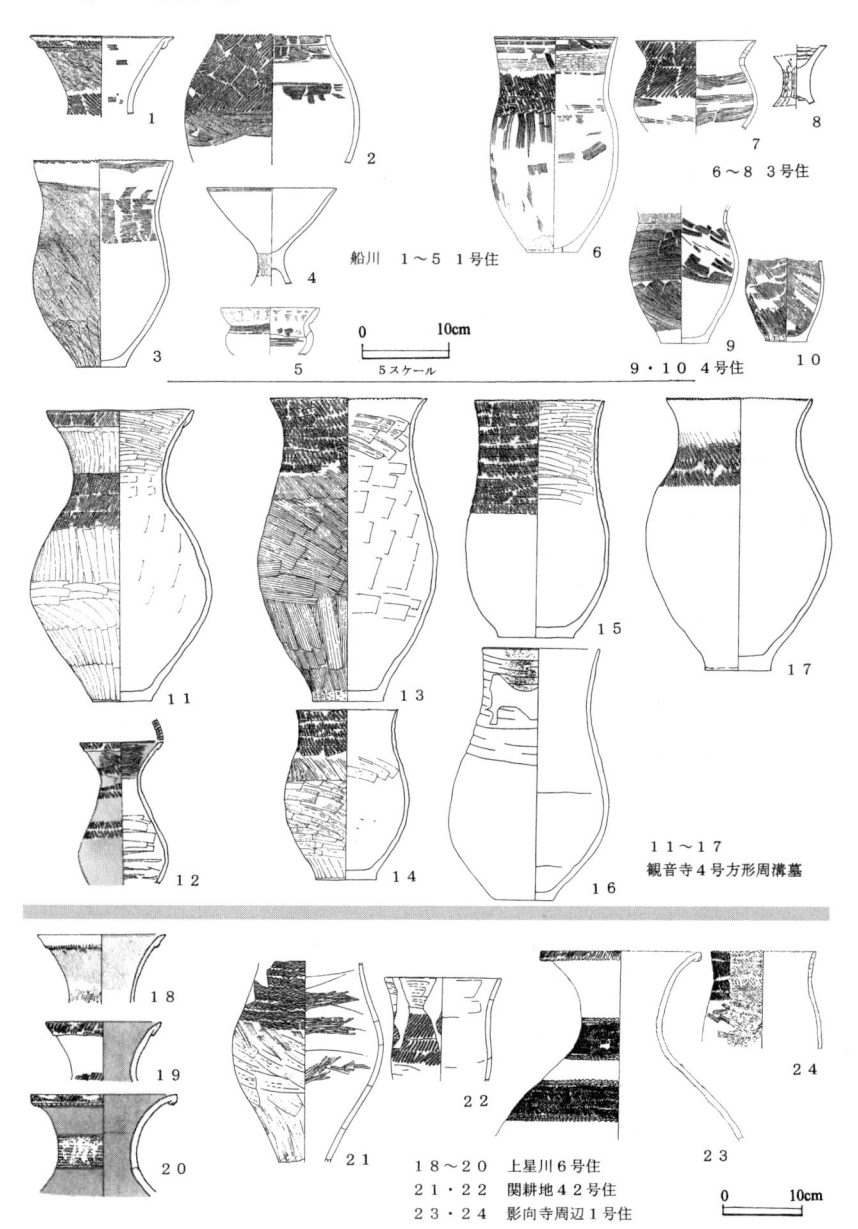

I 各地域の後期土器

船川　1〜5　1号住
6〜8　3号住
9・10　4号住

11〜17　観音寺4号方形周溝墓

18〜20　上星川6号住
21・22　関耕地42号住
23・24　影向寺周辺1号住

第11図　吉ヶ谷式1期と朝光寺原式等

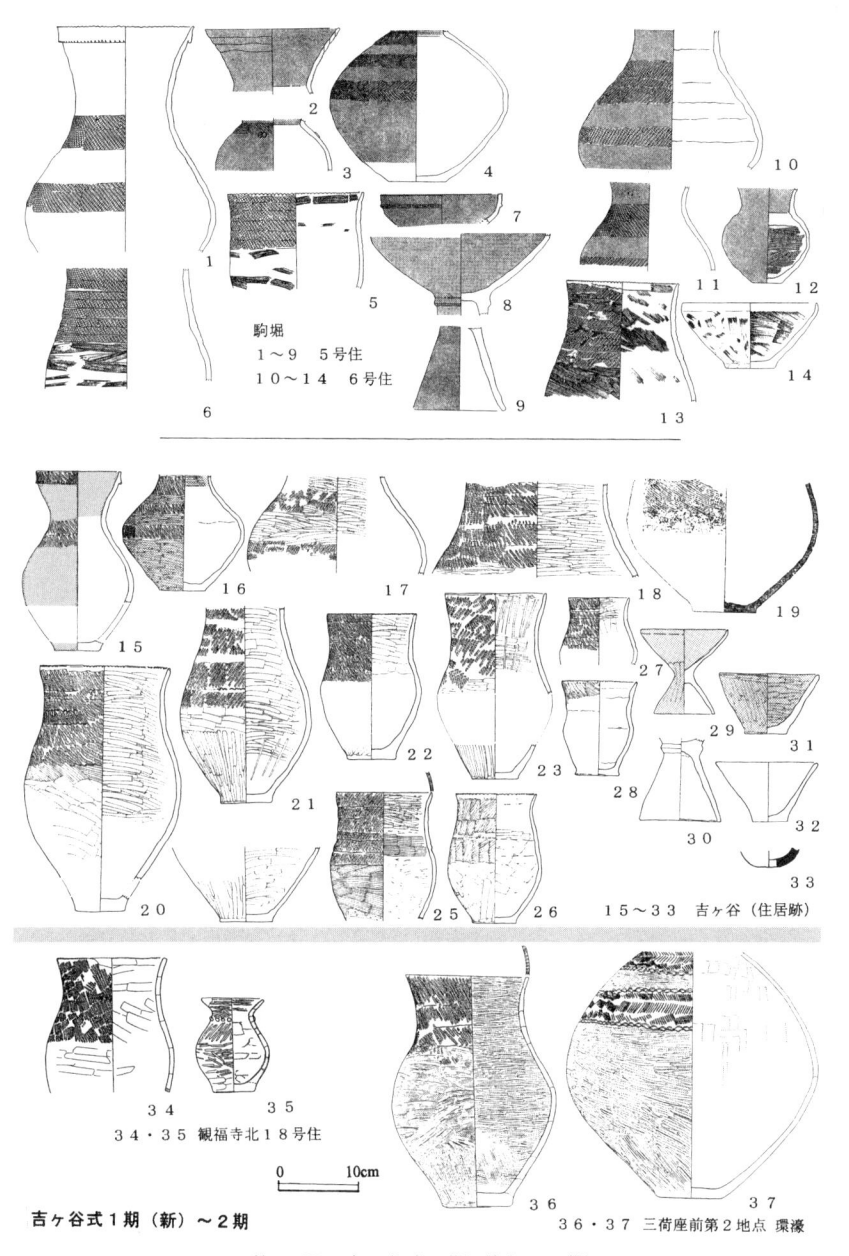

北武蔵中央部の後期土器

駒堀
1～9　5号住
10～14　6号住

15～33　吉ヶ谷（住居跡）

34・35　観福寺北18号住

0　10cm

吉ヶ谷式1期（新）～2期

36・37　三荷座前第2地点　環濠

第12図　吉ヶ谷式1期（新）～2期

89

Ⅰ 各地域の後期土器

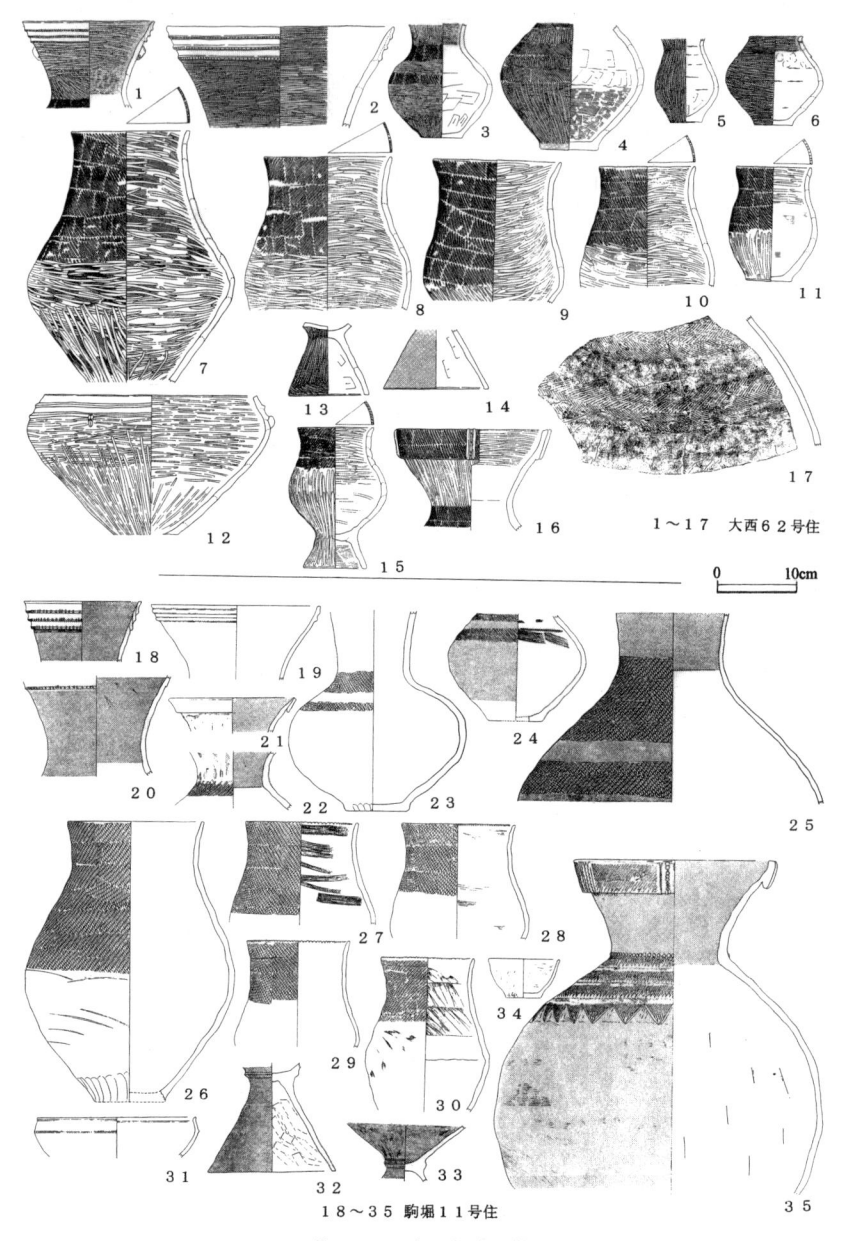

1〜17 大西62号住

0　10cm

18〜35 駒堀11号住

第13図　吉ヶ谷式3期

北武蔵中央部の後期土器

柿沼当日資料

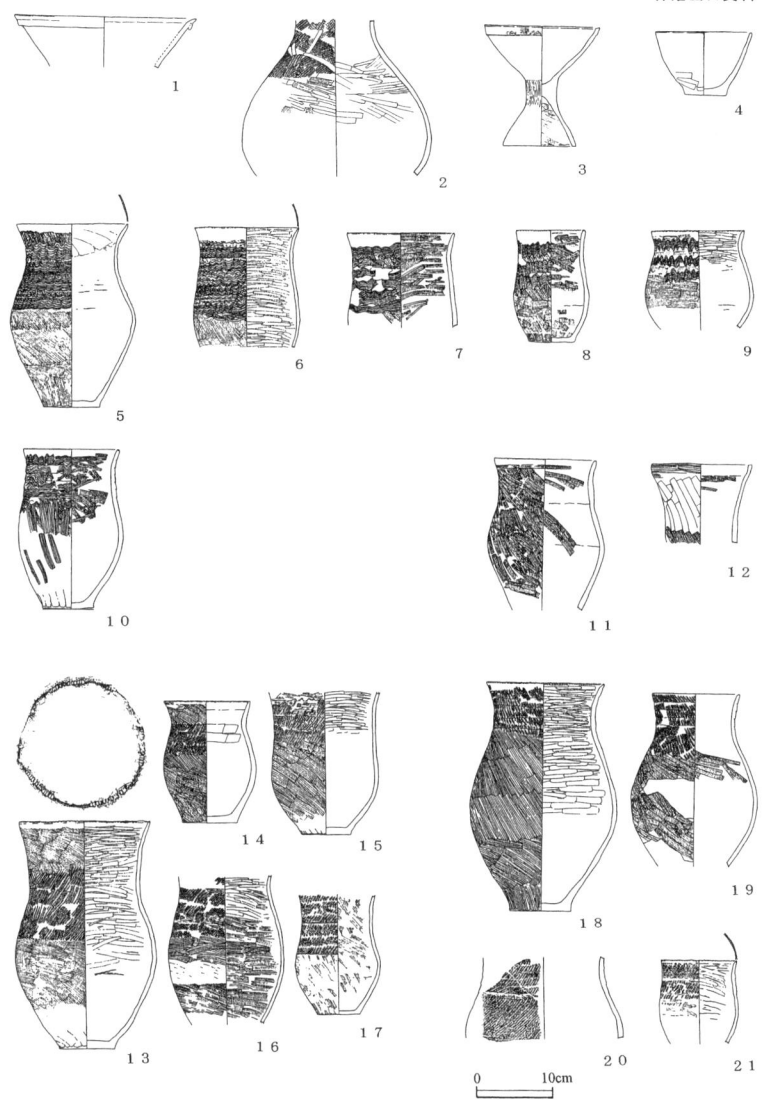

第14図　東松山市高坂二番町遺跡1次12号住出土土器

下総台地の南関東系土器

髙 花 宏 行

1. 検討の前提

　下総台地における弥生時代後期の土器様相については、研究初期段階での調査・発見例が下総地域としては例外的に南関東系土器群が主体を占める須和田遺跡等市川市周辺で確認されていたこともあり、暫くの間は南関東系土器群が主体であるとの認識があった。その後、菊池義次氏が『印旛・手賀』で印旛沼・手賀沼周辺地域における南関東系土器群と北（東）関東系土器群との混交を指摘した。更には「臼井南式」や「大崎台式」、「栗谷式」の提唱等、調査事例の進展と共に小地域ごとに住居跡出土土器の組成に差異が認められることが確認されてきている。大枠的に概観すると、旧下総国の範囲内では東関東系土器群が主体を占め、旧上総国の範囲では南関東系土器群が主体を占めるわけであるが、その分布圏の境界付近や交通の要衝となる場所においては、両者が入り混じって複雑な様相をみせるということがいえる（髙花 2007a）。

　ところで、下総地域における後期の土器編年については、筆者はこれまでに段階区分を中心とした考えを幾つか発表してきた（髙花 1999・2000・2007a 等）。その概略を簡単に述べるならば、適用範囲が印旛沼周辺地域に限定されるが、後期初頭を中心に頸部に櫛描文による縦スリットが施文される大崎台式等（Ia 期・Ib 期）が、後期中葉になると櫛描文が施文される土器は減少し、代わって頸部輪積痕と胴部附加条縄文をもつ臼井南式等の土器群（II 期・III 期）が、そして後期後半を中心に口縁部に突起を有する土器群（IVa 期・IVb 期）がそれぞれ展開すると考えている。段階区分の根拠は住居跡出土資料の共伴関係を基にしたものであり、一部において型式学的な検討を経

ていないため変遷過程には課題を残すものの、大枠での時期的な変遷は北側に隣接する茨城県域との対比も可能と考えている。共伴する南関東系土器群については後述するが、器形全体が遺存しているものが少なく、細かな編年的位置の判断に苦慮する事例が多い。

今回は周辺地域の編年から後期土器の編年を見直すというシンポジウムの趣旨を鑑み、集落跡出土資料と墓跡出土資料の2つに分け、共伴事例の代表的な事例について下総地域の在地土器群は筆者の位置づけを加えつつ例示し、細部については各位の評価をいただければと考えている。

なお、古墳時代出現期（弥生時代終末期）にも網目状撚糸文や沈線区画による幾何学文が施文される装飾壺の出土例が継続するが、それは今回のシンポジウムでの検討対象外のため、図示していない。

2. 共伴資料の実例
(1) 集落跡出土資料

資料は東京都に近い市川市から徐々に太平洋沿岸地域（東方面）へ向かって順に図示した。まず、東葛飾地域では、東京湾沿岸に位置する**市川市国府台遺跡**（第29地点）がある。国府台遺跡は環濠集落で、住居跡出土土器の組成比率をみると南関東系土器が主体であり、そこに東関東系土器が少量共伴するといった状況を示す（第1図～第3図）。SI09及びSI12では複合口縁で結節文区画による帯縄文が施文される装飾壺・広口壺が出土している。東関東系土器では頸部中央と下端に櫛描による横走文が施文されるものと素口縁で口縁部中央と下端部に刺突列を施し、頸部の無文帯を挟んで胴部に羽状構成の附加条縄文が施文されるものが出土している。時期的には筆者編年4a期に相当すると考えられる。ただし、SD18（環濠）からは折返し口縁で沈線区画による帯縄文が施文される装飾壺（第3図12）や沈線区画の帯縄文（縄文原体は附加条）が施文される広口壺（第3図14）が出土しており、同じ遺構から出土している東関東系土器（第3図16）も複合口縁で頸部に無文帯を有する土器で後期前半代に位置づけられ、住居跡出土土器群とは時期差を感じさせる。なお、こうした市川市域の東京湾沿岸地域における土器様相は東葛

Ⅰ 各地域の後期土器

飾地域でも特異であり、松戸市や柏市といった東葛飾地域中・北部では東関東系土器群が主体的に出土する。

船橋市夏見大塚遺跡では、第10次29号住居跡から複合口縁で頸部に無区画の帯縄文が施文される装飾壺（第3図20）と沈線区画による帯縄文が施文される装飾壺（第3図21）が出土している。また、41号住居跡からは結節文区画の帯縄文が施文される広口壺が出土している（第3図28）。

印西市船尾白幡遺跡では、2号住居跡から沈線区画内にS字状結節文が施文される装飾壺（第3図29）と口縁部中央と下端に刺突列が巡り、頸部に櫛描波状文が施文される土器（第3図31）が共伴している。

八千代市域の遺跡では、後期初頭段階から前半段階では東関東系土器群が主体を占め、後半段階に至り南関東系土器群の共伴事例が多く確認できるようになる。

権現後遺跡ではD029・D030号住居跡は出土遺物のほぼすべてが南関東系土器群で占められ（第4図1～8・9～15）、このうち広口壺（1・9）は口縁部から胴上部にかけて押捺段区画による帯縄文が施文される。この他には無文の甕や結節文区画の装飾壺（12・13）が出土している。D115号住居跡からは輪積痕甕（第4図16・19）や輪積痕と有段の融合した甕（第4図18）と共伴する形で在地の東関東系土器（20～23）が出土している。東関東系土器の甕は胴部以下しか遺存在していなかったり、小型で器形が一般的なものとは異なるもの（21）であったりする等、編年的位置を細別しにくい資料であることが残念である。このほか、D109号・D162号住居跡からは、折返し口縁で結節文区画の帯縄文が施文される装飾壺が出土している（第4図24、第5図1）。

道地遺跡からは後期後半の資料が中心に出土しており、073号・076号住居跡から結節文区画の装飾壺（第5図9・16）と素口縁で口縁部中央と下端に刺突列を有し、突起を有する土器が共伴している（第5図8・19）。後期後半、筆者編年の4a期と考えられる。045号住居跡からは低い複合口縁で下端に2個一組の突起を有する土器（第5図4）と無区画の帯縄文が施文される南関東系の無頸壺（第5図5）、また、破片資料であるが上部に結節文区画による帯縄文、下部に沈線区画による山形文が施文される装飾壺（第5図7）が共

伴している。装飾壺の山形文は斜縄文であること、振幅が鋸歯状に近い形状を呈していることから、沈線区画を有する土器のなかでの位置づけは新しいものと考えられる。

栗谷遺跡は後期初頭から後期後半まで継続する遺跡であるが、共伴事例は後期後半が中心となる。A033 号・A072 号・A079 号・A080 号・A081 号の各住居跡から頸部に結節文区画の帯縄文が施文される装飾壺が出土している。また、A066 号住居跡からは沈線区画の鉢（第 6 図 1）、A067 号住居跡からは沈線区画内に S 字状結節文が施文される装飾壺（第 6 図 7）が出土している。A081 号住居跡では南関東系土器群と東関東系土器群の良好な共伴事例がある。東関東系土器群では頸部に櫛描波状文が施文されるもの（第 7 図 4）と連弧文が施文されるもの（第 7 図 5）とがある。このうち第 7 図 5 は口縁部中央と下端に刺突列が巡るもので、筆者編年の 4a 期に位置づけられる資料である。

境堀遺跡 6-001 号住居跡では素口縁で頸部と頸部下端に S 字状結節文による文様が施文される土器（第 8 図 2）と共伴する形で南関東系の台付甕（第 8 図 1）が出土している。また、6-005 号住居跡からは沈線区画による帯縄文が施文される装飾壺が出土している（第 8 図 5）。

佐倉市臼井南遺跡群出土資料は多段の輪積痕と附加条縄文が施文される土器群の位置づけを確認するために図示した。石神第 I 地点 37 号住居跡出土資料は臼井南遺跡群を代表する資料である（第 8 図 14～20）。渡戸 B 地点 14 号住居跡からは多段の輪積痕と附加条縄文が施文される資料と共伴する形で押捺段区画の帯縄文が施文される広口壺が出土している（第 8 図 21）。

佐倉市江原台遺跡からは Y-1 号住居跡で 2 個体の土器（第 9 図 2・3）が入れ子状に出土しているが、残念ながら遺存度は良くない。Y-8 号住居跡からは沈線区画による帯縄文と山形文が施文された装飾壺が出土している（第 9 図 20）。060 号住居跡からは多段の輪積痕と附加条縄文が施文される土器（第 10 図 3・4・6）と沈線区画による帯縄文と山形文とが施文される装飾壺（第 10 図 8）が共伴している。この装飾壺は大村直氏により山田橋 1 式期として位置づけられている（大村 2007）。

I 各地域の後期土器

印旛村萩原長原遺跡からは沈線区画された帯縄文が施文される小型の壺（第10図11）と頸部中央で頸部を2分割し、上位に斜格子文、下位に波状文が施文される土器（第10図12）や素口縁で頸部に櫛描簾状文が施文される土器（第10図16）が共伴している。また、東関東系土器との共伴はないが、22号住居跡からは多段の輪積痕をもつ南関東系の甕（第10図20）が出土している。

栄町あじき台遺跡からは、9号住居跡から結節文区画による帯縄文とその下位に沈線区画による山形文が施文される装飾壺が出土している（第11図8）。山形文の縄文は羽状構成である。東関東系土器では輪積痕口縁で頸部下端にS字状結節文が施文される土器（第11図1）や頸部中央と下端に櫛描波状文が施文される土器（第11図6）が共伴している。33号住居跡からは無文の高杯（第11図24・25）や大型の壺（第11図26）と輪積痕口縁で胴部に附加条縄文が施文される東関東系土器（第11図14）が共伴している。

成田市関戸遺跡は中期後半の足洗式やその直後段階の土器群が出土することで著名な遺跡であるが、014号住居跡から折返し口縁で頸部に結節文区画の帯縄文が施文される装飾壺（第11図29）と押捺段区画の帯縄文が施文される広口壺（第11図30）が出土している。

東金市道庭遺跡は山武郡市域（旧上総国地域）に属する太平洋岸寄りの台地上の遺跡で、住居跡からは南関東系土器群が主体的に出土している状況が読み取れる。1号住居跡からは幾何学文が施文される装飾壺（第12図1）や押捺段区画の帯縄文が施文される鉢（第12図2）が出土している。また、その他の住居跡からも素口縁で結節文区画の帯縄文が施文される装飾壺（第12図6）、結節文区画の帯縄文とその下に沈線区画の山形文が施文される装飾壺（第12図19）、高杯、台付甕が出土している。太平洋沿岸地域の後期の遺跡は分布が少なく、土器様相は不明確である。甕も台付甕が主体を占めるなど、現在までに知られている下総台地の遺跡とは異なる面も多く、今後、検討を要する。

(2) 土器棺墓出土資料

『印旛・手賀』による印西市浦部羽中遺跡（『印旛・手賀』では誤って「浦部

羽下」となっている）発見の資料が著名であるが、その後、少しずつ発掘調査による検出例も増加してきている。形態は棺身と棺蓋による2個体の組み合わせにより構成され、棺身と棺蓋とが異系統土器の組合せによるものが多い。ただし、その組合せにはバラエティがあり、棺身に南関東系土器の大型壺、棺蓋に東関東系土器の胴下半部を用いるものに市川市国府台遺跡（第13図1）、印西市浦部羽中遺跡（第13図4）、印西市鶴塚古墳下層（第13図5）、棺身・棺蓋共に南関東系土器を用いるものに市川市国府台遺跡（第13図2）、柏市戸張城山遺跡（第13図3）、八千代市境堀遺跡6-011号土坑（第14図1）、佐倉市生谷遺跡（A地点）1号土坑（第14図4）、棺身に東関東系土器、棺蓋に南関東系土器が用いられるものに八千代市境堀遺跡6-012号土坑（第14図2）、そして、南関東系土器単体によるもの（第14図3、八千代市栗谷遺跡D086号土坑）がある。また、棺身の土器の下に別個体の土器が置かれたような出土状態を示す例として成田市南羽鳥谷津堀遺跡（A地点）2号土器棺墓（第14図5）、成田市桐ヶ崎遺跡第1ピット（第14図6）がある。

　土器棺墓出土例における南関東系装飾壺の文様による分類としては、浦部羽中例と生谷（A地点）例が沈線区画による山形文が施文されている。生谷例は頸部の帯縄文と胴部の山形文の間に「H字状」の文様が加えられていて純粋な南関東系の装飾壺の規格からは逸脱するが、おおむね久ヶ原式として位置づけられるものであろう。国府台遺跡例、戸張城山遺跡例、境堀遺跡例、栗谷遺跡例、南羽鳥谷津堀（A地点）例は帯縄文が結節文区画である。国府台例は集落跡で図示した第29地点の東関東系土器も胴部の附加条縄文が羽状構成であり、近接した時期の所産である可能性も高い。南羽鳥谷津堀例は結節文区画ではあるが、頸部及び胴上部の帯縄文の下に櫛描文区画による山形文が附帯することや胴部中央及び底部付近にも結節文区画の帯縄文が巡る特異な文様構成を取る。組合せの東関東系の甕は口縁部が段差の高い複合口縁を呈することから後期前半代ともとらえられる資料であり、時期的な位置づけには苦慮する。また、戸張城山例は方形周溝墓の主体部に用いられたとの報告もあり、周溝から網目状撚糸文が施文された装飾壺が出土していることから、古墳時代出現期まで下る可能性もある。

I 各地域の後期土器

　唯一東関東系の大型壺を棺身とする境堀遺跡例は、頸部下端に狭い羽状縄文帯が巡り、その下に全面的に附加条縄文が施文されている。棺蓋の土器が無文のため南関東系土器群との比較ができず残念であるが、このような文様構成は筆者編年 I 期に特徴的なものである。

3. まとめ

　以下に下総台地出土の南関東系土器群と在地の土器群との共伴例を瞥見してきた結果を述べる。

　まず、筆者編年 I 期の後期初頭を中心とした時期では、出土土器の主体を頸部に縦スリットの櫛描文による在地の東関東系土器群が占め、南関東系土器群の共伴例が確認できない。これは大村直氏により「久ヶ原 1 式」期として例示された市原市椎津茶ノ木遺跡 123 号遺構出土土器には鬼怒川（利根川）下流域の中期末葉の土器群を含むといった点（大村 2004）や、市原市菊間遺跡 18 号・28 号住居跡例といった成立期の輪積痕口縁をもつ甕の共伴例が確認できていないことによるものであろう。

　次に、筆者編年 II 期である多段の輪積痕と附加条縄文を施文する臼井南式の前半期については、佐倉市江原台遺跡において沈線区画による帯縄文及び山形文が施文される装飾壺の共伴例が確認できる（第 19 図 20、第 20 図 8）。いずれも山形文に施文される縄文は斜縄文である。栄町あじき台遺跡出土の装飾壺（第 11 図 1）は帯縄文が結節区画ではあるが、山形文に施文される縄文が羽状であることから現在までのところ筆者は古く位置づけている。各位の評価をいただきたい。

　そして、筆者編年 III 期～IV 期である後期後半については、結節文区画による装飾壺や高杯が共伴することが確認できる。市川市国府台遺跡や八千代市域の諸遺跡で良好な事例があり、在地の土器を八千代市栗谷遺跡や権現後遺跡のように輪積痕の残る段階と八千代市道地遺跡のように口縁部に突起を有する土器の段階とで時期的な差としてとらえているが、小玉秀成氏からは疑問を投げかけられている（小玉 2004・2006）。南関東系土器群の編年的位置づけからみた判断はいかがであろうか。

最後に、装飾壺における沈線区画と結節文区画について触れておきたい。印旛沼周辺地域を中心とした下総地域においては、遺構出土土器において沈線区画と結節文区画の土器は明確に分かれるようである。土器棺墓は1つの墓坑に1個体であるため混在は原則としてあり得ないが、住居跡出土土器においてもおおむね有効である。そして、口縁部形態も沈線区画によるものが折返し口縁を基本とすることから、筆者は沈線区画と結節文区画の装飾壺に時期差を見出すことが可能であると考えており、先に沈線区画による装飾壺が共伴している段階を後期前半、結節文区画による装飾壺が共伴する段階を後期後半に位置づけた（髙花2007a）。ただし、器形全体が遺存するものが少ないことから、それを細別レベルまでに適応できない点が課題である。

　大村直氏は山田橋1式期を沈線区画から結節文区画への置換期との位置づけを与えており、住居跡からは沈線区画によるものと結節文区画によるものとの両者が共伴する事例が認められるとのことである。また、こうした位置づけのなかで佐倉市江原台遺跡060号住居跡出土の装飾壺（第10図8）を山田橋1式と位置づけている（大村2007）。沈線区画による山形文の新古については、振幅の大小や内部に施文される縄文が羽状か斜条かにより区分されるが、確かに富津市打越遺跡18号住居跡出土例のような振幅が大きく、胴部中位まで描かれるような山形文は下総地域では類例がない。下総地域では山形文の施文される装飾壺の出土する時期の下限を山田橋1式期として対比すべきかどうかは、今後の課題としたい。なお、結節文区画の帯縄文と沈線区画の山形文をもつ装飾壺の両者は山田橋2式期に至っても継続するものとして図示されてはいるが、先述したように下総地域における結節文区画については沈線区画の土器とは共伴しないことから、山田橋式との対比が可能であろう。

　以上、課題が多く残されてしまったが、現状の資料から導き出せる検討結果としてひとまず提示しておきたい。

Ⅰ 各地域の後期土器

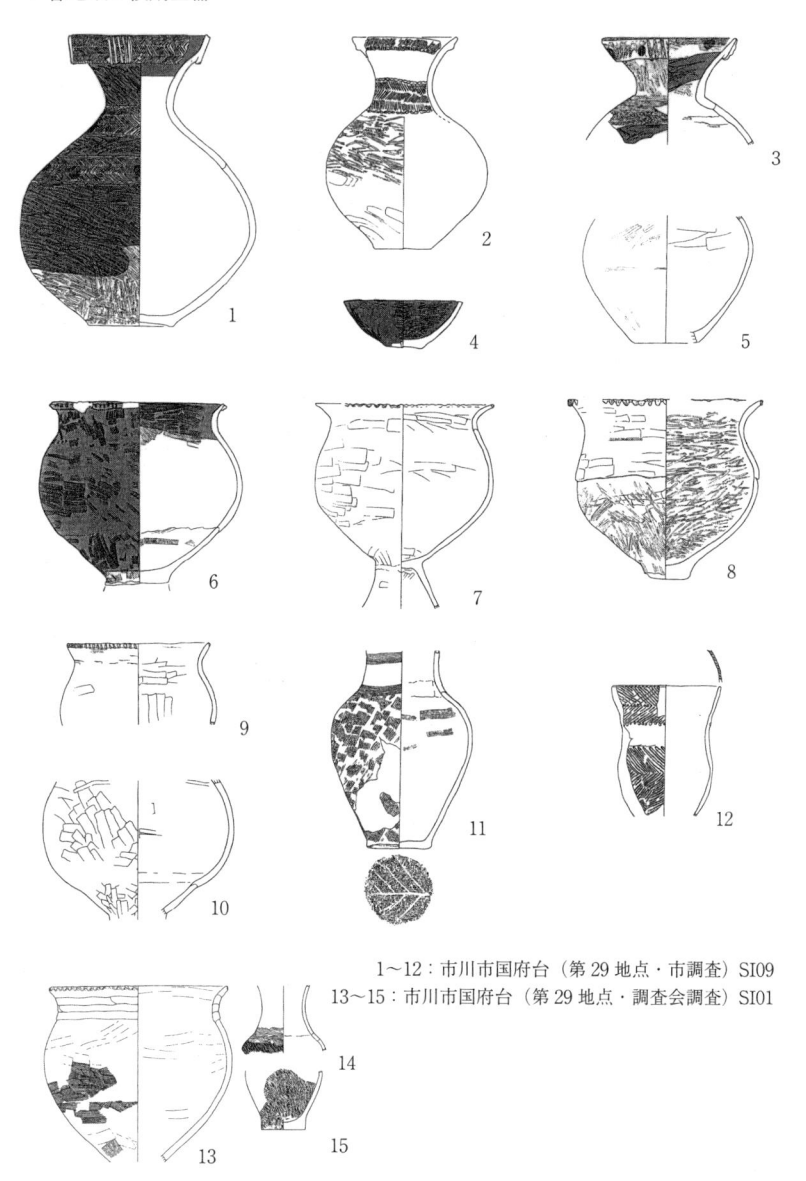

1〜12：市川市国府台（第29地点・市調査）SI09
13〜15：市川市国府台（第29地点・調査会調査）SI01

第1図　下総台地の集落跡出土資料（1）

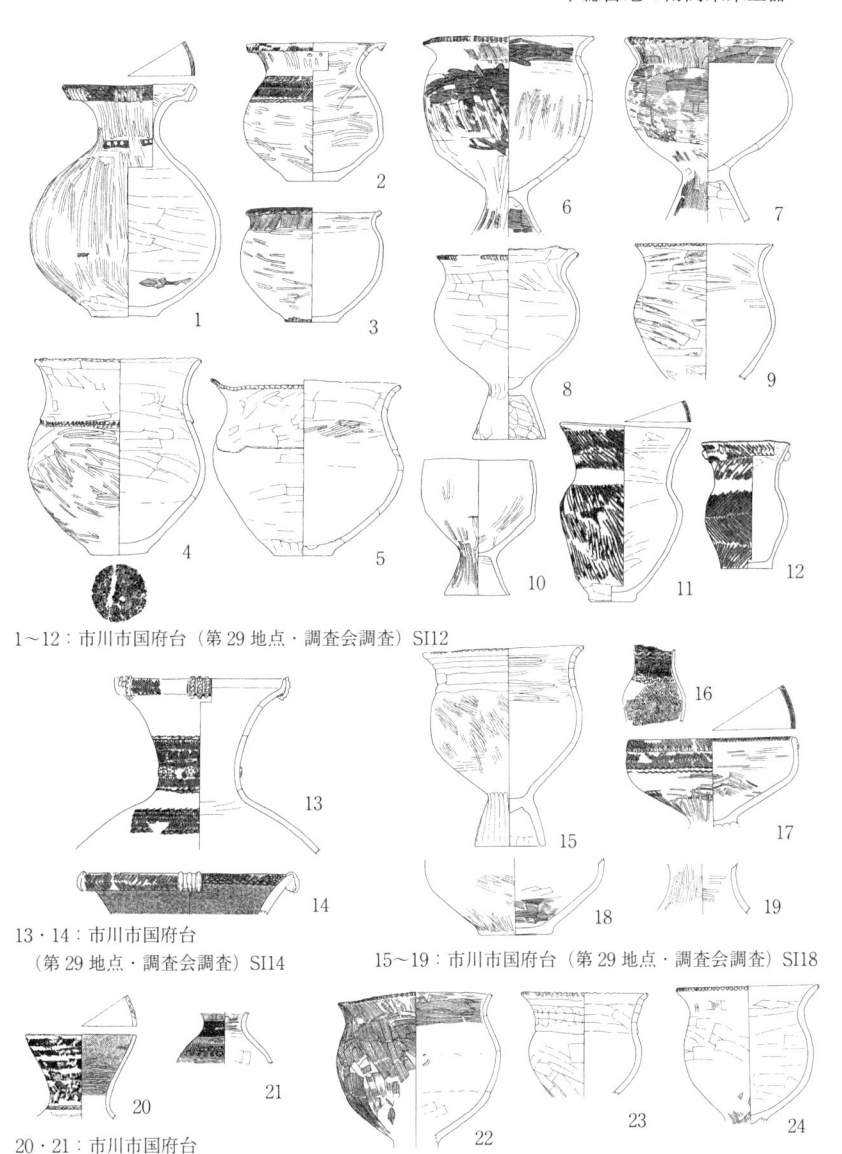

下総台地の南関東系土器

1～12：市川市国府台（第29地点・調査会調査）SI12

13・14：市川市国府台
（第29地点・調査会調査）SI14

15～19：市川市国府台（第29地点・調査会調査）SI18

20・21：市川市国府台
（第29地点・調査会調査）SI38

22～24：市川市国府台（第29地点・調査会調査）SI45

第2図　下総台地の集落跡出土資料（2）

I 各地域の後期土器

1~11：市川市国府台（第29地点・調査会調査）SI68

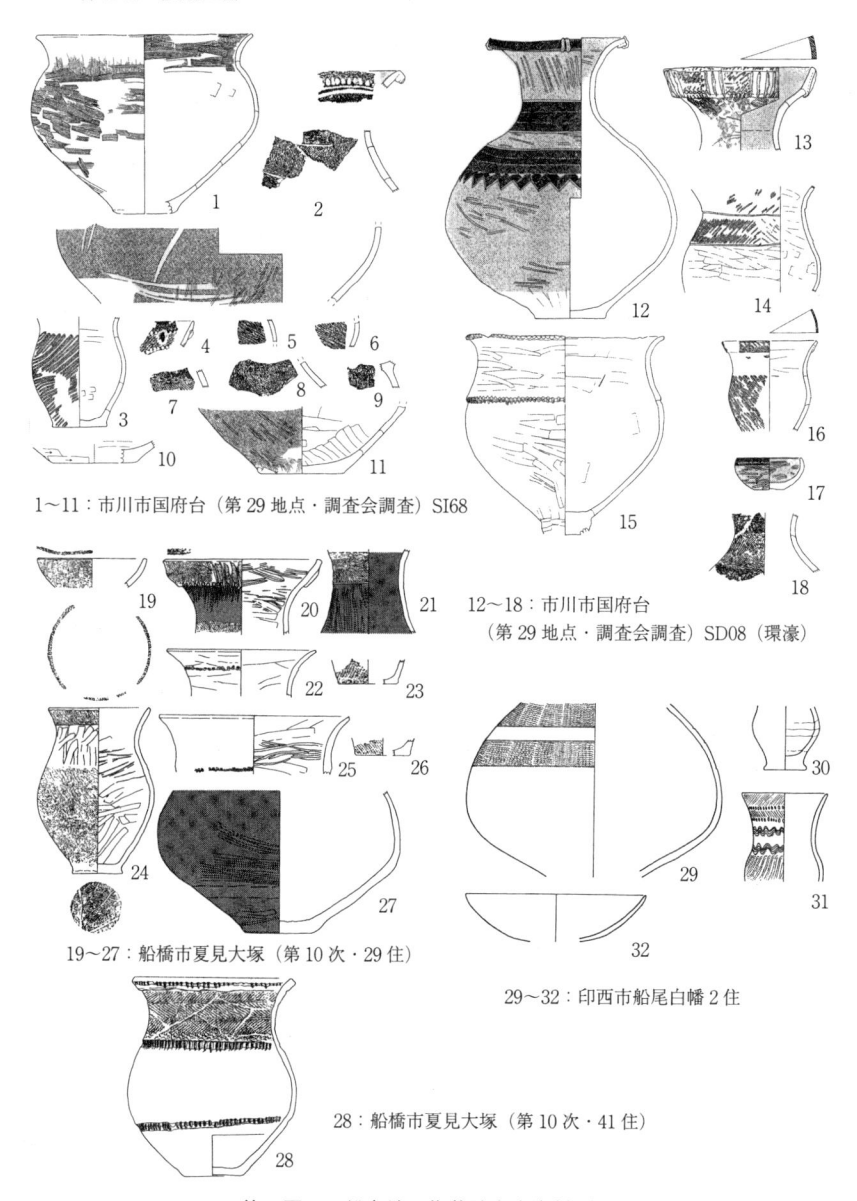

12~18：市川市国府台
（第29地点・調査会調査）SD08（環濠）

19~27：船橋市夏見大塚（第10次・29住）

29~32：印西市船尾白幡2住

28：船橋市夏見大塚（第10次・41住）

第3図　下総台地の集落跡出土資料（3）

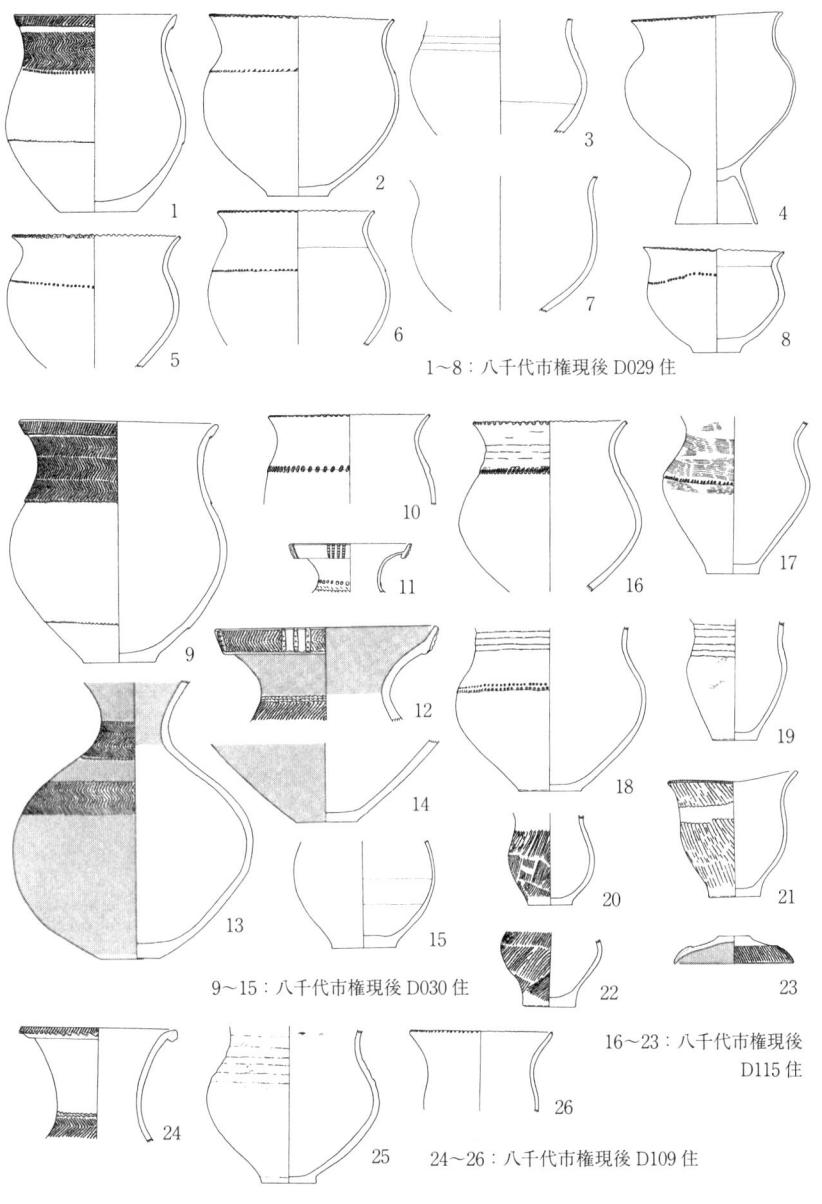

下総台地の南関東系土器

1～8：八千代市権現後 D029 住

9～15：八千代市権現後 D030 住

16～23：八千代市権現後
　　　　D115 住

24～26：八千代市権現後 D109 住

第4図　下総台地の集落跡出土資料（4）

103

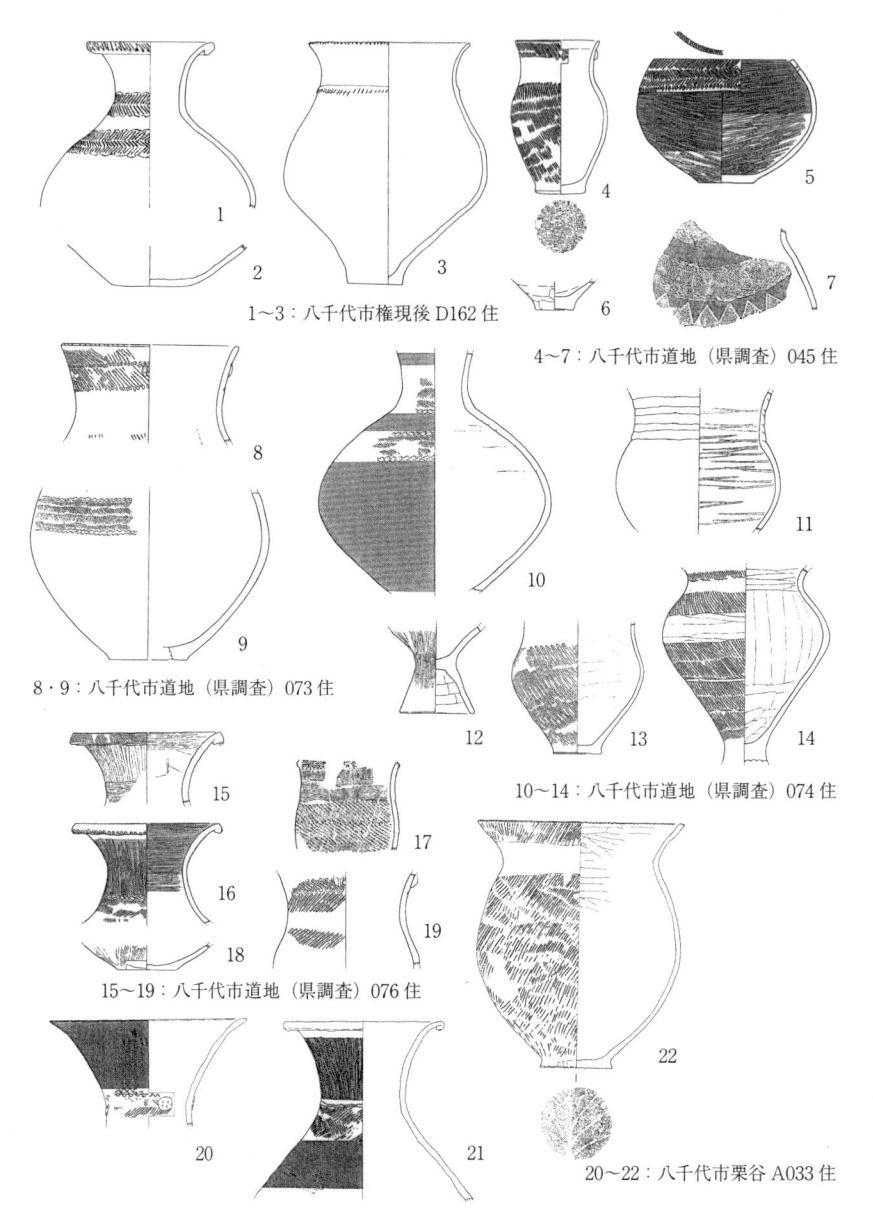

I 各地域の後期土器

1～3：八千代市権現後 D162 住

4～7：八千代市道地（県調査）045 住

8・9：八千代市道地（県調査）073 住

10～14：八千代市道地（県調査）074 住

15～19：八千代市道地（県調査）076 住

20～22：八千代市栗谷 A033 住

第5図　下総台地の集落跡出土資料（5）

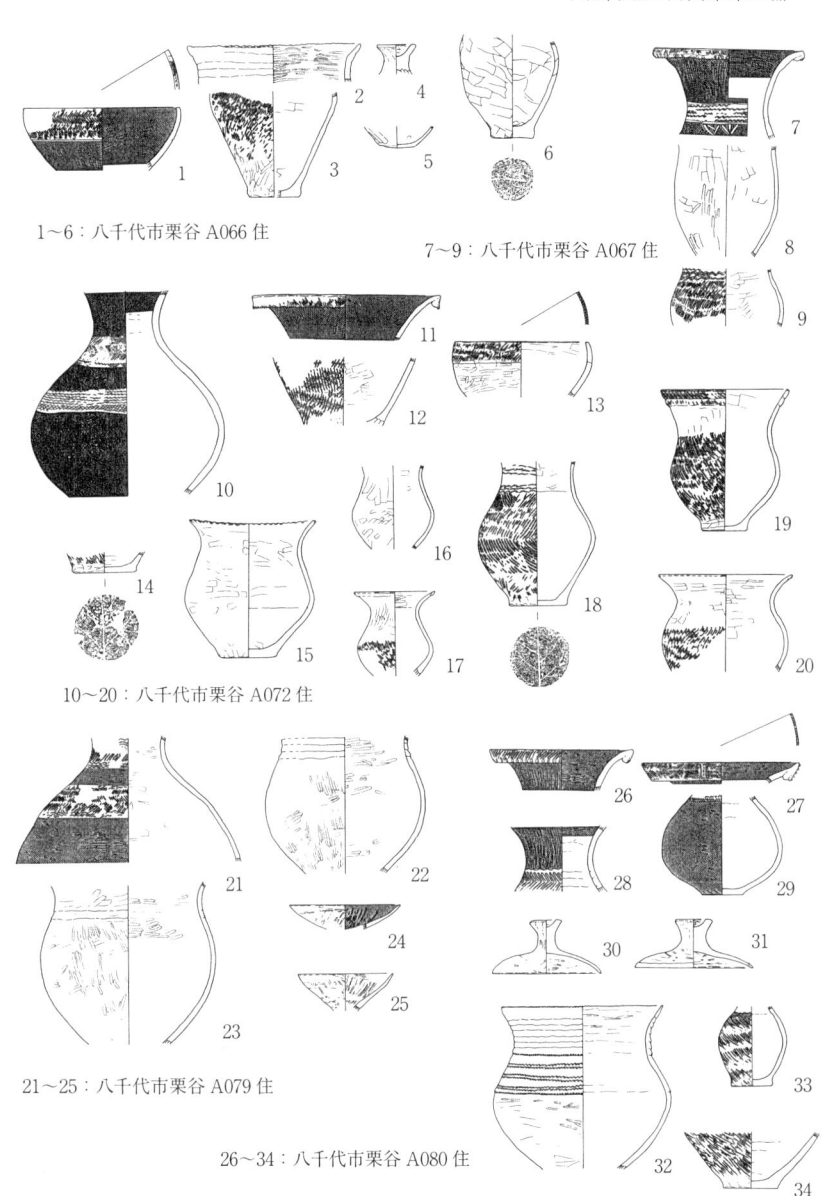

下総台地の南関東系土器

1～6：八千代市栗谷 A066 住

7～9：八千代市栗谷 A067 住

10～20：八千代市栗谷 A072 住

21～25：八千代市栗谷 A079 住

26～34：八千代市栗谷 A080 住

第6図　下総台地の集落跡出土資料（6）

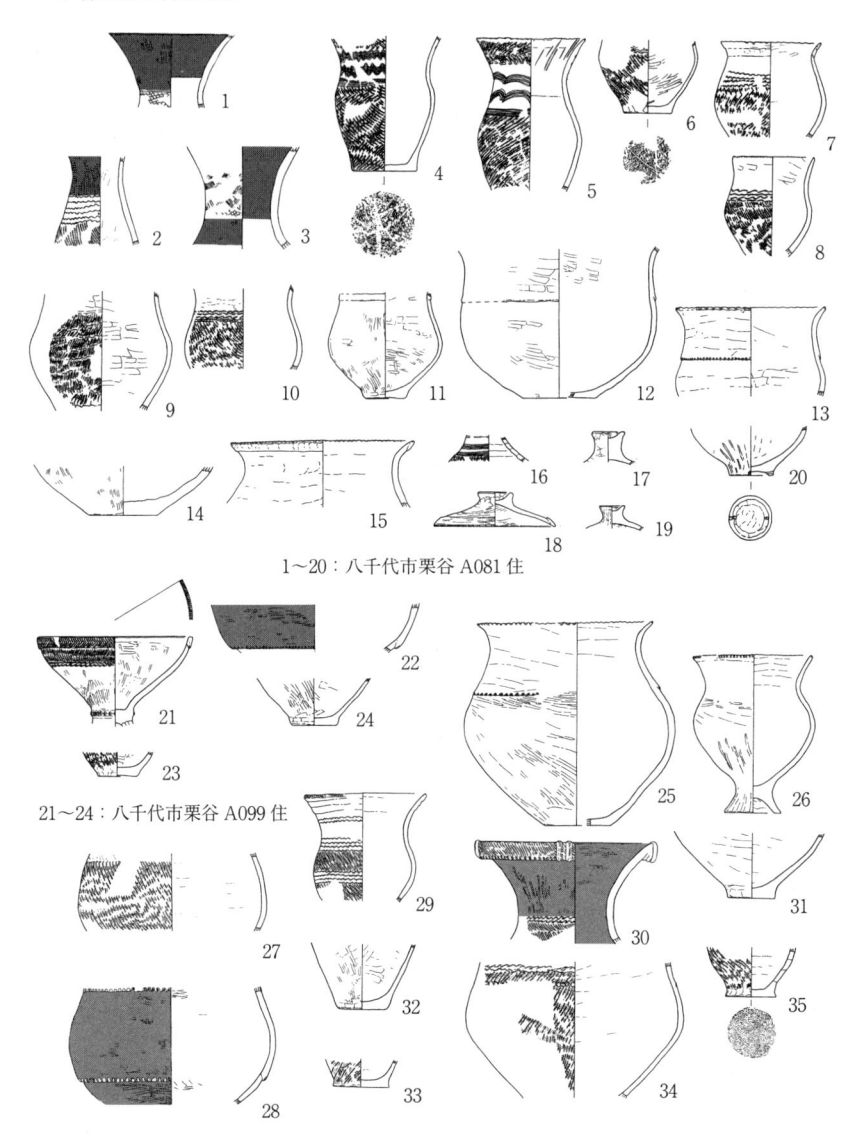

I 各地域の後期土器

1～20：八千代市栗谷 A081 住

21～24：八千代市栗谷 A099 住

25～35：八千代市栗谷 A155 住

第7図　下総台地の集落跡出土資料（7）

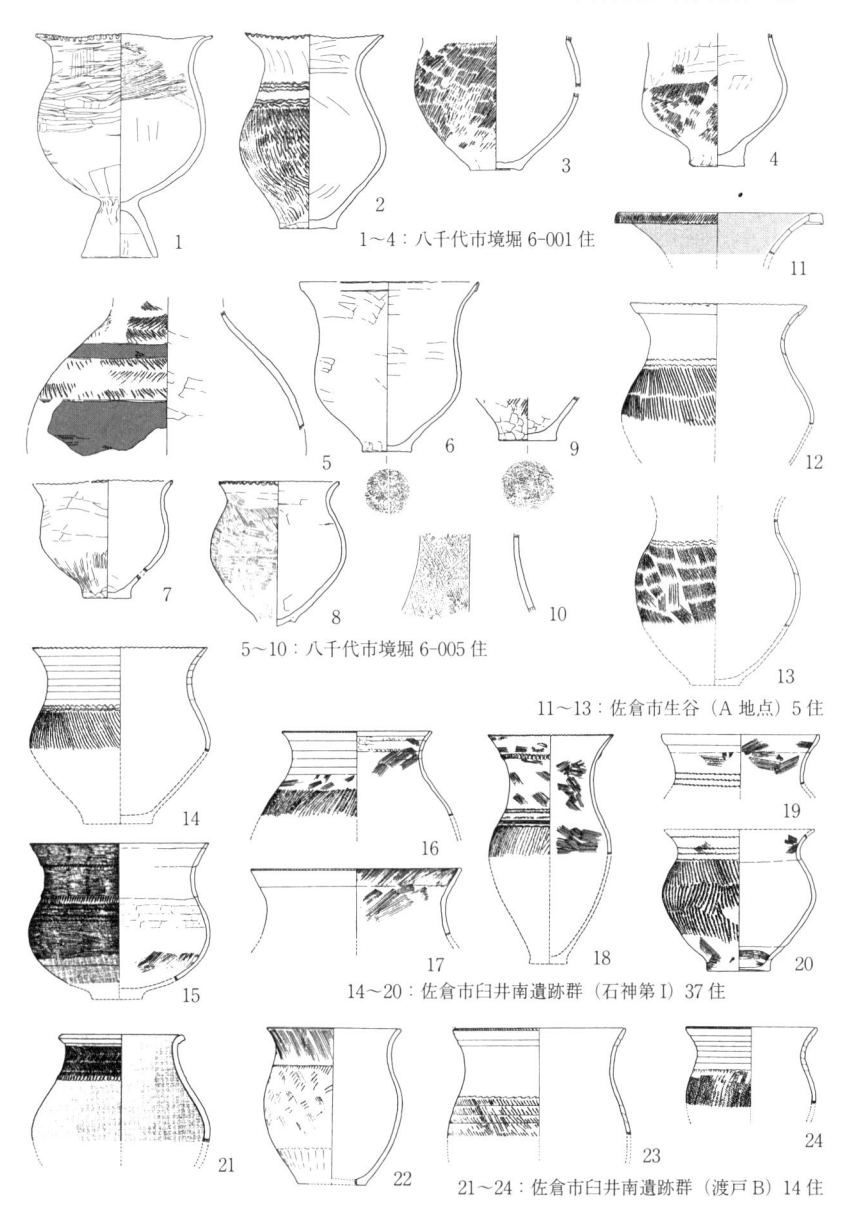

下総台地の南関東系土器

1〜4：八千代市境堀6-001住

5〜10：八千代市境堀6-005住

11〜13：佐倉市生谷（A地点）5住

14〜20：佐倉市臼井南遺跡群（石神第I）37住

21〜24：佐倉市臼井南遺跡群（渡戸B）14住

第8図　下総台地の集落跡出土資料（8）

107

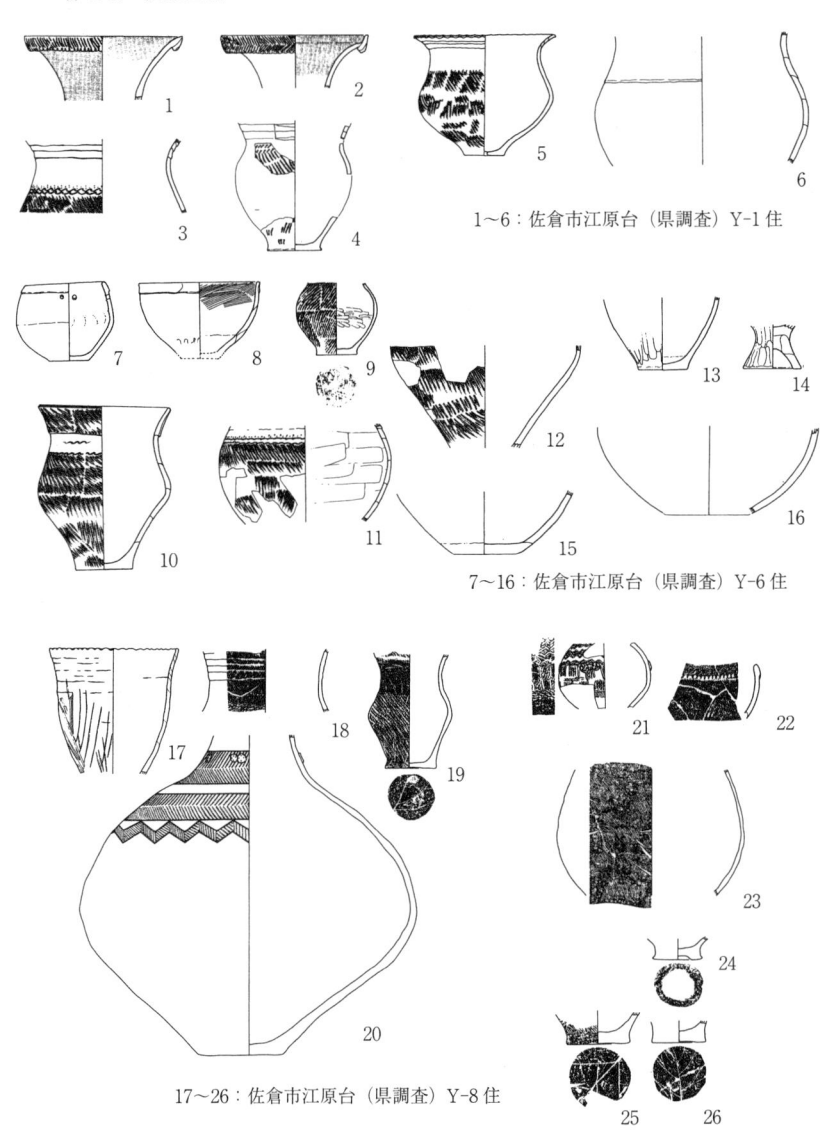

I 各地域の後期土器

1〜6：佐倉市江原台（県調査）Y-1住

7〜16：佐倉市江原台（県調査）Y-6住

17〜26：佐倉市江原台（県調査）Y-8住

第9図　下総台地の集落跡出土資料（9）

108

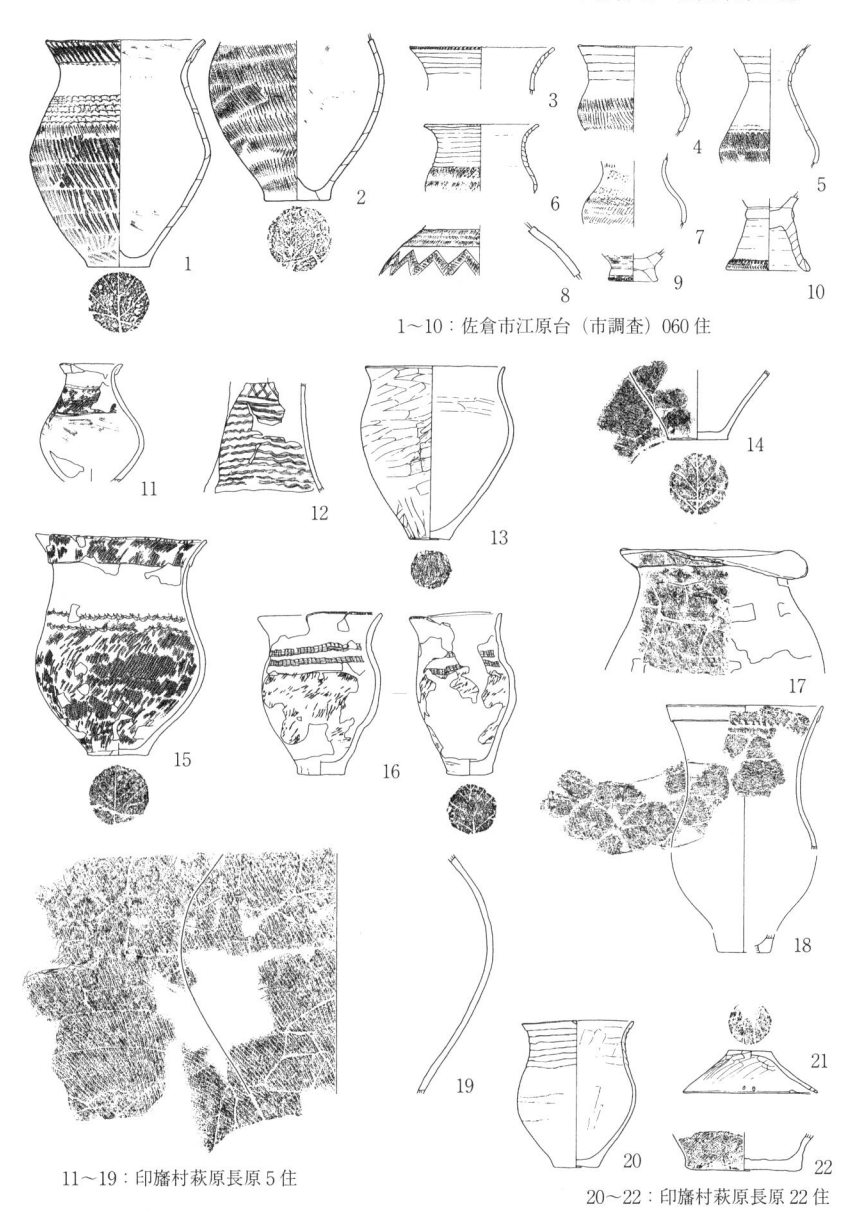

下総台地の南関東系土器

1～10：佐倉市江原台（市調査）060住

11～19：印旛村萩原長原5住

20～22：印旛村萩原長原22住

第10図　下総台地の集落跡出土資料（10）

109

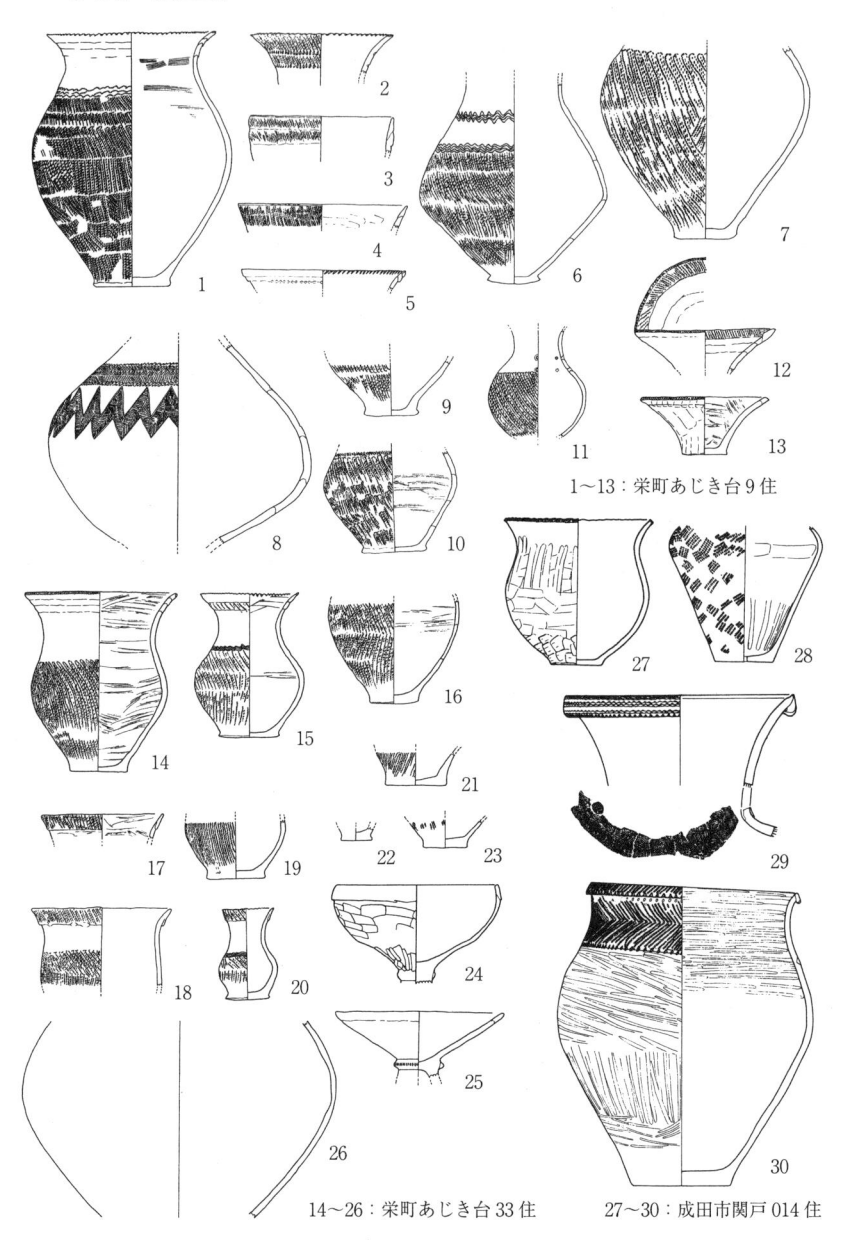

I 各地域の後期土器

1〜13：栄町あじき台9住

14〜26：栄町あじき台33住　　27〜30：成田市関戸014住

第11図　下総台地の集落跡出土資料（11）

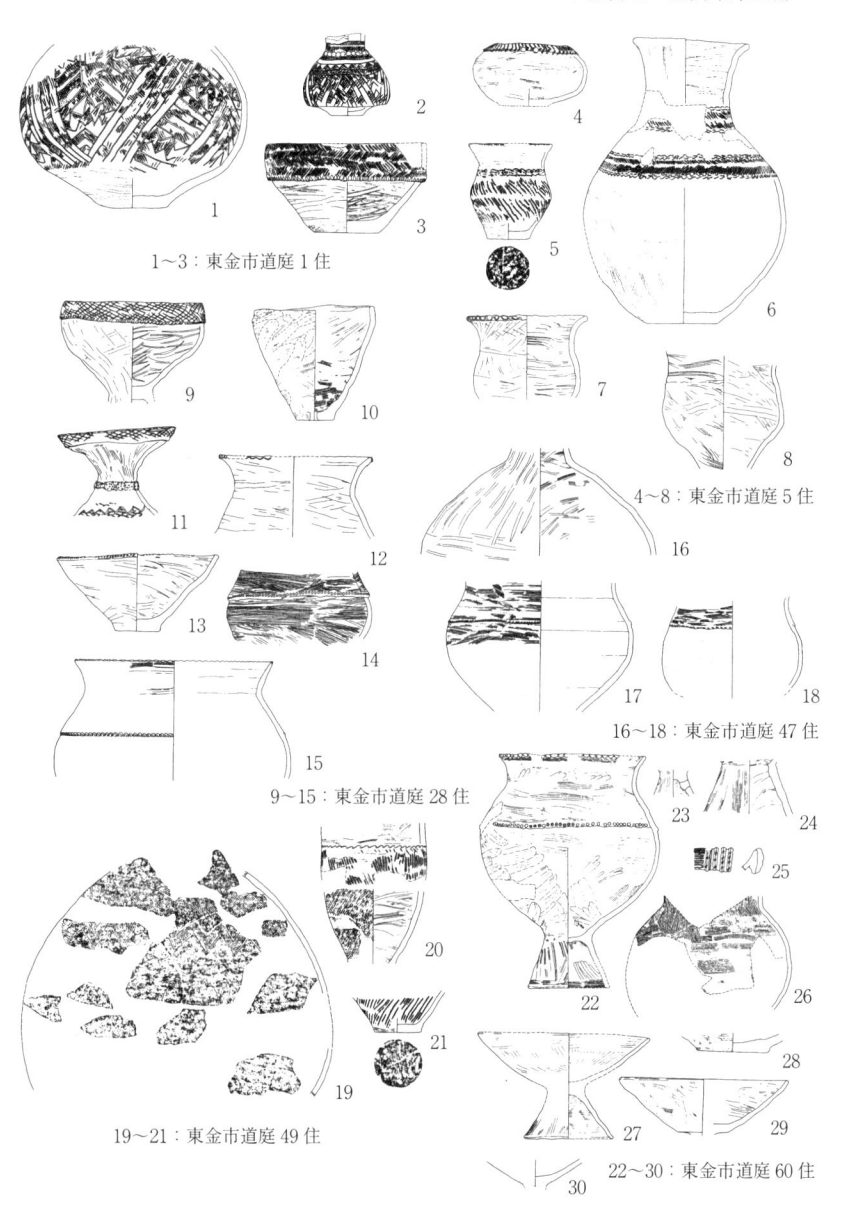

下総台地の南関東系土器

1〜3：東金市道庭1住
4〜8：東金市道庭5住
9〜15：東金市道庭28住
16〜18：東金市道庭47住
19〜21：東金市道庭49住
22〜30：東金市道庭60住

第12図　下総台地の集落跡出土資料（12）

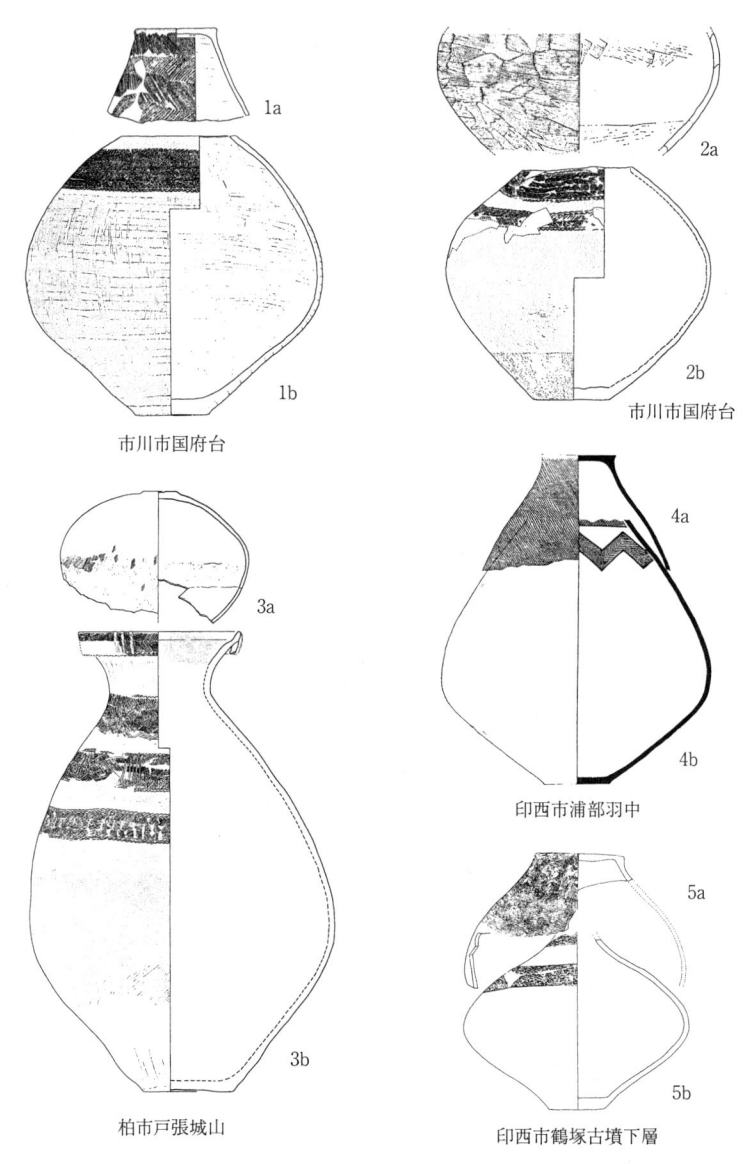

I 各地域の後期土器

市川市国府台

市川市国府台

柏市戸張城山

印西市浦部羽中

印西市鶴塚古墳下層

第13図　下総台地の墓跡出土資料（1）

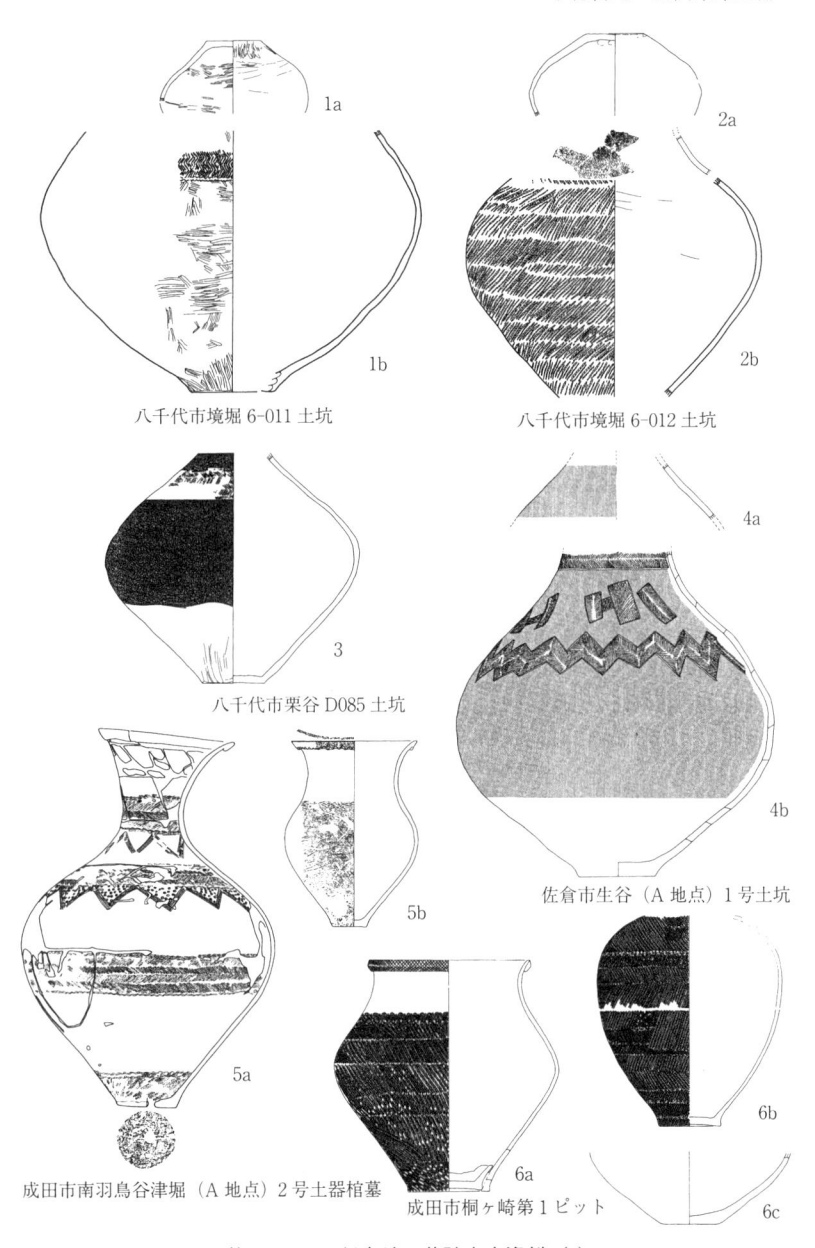

下総台地の南関東系土器

八千代市境堀 6-011 土坑

八千代市境堀 6-012 土坑

八千代市栗谷 D085 土坑

佐倉市生谷（A地点）1号土坑

成田市南羽鳥谷津堀（A地点）2号土器棺墓

成田市桐ヶ崎第1ピット

第14図　下総台地の墓跡出土資料（2）

113

東京湾西岸～相模川流域の後期弥生式土器の検討

安 藤 広 道

1. はじめに

　前回の『南関東の弥生土器』シンポジウムは、私にとって、当時の南関東後期弥生式土器の研究状況を理解するうえで、とても役に立つものであった。発表者個々人の土器群の時空間的整理の仕方はかなりバラバラであったが、それ故に当該期の土器研究の方法について改めて考える、いいきっかけになったと思っている。ただ、その際考えたことについては、いずれ文章化したいと思いつつも、自分自身がその後土器研究を怠っていたこともあり、当時の頭のなかだけの思考の段階で完全に止まってしまっていた。今回、折角このような機会を与えていただいたので、前回のシンポジウム当時の記憶を呼び覚まし、ひとまずその際考えたことの一端をお示ししたいと思う。

2. 東京湾西岸～相模川流域の後期弥生式土器研究の分析視点

　周知のとおり、弥生時代後期の東京湾西岸～相模川流域は、南関東はもちろん、東海・中部・北関東に広がる複数の系統が、土器の様相の時空間的変化に複雑に関与していた地域である。言うまでもなく、こうした土器群の時空間的変化を理解するためには、広範囲に展開する土器群の諸要素の系統分類を進め、それぞれの交錯状況を丹念に読み取っていくことが不可欠となる。前回のシンポジウムでは、そうした方法の実践に対して「お手上げ」との発言もあったが、それでは研究の進展は望めない。

　こうした土器群の複雑性故に、とかく悲観的に評されることの多い当該地域の後期土器研究であるが、私は決して研究が停滞しているとは思っていない。たとえば、松本完氏の研究は、一遺跡から出土した土器群の微細な分析

を基礎に、広い視野で土器群の系統と変遷を考察した堅実な実践例である（松本1984・1996）。また、大村直氏による房総半島の研究成果は、当該地域の様相を理解するうえで、今後ますます大きな役割を果たすことになろう（大村2004a・b・2007）。こうした研究によって、東京湾の東・西岸に限れば、土器群の時間的枠組みはほぼ確立されているといってもいい。

　とはいえ、確かにまだ整理し切れていない部分が多いのも事実である。では、今後、具体的にどのように研究を進めていけばいいのか。これまでのシンポジウムのような、地域ごとの一括資料の羅列で、事が解決するとは思えない。やはり、一方で徹底した微視的分析を進め、もう一方でより広範囲の土器群を対象とした、諸要素の系統的整理を進めていくほかなかろう。これは何も、良好な資料を出土した遺跡でなければできないことではない。極端なことをいうと、私は、前回も述べたように、1点の土器を徹底的に理解・記述しようとすることも大切と考えている。土器の諸特徴とその層位学的状況を、いかに厚く記述できるかを問う姿勢である。1点の土器は、もっとも確実な年代学上の分析単位であり、ある全体を構成する部分である。部分の理解は、当然全体の理解に依存するから、思考は、当然全体へと及ぶことになる。私には、こうした実践の積み重ねが、結局近道であるように思われる。

　記述を厚くしていくには、多くの用語が必要であり、有効な用語は的確な分類を背景にもつ。分類された属性や属性群をもとにした分類の単位が型式であるが、日本の先史土器研究においては、年代学上の単位として時空間軸に配列可能な分類単位を土器型式と呼んでいる。土器型式は、施文具等の少数の属性で設定できる場合がある一方で、文様をもつ場合には、文様を軸とした土器全体の姿・形を律する構造までを考察し得る、文様帯及びその系統の分析を経たうえで設定することが好ましい。

　南関東後期弥生式土器においても、文様帯の分析は依然有効である。ただし、弥生式土器の場合は、器種ごとに形態を律する構造が異なるケースが目立ち、製作・使用・廃棄に至るコンテクストが複雑化しているため、土器全体を年代学上の単位として分類するには注意が必要である。というより、異なる位相にある資料の組み合わさり方の単純な分類では、歴史学的に意味を

I 各地域の後期土器

もつ単位にならない。とすれば、まずは同一位相で分析可能な属性をもった器種を抽出し、その時空間的位置を明らかにすることから始めるべきである。そして、必要に応じて異なる位相にある器種の分析結果を重ね合わせ、重層的に理解していくほかない。その際、器種ごとの分析結果を階層的に評価する必要が生じてくるが、南関東後期の場合は、文様帯の分析が可能な壺形土器を最上位に置くのが妥当であろう。

3. 菊川式～久ヶ原式・山田橋式の壺形土器の文様帯

ここではまず、東京湾西岸～相模川流域の壺形土器の時空間的展開に大きく関係する、菊川式、登呂式・飯田式（雌鹿塚式）、久ヶ原式・山田橋式の文様帯を概観してみたいと思う。本来なら、三河から東関東までの諸型式に言及する必要があるが、紙数の関係で省略せざるを得ない。

前回のシンポジウムで、私は、東遠江～南関東の中期諸型式の壺形土器の文様帯を、イ・ロ・ハで整理し、そのうえで山内清男氏による縄文土器の文様帯（山内1964）との系統関係が確認できれば、ローマ数字に変更するとしておいた。この間、晩期縄文土器から弥生式壺形土器の文様帯の展開を系統的に整理することを試み、何とか南関東～東海地方の壺形土器文様帯が、縄文土器のIとIIの系統で説明し得るようになってきたため、ここでは試みにローマ数字表記を採用することにしたい。

①I文様帯

東遠江～南関東の中期後葉の壺形土器には、基本的にI文様帯はなく、口唇部や受口状口縁に簡素な装飾帯が巡るのみである。ところが、各地の後期初頭とされる土器になると、粘土紐貼付の有段部、受口状口縁が定着しはじめ、その部分と絡んだ文様帯が生成される。各地域の並行関係に問題を残すが、後期初頭とされる時期に、東北地方に至る広い範囲で、同様の文様帯が展開する点は興味深い。

菊川式は、その地域差や初頭の様相が整理しきれていないという問題を抱えているものの、I文様帯の大まかな変遷を想定することは可能である。まず、初頭段階の土器において、粘土紐貼付による口唇部を拡張した有段部が

出現し、単純口縁のものも含めて、口唇面に縄文やハケ刺突による装飾帯（a）が形成される。aには数条からなる無刻の棒状浮文が数単位貼りつけられることがある。内面装飾帯（b）の形成もこの時期に遡る。中期から続く受口状口縁では、受口部が直立または外傾し上下端の稜が明瞭となる。主に受口部外面（A）が装飾帯となり、口唇（B）への施文も認められる。

　古段階〜中段階（第1図3〜7）になると、有段口縁の発達とともに幅広のbが一般化し、I文様帯の中心的な装飾帯となる。aの幅も拡張されるが、装飾帯をもたないこともある。新段階や最終段階とされるものでは、無文化・粗略化が進むものの、bは最後まで残存する。受口状口縁は、有段口縁よりも早く無文化傾向を示す。中段階以降、bには下端端末結節縄文手法が一般化する。なお、菊川式では一貫して、a、Aの下端に刻み（a1、A1としておく）が付加されることは少ない。

　登呂式も、初頭（第2図）において粘土紐貼付の口唇の面的拡張が認められ、櫛描波状文、縄文による装飾帯（a）が形成される。bも少ないながら存在し、東遠江との関係が注目される。受口状口縁も中期から引き継がれ、直立したA、口唇Bが装飾帯となる。ともに無刻の棒状浮文をもつものが多い。登呂式の新段階では、有段口縁が発達し、受口状口縁上下端の稜が明確化する。受口状口縁には、下端部が垂下するものがあり、南関東との関係が想定される。飯田式になると、菊川式新段階と同様、無文化・粗略化が進む。下端端末結節縄文のbが確実に存在するが、その上限はよくわからない。

　一方、久ヶ原式・山田橋式のI文様帯も、その初頭とされる段階（大村氏の久ヶ原1式）において、粘土紐貼付の有段口縁が成立し、aが形成される。a1をもつものが一般的であるが、有段口縁の成立期には、棒状浮文・円盤貼付は目立たない。久ヶ原2式〜山田橋式（第4〜9図）では、aの下方への拡張が進む。また、時期は特定できないが、aの上方への拡張も進行する。上方へ拡張したものは、東海方面の受口状口縁に類似する形態になり、B相当の装飾帯をもつことも多くなる。

　下戸塚遺跡には、久ヶ原式に並行する菊川式系統の受口状口縁が散見され（松本1996）、久ヶ原2式以後のaの拡張現象に、菊川式の受口状口縁が絡ん

I 各地域の後期土器

でいた可能性も考えられる。実際に、山田橋1式の長平台遺跡201周溝墓出土土器（小橋2006）には、aが下方に突出せず、受口状口縁に近い形態がみられる（第4図2）。そうしたものを、菊川式の系統として理解することも不可能ではない。

　ただ、久ヶ原式のI文様帯で注目しなければならないのは、宮ノ台式の受口状口縁の系統が途切れること、そしてその後の変遷に菊川式の受口状口縁が絡んでいたとしても、基本的にaをもつ有段口縁から展開したものと理解できる点である。そこに有段口縁と受口状口縁の文様帯の系統が別個に継続する、東海方面との違いをみることができる。なお、山田橋2式では、有段部が薄くなり、拡張したaが器形に沿うものも多くなる。一方、下端の突出が弱い受口状のaも外傾傾向をみせるため、この両者も区別が難しくなる。山田橋式のI文様帯は、段部の形態に大きな変異をもちつつも、aの装飾に大きな違いはない。そこにも、それらを有段口縁の系統として理解し得る根拠がある。

②II文様帯

a．菊川式～雌鹿塚式

　菊川式のII文様帯は、前回提唱した「白岩型文様帯」に後続するものと理解できる。白岩式・菊川式では、文様帯は一貫して頸・胴部境界付近から始まる。最古段階・古段階（第1図1～6）では、下膨れの胴部最大径付近まで広がる下端開放型の文様帯が多く、上端にハケ目沈線やハケ刺突等からなるKi1装飾帯（前回のロ1）が形成され、その下に縄文や櫛描羽状文等からなるKi装飾帯が展開する。この時期からKi1のみの個体も存在する。中段階になると有段羽状文がKi1となるものが多くなり、Kiの幅は狭くなる。このあたりから下端に端末結節をもつ縄文が定着し、下端に結節が巡ることで、文様帯下限が明確になってくる。また、下端端末結節縄文を重畳させる手法も、モミダ遺跡出土土器（第1図7、鈴木・池田1981）等に、Ki1が明確に認められることから、中段階に遡る可能性があるとしておきたい。新段階・最新段階では、文様帯の簡略化が進み、Ki1のみ、もしくはKi1、Kiの区別がなくなる例や、Ki1が1条のハケ目沈線となった重畳下端端末結節縄文が多

くなる。なお、Ki1を上下する位置にボタン状貼付をもつ例が多いことも、菊川式の重要な特徴の一つである。

一方、登呂式のⅡ文様帯は、菊川式と根本的に異なる。登呂式では、頸部の括れ部を中心に櫛描波状文を施文することが多い（第2図）。これは有東式終末のⅡ文様帯が、同じ位置にあることと関係するが、もともと「白岩型」であった有東式の文様帯が括れ部に移動する背景には、栗林式が関与しており、登呂式における櫛描文の盛行も、中部高地との関係で理解できる。この時期に、菊川式から頸部ボタン状貼りつけがもたらされるが、登呂式の場合、貼りつけ位置が装飾帯の下方一帯となる。

以後の登呂式のⅡ文様帯の変化や、飯田式への変化については充分整理できていない。しかし、飯田式の文様帯が、頸・胴部境界を上端として下端端末結節縄文を重畳させる、菊川式の新・最新段階の文様帯と関係することは間違いない。問題は、登呂式の新しい段階で、菊川式文様帯の影響がどの程度認められるかという点である。とくに下端端末結節縄文の定着時期の特定は急務である。

なお、東駿河の雌鹿塚式（渡井1997）では、その前半期で、頸部括れ部に羽状縄文からなるⅡ文様帯が展開し（第3図）、後半期では飯田式以上に菊川式新・最新段階の文様帯の影響が強くみられる。ただ前半期のある時点で、下端端末結節縄文が定着していることは間違いなさそうである。

b. 久ヶ原式・山田橋式

久ヶ原式・山田橋式系統のⅡ文様帯は、一貫して頸部括れ部付近から胴部最大径付近に展開するのが基本であり、これは上総地域の宮ノ台式終末のⅡ文様帯を引き継いだものである。ただ、宮ノ台式終末においては、Ⅱ文様帯に共通する構造がなく、全体で一つの文様帯を形成する。これに対し、久ヶ原式・山田橋式では、縄文帯・無文帯・縄文帯・（山形文）からなる、画一的な文様帯が確立する。とくに無文帯の存在は重要で、これによる装飾帯の上下分割が、久ヶ原式・山田橋式のⅡ文様帯の基本構造と理解できる。ここでは、無文帯をKYb、上部装飾帯をKYa、下部装飾帯をKYcとする。

大村氏の久ヶ原1式は、こうした基本構造の成立期であり、2式古段階に

I 各地域の後期土器

なって、KYa に沈線区画羽状縄文帯、KYc に沈線区画羽状縄文帯＋山形文という構造が確立する（第7図1）。宮ノ台式の多くの手法を捨て去り、沈線区画縄文のみで文様を描くわけだが、同様の強い選択性はI文様帯にもみられる。一部の要素に限定して画一性を高めようとする、意識の存在がみえているかのようである。

次の久ヶ原2式新段階は、KYa・KYb・KYc の基本構造（KY 基本構造）が一層明確になる段階ととらえられる。つまり、久ヶ原2式古段階では、KYc の山形文が、どちらかというと独立した振る舞いをみせているのに対し、2式新段階では、山形文が縄文帯に接して1帯の装飾帯となる例が増加する。縄文帯が上下に分かれ、山形文等を挟む事例もある（第7図3）。山形文を縄文帯で挟む文様は、山形文が縄文帯に接するようになることに対し、KYc の幅を広くする意味もあったと考えている。

続く山田橋1式は、やや問題の多い型式である。この型式は、大村氏によると沈線区画から自縄結節区画への移行期とされているため、両者が共存する一括資料が基準資料になっている。しかし、沈線区画自体は、房総半島南部や東京湾西岸で後の時期まで残存することもあり、両者の移行が比較的スムーズに進行したとされる市原台地以外では、慎重な判断が必要になってくる。

一方、山田橋1式には、市原市長平台遺跡201・202号周溝墓出土土器のように、久ヶ原式の画一性から大きく離れた、多様な施文手法、モチーフ、装飾帯の構成（とくに KYc）をもつ資料が存在する（第4図）。ここでは、こうしたII文様帯における画一性の崩れを、この型式の基準と考えておきたい。つまり、この時期においては、自縄結節区画も、画一性の崩れとともに復活した手法の一つとして理解されることになる。202号には、安房地域のものとされているが、KY 基本構造が崩れて一帯化した土器が存在する。この時期には、房総半島南部や東京湾西岸でも、自縄結節、網目状撚糸文等を用いた多様な装飾帯がみられるようになり、KY 基本構造が崩れ、1帯化した文様帯も広い範囲で出現する。市原台地では、KY 基本構造の崩れはあまり認められないが、これは当該地域が久ヶ原式・山田橋式系統の中心であっ

たことと関係するものと考えている。

　続く山田橋2式古段階は、再びII文様帯が画一的になる時期である。その範囲は狭くなるものの、KY基本構造が再び強い規制力をもつようになり、自縄結節区画縄文帯による画一的な文様帯が形成される。久ヶ原2式と同様、あたかも山田橋1式の多様な要素の一部を用いて、画一的な文様を意識的に生み出したかのようである。自縄結節区画が房総南部で定着しないことを重視すれば、山田橋式の画一性の確立にあたり、周辺地域の文様が意識されていた可能性も考えられる。なお、KYcが拡張・複雑化した、「特殊」な壺形土器（松本1984）の成立も、山田橋式の重要な特徴の一つである。

　なお、今回は詳述しないが、山田橋2式新段階は、再びKY基本構造が崩れはじめ、東京湾西部以西の菊川式系統の文様帯の浸透等がみられる時期として考えることができる。

4. 東京湾西岸～相模川流域の事例の検討

　上記の壺形土器の文様帯の概観を踏まえ、以下、いくつかの事例の検討を行ってみたい。

①田園調布南遺跡1・3号周溝墓、久ヶ原6丁目9番地点1・3号周溝墓出土土器（新里ほか1992、野本福田2007）

　前者は、II文様帯において、沈線区画羽状縄文を採用しながら、本来無文帯であるKYbに山形文をもつもの（第5図1・4）や、KYbを無視した3帯構成の縄文帯（同2）など、KY基本構造の崩れが認められる。これらは自縄結節区画縄文帯をもつ土器（同3）と共伴しており、久ヶ原2式の画一的な様相が失われた、山田橋1式の事例と考えることができる。

　一方の久ヶ原6丁目9番地点出土土器も、久ヶ原2式的な様相を残しつつも、II文様帯が3帯となる土器の存在（第6図2）など、KY基本構成が崩れた同時期の資料である。ただ、こちらの例では、網目状撚糸文の多用と上向き鋸歯文の存在が特異である。大村氏のいう「安房形」との関連が想定されるが、一方で羽状縄文と網目状撚糸文の組み合わせなど、「安房形」そのものとみることもできない。

I 各地域の後期土器

　羽状縄文と網目状撚糸文の組み合わせといえば、まず重文の久ヶ原遺跡出土土器（第7図2）が想起されよう。これも同時期の資料と考えられ、このような、装飾性の高い壺形土器における沈線区画内での羽状縄文と網目状撚糸文（自縄結節）の特徴的な結合形態は、東京湾西沿岸の地域的な類型ととらえることが可能である。田園調布南遺跡3号周溝墓出土土器（第5図4）や、やはり古くから有名な道灌山遺跡出土土器（第8図　小林・杉原編1968）も同類型と理解できるが、道灌山例は山形文の鋸歯文化など新しい要素がみられる。ここでは、これらを仮に「東京湾西岸型」と呼んでおきたい。

　山田橋1式期における画一性の崩壊は、市原台地の縁辺地域において、横のつながりをもちつつ、より多くの変異形を生み出すことになった。「東京湾西岸型」はそのなかで成立したものであり、「安房形」の成立基盤もこうした状況下で形成されたと理解できる。縁辺地域の横のつながりは、山田橋2式以降も続くようである。現在、山田橋1式以降の自縄結節区画や幾何学文の成立をはじめとするさまざまな変化を、「安房形」の影響と解釈することが多くなっているが、その枠組み自体の再考が必要であろう。なお、この時期の縁辺地域では、すでに武蔵野台地に定着していた菊川式系統の諸要素も取り入れられやすい状況にあったと考えられ、それが以後の土器様相の展開を方向づけることになる。

　一方、山田橋1式期は、「特殊」な壺形土器が成立する時期であり、とくに方形周溝墓共献土器に、そうした様相がよくみえている。長平台201号周溝墓出土土器の鋸歯文の重畳や縄文帯で挟んだ幾何学文によるKYcの拡張現象（第4図2・3）は、そうした「特殊」壺の成立を示すものである。「東京湾西岸型」も、そうした「特殊」壺の形成と関係するものと理解できる。

　「特殊」壺といえば、幾何学文についても整理が必要である。従来は「安房形」の影響とする理解が一般的であったが、やはり再考が必要である。幾何学文の成立については、久ヶ原2式新段階のKYcにおける縄文帯で山形文を挟む文様（第7図3）の出現が契機となった可能性が高く、この文様の成立によって、幾何学文の基礎となる重山形文が成立し、それが「特殊」壺の文様として複雑化したものが幾何学文であると考えておきたい。こうした

変化も、変異形の生み出されやすい縁辺地域でまず進行したようである。なお、幾何学文をもつ「特殊」壺は、KY基本構造をもつものともたないものがあり、KY基本構造をもつものは、縄文帯で幾何学文を挟むもの、縄文帯＋山形文の山形文部分が幾何学文になったもの、縄文帯＋山形文の下部に追加したもの、に分けられる。KY基本構造をもつものの代表例である二ッ池遺跡例（第9図、黒沢2003）は、KYbを挟む自縄結節区画羽状縄文帯を取り入れていること、aが上下に拡張されたI文様帯をもつことから、久ヶ原六丁目9番地点出土の「東京湾西岸型」よりも後出し、山田橋2式古段階としておきたい。幾何学文をもつ「特殊」壺は、山田橋1式の長平台201号周溝墓例を除き、多くは山田橋2式以降のものと考えていい。

②殿屋敷遺跡出土土器（相原ほか1985）

殿屋敷遺跡出土土器は、山田橋式期の縁辺地域における系の交錯と、地域的特徴をもつ壺形土器型式の成立を物語る資料として注目される。この土器群のI文様帯は、有段口縁の形態に山田橋2式と共通するものが多く、aへの施文も基本的に山田橋式系統のものである（第10図1~5）。ただし、b装飾帯をもつもの（7）が2点存在し、棒状浮文の多くが無刻である点（2・6）も、東海方面のI文様帯の要素である。一方、II文様帯は、沈線区画か無区画の羽状縄文帯1帯のみで構成される（8~13）。沈線区画の存在に山田橋式や縁辺地域の要素をみることができるものの、文様帯の位置は菊川式に近いものが多い。重畳下端端末結節縄文も1例みられ（13）、菊川式新段階以降の東海方面との関係をうかがうことができる。

ここでは上記の特徴をもつ壺形土器を「殿屋敷型」と仮称しておくが、その成立過程は以下のように理解できる。まず、注目したいのは、台山藤源治遺跡11号住出土土器（手塚ほか1985）や稲荷台地F地区8号住出土土器（第11図、秋山2000）にみられる、頸部括れ部から胴部上半に沈線区画羽状縄文帯をもつ土器である。稲荷台地例には山形文も描かれる。これらはKY基本構造をもたない点で、山田橋1式期における画一性崩壊現象と絡んだものと理解でき、一方で1帯の縄文帯を志向する点に、雌鹿塚式などの東海方面との関係を想定することができる。つまり、相模湾沿岸東部では、山田橋1式

Ⅰ 各地域の後期土器

における画一性の崩壊とともに、東海方面との系統の交錯が生じ、それが「殿屋敷型」成立の基盤を形成したわけである。宮の里遺跡環濠出土土器からは、久ヶ原2式新段階～山田橋1式とともに、雌鹿塚式的なⅠ文様帯、頸部無区画羽状縄文をもつ土器が出土しており（迫ほか2005）、上記のような系統の交錯が生じる条件が整っていたことを物語っている。

　「殿屋敷型」は、Ⅱ文様帯の位置が菊川式に近くなっていることからも、駿河地域～相模湾沿岸地域に菊川式新段階の文様帯をもつ土器が急増する時期と接点をもつ可能性が高い。その時期は、後述するように山田橋2式古段階並行期と考えられる。

③王子ノ台遺跡 YK2号周溝墓出土土器（宮原ほか2000）

　この土器群は、菊川式新段階の文様帯の系統が色濃く認められる土器群と山田橋2式古段階の共伴事例として重要である。この土器群では、Ⅰ文様帯のbに下端端末結節縄文、Ⅱに重畳下端端末結節縄文をもつ土器が中心となり、Ki1にハケ目沈線をもつものも存在する（第14図1・2）。これらの文様帯の特徴は、菊川式新段階のものと考えて間違いない。ただ、個々の土器は、菊川式そのものではなく、また菊川式の文様帯が浸透した飯田式や雌鹿塚式そのものでもない。すでに地域的な特徴が現われた土器群なのであり、東遠江系、東駿河系などと簡単に分類できるものではなくなっている。

　この土器群に伴って、Ⅱ文様帯に自縄結節区画縄文帯によるKY基本構造をもった土器が出土している（第14図3）。Ⅱ文様帯の画一性と、Ⅰ文様帯のaが器形に沿って傾く点などから、山田橋2式古段階と考えられ、編年上の一つの定点として評価できる。

　王子ノ台遺跡からは、YK141住から雌鹿塚式前半期とされる土器も出土している。これをYK2号周溝墓出土土器より古く位置づける意見があるが、YK141住からは、型式学的にYK2号周溝墓出土土器と区別し難い重畳下端端末結節縄文帯をもつ土器が出土しており、私は、逆に、菊川式新段階まで頸部括れ部にⅡ文様帯をもつ土器が残ることを物語る資料として評価し直すべきと考える。

　また、王子ノ台遺跡では、重畳下端端末結節縄文の定着以前に遡る可能性

のある、ハケ刺突羽状文を多用した菊川式系統の土器破片が出土しており、山田橋1式と考えられる破片も認められる。一方、隣接する真田・北金目遺跡の21区環濠下層からは、I文様帯のbに縄文を施文し、沈線区画や無区画の羽状縄文帯をもつ土器が出土している（第13図、河合ほか2003：この層からは宮ノ台式や重畳端末結節縄文をもつ土器（3）も混在しているため注意が必要）。さらに、19区では、久ヶ原1式～2式古段階の土器がまとまって出土した（第12図：SI005の菊川式系の壺とハケ甕は明らかな混入なので注意）。こうした資料によって、後期前半に大きな断絶があるとされてきた相模川（金目川）流域においても、久ヶ原式の画一的な様相から、それが崩れ東海方面の要素が浸透する段階を経て、菊川式新段階の要素の急速な定着へと至る変化の過程がおぼろげながら見えてきたように思われる。

Ⅰ 各地域の後期土器

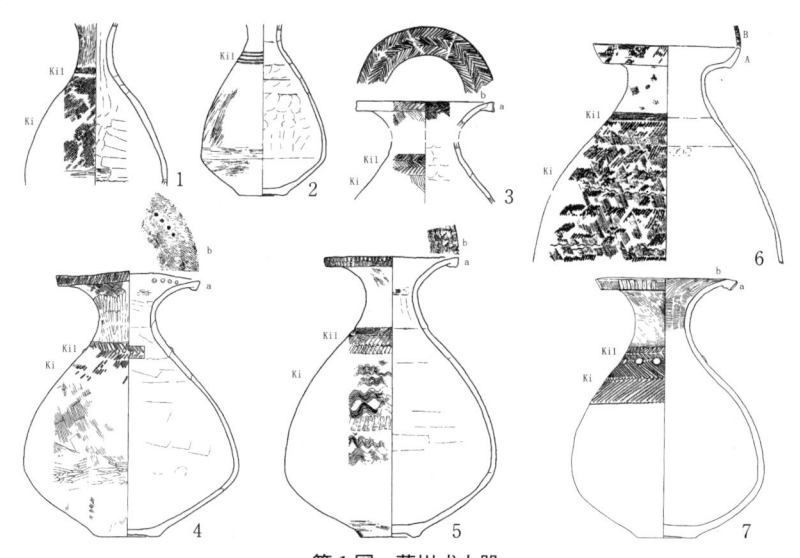

第1図 菊川式土器
(1~4：川田東原田遺跡67住、5：同38住、6：十二所遺跡、7：上薮田モミダ遺跡)

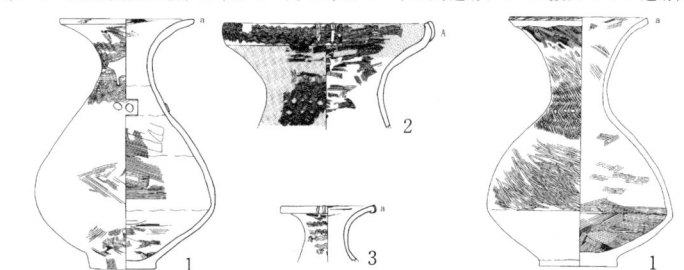

第2図 登呂式土器（瀬名遺跡6区18層） 第3図 雌鹿式土器（豆生田遺跡）

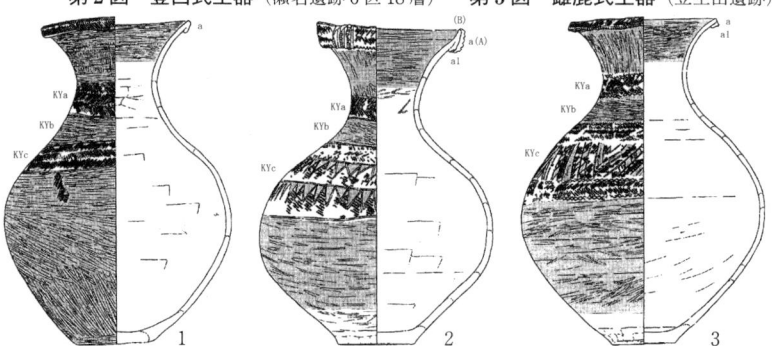

第4図 長平台遺跡201号方形周溝墓出土土器

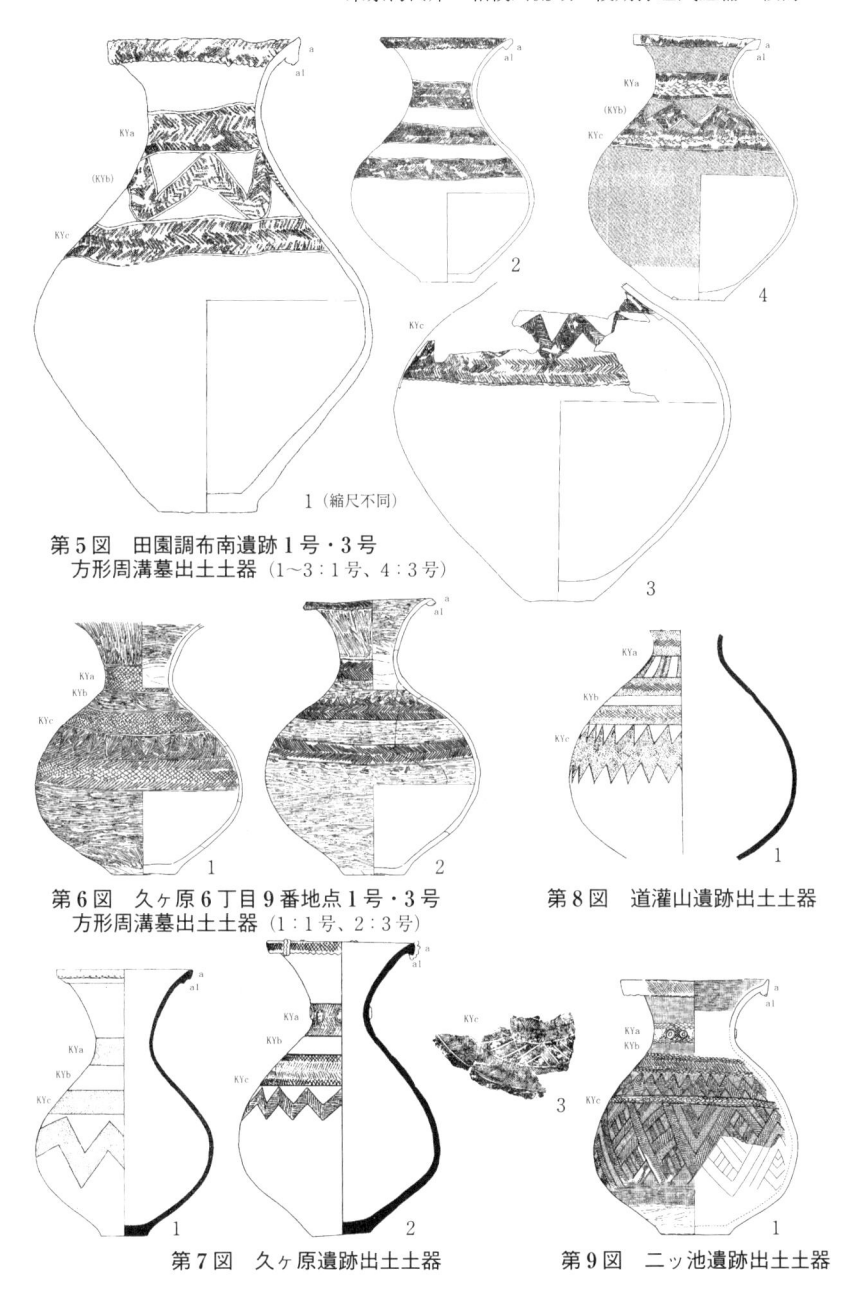

東京湾西岸〜相模川流域の後期弥生式土器の検討

第5図 田園調布南遺跡1号・3号
方形周溝墓出土土器（1〜3：1号、4：3号）

1（縮尺不同）

第6図 久ヶ原6丁目9番地点1号・3号
方形周溝墓出土土器（1：1号、2：3号）

第7図 久ヶ原遺跡出土土器

第8図 道灌山遺跡出土土器

第9図 二ッ池遺跡出土土器

127

Ⅰ 各地域の後期土器

第10図　殿屋敷遺跡出土土器

第11図　稲荷台地
F地点8住

第12図　真田・北金目19区
4住出土土器

第13図　真田・北金目21区
環濠出土土器

第14図　王子ノ台遺跡 YK2号方形周溝墓出土土器

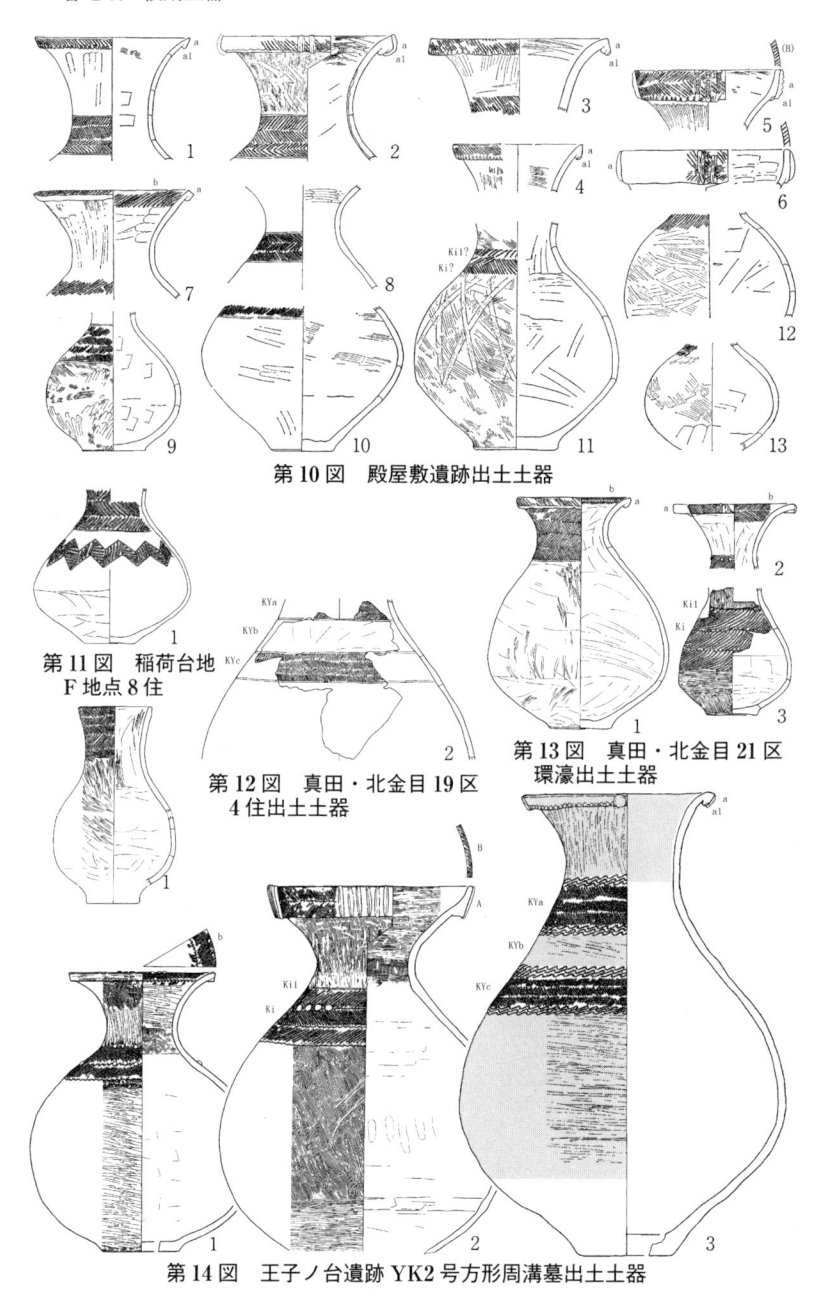

128

引用図版出典

1. 小出資料参考文献
埼玉県
吉田健二ほか 1991『篠谷ツ・木曾呂北・木曾呂』川口市遺跡調査報告第 1 集　川口市遺跡調査会

塩野　博・伊藤和彦 1973『南原（高知原）遺跡（第 2、3 次）発掘調査概要』戸田市文化財調査報告 V

小島清一 1996『上戸田本村遺跡 II』戸田市遺跡調査会報告書第 6 集

塩野　博・伊藤和彦 1967『鍛冶谷・新田口遺跡第 1 次発掘調査報告書』戸田市文化財調査報告

西口正純ほか 1986『鍛冶谷・新田口遺跡』(財) 埼玉県埋蔵文化財調査事業団調査報告書第 62 集

小島清一 2004『上戸田本村遺跡 IV』戸田市遺跡調査会報告書第 9 集

小倉　均・柳田博之 1986『井沼方遺跡（第 8 次）発掘調査報告書』浦和市遺跡調査会報告書第 59 集

柳田博之ほか 1994『井沼方遺跡（第 12 次）発掘調査報告書』浦和市遺跡調査会報告書第 185 集

青木義脩・中村誠二 1988『北宿・馬場北遺跡発掘調査報告書』浦和市遺跡調査会報告書第 91 集

浜野美代子 1986『須黒神社遺跡』財) 埼玉県埋蔵文化財調査事業団調査報告書第 56 集

劔持和夫 1984『明花向・明花上ノ台・井沼方馬堤・とうのこし』(財) 埼玉県埋蔵文化調査事業団調査報告第 35 集

柳田博之ほか 1992『子野上遺跡発掘調査報告書』浦和市遺跡調査会報告書第 159 集

山田尚友ほか 1989『白幡上ノ台遺跡（第 3 次）発掘調査報告書』浦和市調査会報告書第 113 集

高山清司ほか 1985『本村 IV 遺跡発掘調査報告書』浦和市遺跡調査会報告書第 52 集

柳田博之ほか 1991『会ノ谷遺跡発掘調査報告書（第 3 次）』浦和市遺跡調査会報告書第 145 集

129

Ⅰ 各地域の後期土器

西口正純 1996『中里前原北遺跡』(財)埼玉県埋蔵文化財調査事業団調査報告書第176集

大宮市 1968『大宮市史』第1巻 考古編

笹森紀己子ほか 1996『三崎台遺跡 —(第3次調査)—』大宮市遺跡調査会報告第56集

立木新一郎・山口康行ほか 1984『深作東部遺跡群』大宮市遺跡調査会報告大10集

小川良祐ほか 1975「大宮公園内遺跡発掘調査報告」『紀要』2 埼玉県立博物館

村田健二ほか 1998「木曽良遺跡の研究(1)」『研究紀要』第14号 (財)埼玉県埋蔵文化財調査事業団

寺内正明 1995『馬込八番遺跡 —第6調査地点—』蓮田市文化財調査報告書第29集

会田 明ほか 1976『富士見市文化財報告 XI』文化財調査報告第11集

会田 明ほか 1977『富士見市文化財報告 XIII』文化財調査報告第13集

小出輝雄ほか 1978『富士見市遺跡群 I』富士見市文化財報告第15集

加藤秀之・堀 善之 2005『富士見市内遺跡 XIII』富士見市文化財報告第57集

高橋 敦ほか 1987『富士見市遺跡群 VI』富士見市文化財報告第38集

小出輝雄ほか 1989『富士見市遺跡群 VII』富士見市文化財報告第39集

小出輝雄ほか 1983『針ヶ谷遺跡群 —南通遺跡第3地点の調査—』富士見市遺跡調査会調査報告第21集

佐々木保俊 1984『針ヶ谷遺跡群』富士見市遺跡調査会調査報告第23集

加藤秀之 1995『南通遺跡遺跡～第14地点発掘調査概要報告書～』富士見市遺跡調査会調査報告第44集

尾形則敏 1998「志木市田子山遺跡の弥生時代後期の事例について」『あらかわ』創刊号 あらかわ考古学談話会

佐々木保俊ほか 2000『西原大塚遺跡第45地点』志木市遺跡調査会報告第6集

尾形則敏ほか 2001『志木市遺跡群11』志木市の文化財第30集

谷井 彪・宮崎朝雄 1975『台の城山遺跡』 朝霞市教育委員会

谷井 彪・高山清司 1968「大和町の遺跡と出土土器(弥生・古墳時代)」『埼玉考古』6 埼玉考古学会

鈴木一郎・牧田 忍ほか 1994『午王山遺跡(第3次・第4次)』 和光市教育委員会

鈴木一郎・牧田 忍ほか 1996『午王山遺跡(第5次)』和光市埋蔵文化財調査報告

書第 15 集
鈴木一郎ほか 2000『市内遺跡発掘調査報告書 3』和光市埋蔵文化財調査報告書第 23 集
鈴木一郎・前田秀則 2004『市内遺跡発掘調査報告書 7』和光市埋蔵文化財調査報告書第 33 集
鈴木一郎・前田秀則 2005『市内遺跡発掘調査報告書 8』和光市埋蔵文化財調査報告書第 35 集
牧田　忍ほか 1998『花ノ木遺跡（第 2 次）・城山遺跡』和光市埋蔵文化財調査報告書第 21 集
石坂俊郎ほか 1994『花ノ木・向原・柿ノ木坂・水久保・丸山台』（財）埼玉県埋蔵文化財調査事業団調査報告書第 134 集
牧田　忍ほか 1998『花ノ木遺跡（第 2 次）・城山遺跡』和光市埋蔵文化財調査報告書第 21 集
鈴木一郎・前田秀則 2001『市内遺跡発掘調査報告書 4』和光市埋蔵文化財調査報告書第 24 集

東京都

滝沢　浩・星　龍象 1979『赤塚氷川神社北方遺跡』
板橋区 1995『板橋区史資料編 1　考古』
伊藤玄三・小出輝雄ほか 1976『西台遺跡』文化財シリーズ第 21 集　板橋区教育委員会
藤波啓容・林　辰男ほか 1994『向原遺跡』 板橋区向原遺跡調査会
佐々木藤雄・森田信博ほか 1993『西原遺跡』 西原遺跡調査会
藤波啓容・林　辰男ほか 1999『西台後藤田遺跡第 1 地点発掘調査報告書』
戸田哲也・高杉博章ほか 2000『小茂根小山遺跡第 1 地点』
大谷　猛・橋本具久ほか 1992『赤羽台遺跡 ―弥生時代～古墳時代前期―』 東北新幹線建設に伴う発掘調査東北新幹線赤羽地区遺跡調査会
陣内康光 1988『御殿前遺跡』北区埋蔵文化財調査報告第 4 集
藤木　海ほか 2000『御殿前遺跡 VI』北区埋蔵文化財調査報告第 27 集
早稲田大学校地埋蔵文化財調査室 1996『下戸塚遺跡の調査第 2 部　弥生時代から古墳時代前期』 早稲田大学
谷川章雄ほか 1999『落合遺跡 III』　学校法人目白学園・新宿区落合遺跡調査団
新田栄治ほか 1979『向ケ岡貝塚』 東京大学文学部考古学研究室編

I 各地域の後期土器

谷口 榮 1987「葛飾区葛西城出土の古式土師器」『東京考古』5　東京考古談話会

黒済和彦 1985『中野区平和の森公園北遺跡発掘調査報告書』　中野区・中野刑務所遺跡調査会

佐々木藤雄・小林謙一ほか 1988『新井三丁目遺跡』　新井三丁目遺跡調査会

横山昭一・村松 篤 1983『目黒不動遺跡』　目黒区教育委員会

舘 弘子・野本孝明 2001『久原小学校内遺跡』大田区の埋蔵文化財第15集

野本孝明 1990『久ヶ原遺跡・中馬込三丁目2・11番間横穴墓・山王三丁目37番横穴墓』大田区の埋蔵文化財第10集

野本孝明ほか 2007『久ヶ原遺跡Ⅰ　山王遺跡Ⅰ　大森射的場横穴墓群Ⅱ』大田区の埋蔵文化財第18集

小池 聡・細井佳浩ほか 1999『久が原グリーンハイツ内遺跡』　大田区久が原グリーンハイツ内遺跡発掘調査団

野本孝明 1981『山王遺跡』　山王遺跡調査会

J. E. キダー・新里 康ほか 1992『田園調布南遺跡』　都立学校遺跡調査会

佐々木藤雄・米川仁一ほか 1991『山王三丁目遺跡』　熊野神社遺跡群調査会

菊池義次 1962「代田一丁目円乗院遺跡出土の弥生土器」『世田谷区史付編世田谷の考古学調査』　世田谷区史編さん室

大槻信次・寺畑滋夫ほか 1988『堂ケ谷戸遺跡Ⅲ』　世田谷区教育委員会・堂ケ谷戸遺跡調査会

小西紳也・岡田大輔 2007『堂ケ谷戸遺跡Ⅵ』　(株)武蔵文化財研究所

水野順敏ほか 1981『東京都狛江市岩戸八幡神社』　日本窯業史研究所

大場磐雄ほか 1973『宇津木遺跡とその周辺』　考古学資料刊行会

間宮正光 2004『西野遺跡―第2次発掘調査報告書―』　山武考古学研究所

滝沢 亮ほか 2002『御所水遺跡』　(株)盤古堂

八王子市郷土資料館 1985『八王子市郷土資料館考古資料収蔵目録Ⅰ』

及川良彦・原川雄二 2002『多摩ニュータウン遺跡　No.200遺跡（第2・3次調査）Ⅱ本文編（1）』

神奈川県

竹石健二・澤田大多郎・野中和夫 1984「影向寺周辺遺跡発掘調査報告書」『川崎市文化財調査収録』20　川崎市教育委員会

伊東秀吉・大坪宣雄ほか 2000「川崎市高津区影向寺北遺跡第2次発掘調査報告書」『川崎市文化財調査収録』36　川崎市教育委員会

引用図版出典

竹石健二 1977「川崎市高津区平風久保遺跡発掘調査報告書」『日本大学文理学部史学研究室文化財発掘調査報告書』第2.3集　日本大学文理学部史学研究室

伊東秀吉・小林克利ほか 1997『三荷座前遺跡第2地点』　三荷座前遺跡発掘調査団

渡辺　務 1989『釈迦堂遺跡』　日本窯業史研究所

坂本　彰・山田光洋 2007『北川貝塚』港北ニュータウン地域内埋蔵文化財調査報告書39

河野喜映・宍戸信吾 1985『山王山遺跡』神奈川県立埋蔵文化財センター調査報告8

岡本孝之 1980『新羽大竹遺跡』神奈川県埋蔵文化財調査報告17　神奈川県教育委員会

神之木台遺跡調査グループ 1977「神之木台遺跡における弥生時代の遺構と遺物」『調査研究集録』第3冊　港北ニュータウン埋蔵文化財調査団

黒沢　浩 2003「神奈川県ニッ池遺跡出土弥生土器の再検討」『明治大学博物館研究紀要』第8号　明治大学博物館

京都大学文学部 1960『京都大学文学部博物館考古学資料目録』第一部

戸田哲也・坪田弘子 2004『桂台北遺跡発掘調査報告書』　桂台北遺跡発掘調査団

鹿島保宏 1988『寺谷戸遺跡発掘調査報告』　横浜市埋蔵文化財調査委員会

滝沢　亮ほか 2002『青砥山ノ下遺跡』　山ノ下遺跡発掘調査団

岡本　勇ほか 1981『鴨居上の台遺跡』横須賀市文化財調査報告書第8集

大坪宣雄・横山太郎ほか 2003『佐島の丘遺跡群』　佐島の丘埋蔵文化財発掘調査団

吉田章一郎・松尾宣方・永井生憲 1984『手広八反目遺跡』　手広遺跡発掘調査団

寺田兼方・中嶋　登 1979『石名坂遺跡』　石名坂遺跡発掘調査団

戸田哲也・小山裕之ほか 1996『稲荷台地遺跡群発掘調査報告書（C・D地点、F地点、S地点）』　稲荷台地遺跡群発掘調査団

田村良照・継　実ほか 1998『若尾山（藤沢市 No.36）遺跡』　東国歴史考古学研究所

岡本孝之ほか 1992『湘南藤沢キャンパス内遺跡』　慶応義塾

押木弘巳 2003『神奈川県高座郡寒川町高田遺跡発掘調査報告書 ―第3次調査ほか―』　高田遺跡発掘調査団

寒川町 1996『寒川町史8　別編考古』

小林義典 1993「大蔵東原遺跡発掘調査報告書」　大蔵東原遺跡発掘調査団

合田芳正・及川良彦・池田治 1995『海老名本郷（X-3）』　本郷遺跡調査団

I 各地域の後期土器

若林勝司ほか 1999『平塚市真田・北金目遺跡群発掘調査報告書1』 平塚市真田・北金目発掘調査会

若林勝司ほか 2003『平塚市真田・北金目遺跡群発掘調査報告書3』 平塚市真田・北金目遺跡調査会

河合英夫ほか 2003『平塚市真田・北金目遺跡群発掘調査報告書4』 平塚市真田・北金目遺跡調査会

中嶋由紀子ほか 2006『平塚市真田・北金目遺跡群発掘調査報告書5』 平塚市真田・北金目遺跡調査会

小松 清・玉川久子ほか 2005『厚木市宮の里遺跡発掘調査報告書』 厚木市教育委員会

3. 浜田資料参考文献

伊東秀吉・碓井三子 1997『長尾台北遺跡発掘調査報告書』 長尾台北遺跡発掘調査団

岡田威夫・藤井和夫・水沢裕子 1981『横浜市道高速2号線埋蔵文化財発掘調査報告書（No.6遺跡—I）』 横浜市道高速2号線埋蔵文化財発掘調査団

岡田威夫・藤井和夫・水沢裕子 1982『横浜市道高速2号線埋蔵文化財発掘調査報告書 No.6遺跡—IV』横浜市道高速2号線埋蔵文化財発掘調査団

岡本 勇・武井則道 1969「朝光寺原式土器について」『昭和43年度横浜市埋蔵文化財調査報告書』 横浜市埋蔵文化財調査委員会

小松 清・玉川久子 2004『津田山—9遺跡発掘調査報告書』津田山—9遺跡発掘調査団

澤田大多郎 1967「川崎市影向寺裏貝塚調査報告（二）」『日本大学考古学通信』第7号 日本大学考古学会

千田利明 1995『多摩ニュータウン遺跡先行調査報告1』 東京都埋蔵文化財センター

滝澤 亮 1985「結語」『釜台町上星川遺跡』 相武考古学研究所

田村良照 1997『関耕地遺跡発掘調査報告書』 観福寺北遺跡発掘調査団

寺田良喜 1996『喜多見陣屋遺跡 III』 世田谷区教育委員会

橋本裕行 1986「弥生時代の遺構と遺物について」『奈良地区遺跡群 I—上巻—』 奈良地区遺跡調査団

藤澤宗平 1941「縄文式遺跡内に発見された三個の弥生式土器」『考古学』第12巻第1号

引用図版出典

宮重俊一 2004『犬蔵地区遺跡群』 日本窯業史研究所
持田春吉・村田文夫 1988『東泉寺上』 高津図書館友の会郷土史研究部
渡辺　務 1989『釈迦堂遺跡』 日本窯業史研究所
渡辺　務 1994『赤田地区遺跡群集落編Ⅰ』 日本窯業史研究所
渡辺　務 2003『寺下遺跡』 日本窯業史研究所

4．柿沼資料参考文献

相川　薫・北村尚子・大坪宣雄 1977『長尾台北遺跡』 長尾台北遺跡発掘調査団
磯崎　一 1992『白草遺跡Ⅱ』埼玉県埋蔵文化財調査事業団調査報告書第118集　(財) 埼玉県埋蔵文化財調査事業団
今泉泰之 1974『田木山・弁天山・舞台・宿ヶ谷戸・附川』埼玉県遺跡発掘調査報告書第5集　埼玉県教育委員会
大里村史編纂委員会 1990『大里村史　通史編』 大里村
加藤恭朗・北堀彰男 1988「Ⅱ石井前原遺跡」『坂戸市遺跡群発掘調査報告書第1集』 埼玉県坂戸市教育委員会
加藤恭朗・坂野千登勢 2001『柊遺跡（第1・2分冊）』 坂戸市教育委員会
金井塚良一 1965「埼玉県東松山市吉ヶ谷遺跡の調査」『台地研究』No.16 台地研究会
金井塚良一・内田哲人 1972『中原遺跡 ―遺跡所在調査の概要―』 中原遺跡調査団
金井塚良一・高柳　茂 1987『船川遺跡』 船川遺跡調査会
栗原文蔵・野部徳秋 1973『岩の上・雉子山』埼玉県遺跡発掘調査報告書第1集　埼玉県教育委員会
栗原文蔵 1974『駒堀』埼玉県遺跡発掘調査報告書第4集　埼玉県教育委員会
小林克利 1997『三荷座前遺跡第2地点発掘調査報告書』 三荷座前遺跡発掘調査団
埼玉考古学会 1976『埼玉県土器集成4』縄文晩期末葉～弥生中期
埼玉考古学会 2003『埼玉考古学会シンポジウム　北島式土器とその時代』埼玉考古別冊7
鈴木孝之 1991『代正寺・大西』埼玉県埋蔵文化財調査事業団報告書第110集　(財) 埼玉県埋蔵文化財調査事業団
滝澤　亮・高木宏和・土井義行 1985『釜台町上星川遺跡』相武考古学研究所調査報告第1集　相武考古学研究所

135

I 各地域の後期土器

竹石健二・澤田大多郎・野中和夫 1984「影向寺周辺遺跡発掘調査報告書」『川崎市文化財集録』第20集　川崎市教育委員会

谷井　彪 1973『山田遺跡・相撲場遺跡発掘調査報告書』埼玉県遺跡調査会報告第18集　埼玉県遺跡調査会

谷井　彪 1974『南大塚・中組・上組・鶴ヶ丘・花影』埼玉県遺跡発掘調査報告書第3集　埼玉県教育委員会

高崎光司 1990『玉太岡遺跡』埼玉県埋蔵文化財調査事業団報告書第90集　(財)埼玉県埋蔵文化財調査事業団

田村良照 1997『関耕地遺跡発掘調査報告書』　観福寺北遺跡発掘調査団

寺田良喜ほか 1989『喜多見陣屋遺跡』　世田谷区教育委員会　喜多見陣屋遺跡調査会

平子順一・鹿島保宏 1989『観福寺北遺跡・新羽貝塚発掘調査報告書』　横浜市埋蔵文化財調査委員会

宮島秀夫 1995「銅釧・鉄剣出土の方形周溝墓 ―観音寺4号方形周溝墓―」『比企丘陵』創刊号　比企丘陵文化研究会

山本　禎 1997『山王裏/上川入/西浦/野本氏館跡』埼玉県埋蔵文化財調査事業団報告書第187集　(財)埼玉県埋蔵文化財調査事業団

渡辺　務 1998『赤田地区遺跡群集落編Ⅱ』　日本窯業史研究所

渡辺　務 2003『寺下遺跡』日本窯業史研究所報告第60冊　日本窯業史研究所

5. 髙花資料参考文献

石坂俊郎 1987「市川市国府台出土の弥生後期壺棺」『古代』83　早稲田大学考古学会

市毛　勲ほか 1973『下総鶴塚古墳の調査概報』　千葉県教育委員会

宇佐美義春 1985『桐ヶ崎遺跡』　桐ヶ崎遺跡調査会

小高春雄ほか 1983『道庭遺跡』第1分冊　道庭遺跡調査会

加藤修司ほか 1984『八千代市権現後遺跡』(財)千葉県文化財センター

菊地　真ほか 2002『国府台遺跡（第29地点）』　国府台遺跡第29地点調査会

菊池義次 1961「印旛・手賀沼周辺地域の弥生文化」『印旛・手賀 ―印旛・手賀沼周辺地域埋蔵文化財調査―』本編　千葉県教育委員会

熊野正也ほか 1975『臼井南』　佐倉市教育委員会

酒井弘志ほか 2000『南羽鳥遺跡群Ⅳ』(財)印旛郡市文化財センター

引用図版出典

高田　博ほか 1977『佐倉市江原台遺跡発掘調査報告書』I　（財）千葉県文化財センター

高田　博ほか 1980『佐倉市江原台遺跡発掘調査報告書』II　（財）千葉県文化財センター

田川　良ほか 1977『生谷』　臼井駅南土地区画整理組合調査団

高橋　誠ほか 2000『萩原長原遺跡・狢谷塚群』（財）印旛郡市文化財センター

田中　裕ほか 2004『船橋印西線埋蔵文化財調査報告書2　八千代市道地遺跡』（財）千葉県文化財センター

田村言行ほか 1979『江原台』　佐倉市教育委員会

浜田晋介ほか 1983『あじき台遺跡』　あじき台遺跡調査団

古内　茂ほか 1976『千葉ニュータウン埋蔵文化財調査報告書』V　（財）千葉県文化財センター

松本太郎ほか 2001『下総国府跡』　市川市教育委員会

間宮政光・奥冨雅之 1996『夏見大塚遺跡 ―第10次発掘調査報告書―』　山武考古学研究所

宮澤久史ほか 2004『栗谷遺跡』I・II・III　八千代市教育委員会

宮澤久史ほか 2005『境堀遺跡』　八千代市教育委員会

II 討論の記録

「混沌から秩序」に向けて

1. 発表者に対するコメント

司会：それでは、これよりシンポジウムの討議に入りたいと思います。今日の6人の発表で、後期の土器の編年や併行関係等について様々な視点からのお話をしていただきました。最初に、発表者のどなたに対してもかまいませんので、相互におのおのの発表についてのコメントをいただきたいと思います。それでは発表順に小出さんから御願いします。

小出：私の発表は他の皆さんと全然違った内容だったので、コメントしにくいのですが。私は前々から思っていたことですが、山田橋式というのは弥生町式という名前を使うのがイヤだから山田橋という名を使ったのではないか、それなら「久ヶ原式」という名前でもいいのではないか、それが一つ。それと山田橋遺跡群ですが、遺構が群在しているというよりは密度が薄いと思うのですが、そういう遺跡があれほどの長い時期、「久ヶ原式段階の遺構」が最初にちょっとあって、山田橋式の遺構が長い期間続くということになっていますが、本当にそんなに長いのか、と疑問に思っていたものですからこの機会にお聞かせいただければと思います。

大村：まず、イヤとかイヤじゃないとかということではなくて、弥生町式については研究史の背景をもっています。そもそも旧武蔵国の型式であって、最終形としてはハケ台付甕まで範囲として含み、かつ、ハケ台付甕地域でもっとも安定的に使用されてきたわけで、これを房総半島で改めて使うことは考えられないということです。ただ、久ヶ原式でもいいのではないかという考えについては、私自身、房総半島の後期土器は1型式でもいいのではないかと久ヶ原式・弥生町式並行論の段階から思っていたことで、とくに甕形

II 討論の記録

土器は普遍的なものであるにもかかわらず、非常に変化に乏しいと。したがって編年の有効性を考えた場合に、後期1型式というのはある意味では妥当かなと現状でも内心思っています。ただ、今日の発表を聞いて、小出さんがそういう考えをもっているとはまったく思いませんでしたので、驚いて聞いていたのですが。

　市原市では、国分寺台遺跡群を中心に現在も整理作業が続いており、天神台遺跡をはじめ、山田橋遺跡群よりさらに良好な遺跡もあります。そういうなかで山田橋式が名称として妥当なものかどうかはわかりません。ただ、私としては固有名詞が現段階で必要だと思ったものですから、とりあえず目の前にある山田橋式という名称を使いました。それが将来更新されることはなんら問題ないと思っています。山田橋遺跡群の時期幅については、まず、久ヶ原1式があり、久ヶ原式の後半は薄いですね。山田橋1式段階に拡大し、終末期・古墳時代前期初頭まで続くという状況です。久ヶ原式段階の遺跡は市内でもかなり変動があり、単独遺跡も見受けられます。しかし、山田橋式以降は集落規模が極端に拡大し、古墳時代前期まで継続するといった状況がみられます。

司会：続いて大村さんコメントを御願いします。
大村：今日になってレジユメを読むまで小出さんの発表内容がよくわからなかったのですが。というか、今日の今日では把握しがたい内容だと思います。

大村直

武蔵野台地東部から荒川流域は、私個人としては下戸塚遺跡の編年が指標になると考えておりました。今回の小出さんの発表ではそういったもの、菊川式などをどう解釈しているのかなと思っています。今回、久ヶ原遺跡周辺の土器を中心として、なおかつ久ヶ原式の範囲を広げているようですが、この地域はかなり異系のものが混在して、下戸塚遺跡あたりは当初から外来系土器の定着が繰り返されています。久ヶ原遺

跡周辺でも典型的な久ヶ原式以降は異系のものが入ってきます。そういうものをどう考えているか。たとえば帯縄文が1帯か2帯かという問題も、確かに時期的な傾向はもつとしても、系統差としても理解すべき必要があるわけで、そこら辺の整理がどうなっているのか、小出さんの発表ではみえませんでした。

司会：小出さん御願いします。

小出：下戸塚遺跡とか、埼玉南部を含めて午王山遺跡をどう考えるのかということですが、私が今回のシンポジウムを機会にやりたかったのは、久ヶ原式の編年、後期の在地の土器はどう変化していくのかをまとめたかったので、できるだけ異分子を除外するようにしました。私のやった地域内にも吉ヶ谷式や朝光寺原式なども出土していますが、そういったものもできるだけ除外しました。除外したうえで本来の在地の土器がどう変わったのか、その後に周辺諸型式との関わりをやっていきたかったので、今回の発表にはそれらをできるだけ入れなかったということです。いいですか。

大村：わからない。

司会：系統の問題はあとでまたでてくるので、そこで御願いします。続いて、浜田さん御願いします。

浜田：私の発表に照らし合わせて、小出さんに確認したいのですが。私が朝光寺原2式としている土器、『予稿集』浜田第3図12（本書66頁）、第4図の20（本書67頁）に伴う短い期間に出て消えてしまうと思っている久ヶ原式系統について、小出当日資料の第2表（本書21頁）にO1aとO1b、口縁部に縄文帯が形成されるものですが、小出さんの編年表で久ヶ原式1の短い期間でなくなってしまうことになっていますが、これの根拠はなんですか。

小出：それについては、私のやった地域の遺跡で壺が2個以上出ている遺構でどのような組み合わせがあるのかをみました。それで77の遺構で遺物の組み合わせを確認しました。それを第2表に示したのですが、それを基にしています。それが絶対に正しいということではなくで、また区分が適当かどうかという本来的な問題も当然ありますが、細部では相違するものもありますが、表に示したものは組み合わせのおおよその傾向を示していると考えた

II 討論の記録

部分ということです。

司会：髙花さん御願いします

髙花：『予稿集』髙花図14（本書114頁）に土器棺の資料をあげて、発表でも触れたのですが、そのなかの5aの南羽鳥谷津堀遺跡の壺形土器に結節文があり、位置づけについて考えあぐねていたのですが、浜田さんの朝光寺原0式との関係もあるのではないかという話が昼休みに鈴木正博さんと話したなかで出ました。それは浜田さんの編年では古い段階に置かれているものですね。それに対して、逆に柿沼さんは新しい段階に認められるということで示されています。これについて、浜田さんにコメントを御願いします。

浜田：私が「列点充塡鋸歯文」といっている資料を『予稿集』の浜田第1図（本書64頁）に入れていますが、この長尾台北遺跡14住（浜田第1図4）を朝光寺原0式としたのは、発表でも触れましたけれど、これよりも古いと私が考えている受地だいやま式からの文様の流れから追って、この鋸歯文がすぐ受地だいやま式の次にくるだろう。これがなくなった段階で典型的な朝光寺原式、つまり岡本勇・武井則道両氏が標識として設定した朝光寺原式になるだろうというので、これを古い段階に位置づけしました。それと同じような資料が板橋区赤塚氷川神社北方遺跡、世田谷区喜多見陣屋遺跡などで出ているので、存在が安定しているのではないかということで古い段階に考えました。それと、『予稿集』髙花資料図14-5aの南羽鳥谷津堀の土器棺墓ですが、実物を見たことがないので前段階からどうやったらこの文様構成になるのかがわかりません。ただ、この鋸歯文は櫛描きなのでその辺は私のやったものとちょっと違うのかなと思います。文様の種類としては、短い期間にでてきて、短い期間に消える土器ではないかと思っています。鋸歯文は列点でなく、沈線で充塡するものでも同じ事がいえて、中～後期にかけての頃になくなるのではないかと思っています。南羽鳥谷津堀遺跡の文様構成がどこに由来するのかはよくわかりませんので、年代的にはコメントしづらいのです。共伴するものが古いのなら、とくに土器棺ですから、古くもっていってもいいのかなと思っています。

司会：続いて、柿沼さん御願いします。

柿沼：『予稿集』の柿沼資料6（本書88頁）の吉ヶ谷式の確立期に上星川遺跡6住、関耕地遺跡42住で発生期の吉ヶ谷式土器が出土しています。この段階は吉ヶ谷式の発生する時期であり、波状文甕のみとなるような朝光寺原式が崩壊過程にある時期でもあると思います。同時に、ここの20は山田橋式と思いますが、山田橋式の成立時期と大体一致するのではないかと考えています。20・23は山田橋式の1式段階なのか、2式になるのか、この辺が交差編年の鍵となっており、後期中葉段階で土器が大きく変化する時期として一致するのかどうか大村さんにお聞きしたい。

司会：大村さん御願いします。

大村：柿沼さんの発表を聞いていて、おおむね一致するのかなと思っています。山田橋式の壺形土器の位置づけはそれほど精度があるとは思わないのですが、一口に言って20は山田橋1式にみえます。結節文を地文とするということでいえばとりあえず安房形となるのかもしれませんが、山田橋式と安房形の範囲が確定していないのでとりあえず、そうみておきます。23は山田橋2式かなと思います。

司会：安藤さん、いかがですか。

安藤：大村さんとあまりかわらないんですが、ただ私は20は安房形ではないというふうに思います。山田橋1式でしょうか。高速2号線編年に照らせば、20・22ともにIII期ということになると思います。

司会：柿沼さんよろしいですか。それでは安藤さん御願いします。

安藤：私はやはり今伺っておもしろいなと思ったのは、久ヶ原2式新から山田橋1式、またはその前後において、土器の様相が多様性を帯びてくるのとほぼ同じ時期に、岩鼻式でも他地域の要素を取り入れて、画一的な様相が崩れてくるというところです。

　それと関連して、私がお聞きしたいのは安房形のことです。大村さんのおっしゃる安房形は、さまざまな土器の様相を含んだ、非常に広い範囲のものになっているのではないかということです。たとえば『予稿集』大村資料6の安房形装飾壺としてまとめられている根方上ノ芝条里遺跡の土器群（2～6・9～11・13・15・17）と林遺跡（19・20）とは、系統が異なるのではない

II 討論の記録

かと思っています。安房形装飾壺というのを、もし根方上ノ芝遺跡の土器群で代表させるのであれば、これらは、久ヶ原式的な文様構造（KY 基本構造）が相当崩れた、あるいは再編された、きわめて特徴的で限定された地域に展開する土器の系統ということになると考えています。大村さんは安房形のなかには、田子台遺跡も含まれていますが、田子台遺跡はどちらかというと三浦半島に近い土器が多いと思いますので、根方上ノ芝遺跡のような土器はないんですね。また、大村さんや会場にいらっしゃる黒沢さんは東京湾形装飾壺、あるいはいわゆる幾何学文壺の成立に関して安房形装飾壺や健田式にその系譜を求めていらっしゃいます。しかし、私はそうではなくて、久ヶ原2式新期から山田橋1式期にかけて、久ヶ原式的な画一的な様相が崩れ、多様な文様要素の交錯が生じ、そしてそれが山田橋2式にかけて再編されるという流れのなかで、東京湾形装飾壺が成立すると理解しており、安房形はそうした南関東全体の土器群の動態のなかで、安房地域に形成された、KY 基本構造からの脱却を特徴とする地域的な型式として理解すべきと考えています。したがって、安房形の成立が契機となって、あるいは安房形の影響で、久ヶ原2式新期から山田橋1式期の多様な土器群が成立したわけではないと思っているのですが、いかがでしょうか。

司会：大村さん御願いします。

大村：田子台遺跡は安房形に入れていないけれど、どこに書いていますか。

安藤：すみません。田子台遺跡が安房形の分布範囲内にあるということです。

大村：田子台遺跡はこの地域で久ヶ原式を保証するものとして考えているので、安房形からは除外されます。安房形については、今の安藤さんのおっしゃっていることが私の考えと対局にあるとは思っていません。おそらく、久ヶ原式から山田橋式への変化というものを安藤さんはより暫移的にとらえようとしているのかと思います。私は市原市周辺の土器を整理した印象から、段階差のある大きな変化としてとらえました。結果的に異質物を山田橋1式にかなりの部分を押し込んでいる状況ですが、それが実態であろうと、現状でも考えています。解釈が勝っているという印象は、発表でも触れたように私自身の感覚にもありますが。現状の安房形は曖昧な部分があって、暫定的

「混沌から秩序」に向けて

な設定であると思います。その点については現状の資料では仕方ないですね。ただ、林遺跡などを対象としたのは、その系列が連続することを証明したかったわけで、そのことについては、今現在もそう考えています。

司会：安藤さんよろしいですか。

安藤：岩鼻式から吉ヶ谷の変化というのが、文様・装飾の施される場所を変えずに、文様要素を交代させるという現象として理解できると思うのですが、山田橋1式、あるいは久ヶ原2式新あたりにおける、さまざまな文様要素の交錯が、同様の現象として考えられるかどうか、ご意見があればと思ったのですが。

司会：柿沼さん御願いします。

柿沼：さきほどちょっと申し上げましたが、一つは岩鼻式からの変容過程としては、『予稿集』の柿沼追加資料の東松山市の高坂二番町遺跡（本書91頁）の2番の壺の縄文帯が頸胴部一帯です。それと甕の頸胴部帯縄文、13から16、こういうのは昔だったら吉ヶ谷式とは言わなかったかもしれないですね。以前から朝光寺原式にともなって出土したもので、なんだろうと思っていたものですね。それが高坂二番町遺跡で出てきて、櫛描文が施文される位置に縄文が代わって施文された土器です。これが岩鼻式から吉ヶ谷式の変容を示す土器ですね。新しく出てくる要素としては、時期的にやや遅れますが壺の胴部上半に2帯から3帯の縄文帯が出てきます。『予稿集』の柿沼資料6（本書88頁）の12は3帯、同じく柿沼資料7（本書89頁）の1・4・10などがあります。4番が3帯の羽状縄文帯、吉ヶ谷式は斜行縄文が基本ですが4番は羽状縄文です。これも輪積み装飾甕と同時に東京湾沿岸一帯の影響が強く現われて、こういう2ないしは3帯縄文帯が生まれてくるのだろうと思います。岩鼻式から吉ヶ谷式への変容に、東京湾沿岸からの大きな影響が現われてくると思います。

柿沼幹夫

II 討論の記録

司会：そうしますと、岩鼻式、吉ヶ谷式の変容期には文様要素の交代というか、変化のなかに東京湾岸からの影響を考えていいということですね。それが吉ヶ谷式の1期から3期まで続くということですね。

柿沼：3期になってもですね。3期の例では東京湾沿岸地域の土器が伴うか、折衷型もあります。『予稿集』の柿沼資料8（本書90頁）の16の幅広の複合口縁で文様帯を区画しない縄文帯、棒状浮文をもつ、これは吉ヶ谷式と東京湾沿岸との折衷型だと思っていますが、あるいは武蔵野台地の北西部との接触かもしれませんけれど。35のような、かつて、笹森紀己子さんがいっていた前野町式土器以後のものが伴うこともあげられます。

2. 小出変遷案をめぐって

司会：ありがとうございました。相互のコメントをしていただいて様々な問題が出てきたのですが、「久ヶ原式の成立をめぐって」をテーマにしたいと考えていたのですが、いままでの6名の発表を聞いていますと、小出さんが久ヶ原式を長めに考えようとして5期に区分されたのですが、他の5人の皆さんは大村編年を基本にして、山田橋式との併行関係を基軸にして自分たちの地域の土器はどこに位置づけられるのだろうかということを述べておられます。前提となる議論が小出さんとその他の方々では異なってきています。基本的に久ヶ原式をどういう風に考えているのかをもう少し聞いてみたいと思います。小出さんはどういった作業を具体的にされたのかを簡単に説明を御願いします。

小出：具体的な作業としては、完形に近い壺の出ている報告書から壺だけに限ってコピーして1個1枚のカードをつくって、リングファイルにして30〜40冊の数になったので、4〜5回くらいやり直しながら壺の特徴によって分類をしました。土器によっては分類がそのたびに変わることも

小倉淳一（司会）

「混沌から秩序」に向けて

あったのすが、なんとか基本的な区分がおおよそできたので、時期区分をやってみました。『予稿集』の小出当日資料の第6図（本書20頁）の上の方は武蔵野台地南部、4期以降は埼玉が多いという問題もあるので、典型例として載せる図については検討する必要があります。また、久ヶ原式1、2はまだ細分されるだろうと発表しましたが、その部分ではまだ問題はある。また、私は「久ヶ原1式・2式…」とは言っていませんし、そこまでの自信はありません。ここでは「久ヶ原式1・2…」であることを念のため申し添えておきます。

小出輝雄

司会：『予稿集』の小出当日資料第7図（本書23頁）の久ヶ原式の変遷表にもとづいて、基本的に分類をたくさんすることで変遷案を考えたという発表だったと思うのですが、基準資料となる一括資料や共伴関係がそれぞれの時期にあるのか、簡単に説明して欲しいのですが。

小出：簡単にとはいかないんですが、1は久ヶ原遺跡箱船児童館、落合遺跡、2は田園調布南遺跡、3は御殿前遺跡214住、下戸塚遺跡11住、丸山東遺跡2号方形周溝墓、4は釈迦堂遺跡1住、円乗院遺跡、久ヶ原小遺跡12住、久ヶ原遺跡方形周溝墓、5は土器塚遺跡、落合IIISI03、下戸塚遺跡42住、成増天神脇遺跡、南通遺跡302住などですが、これくらいでいいですか。

司会：共伴関係や系統関係について、大村さんから何かありますか。

大村：系統関係については、さらにもう少し問題を絞ったほうがいいと思いますけれども。小出さんのレジユメを最初に読ましていただいて、「久ヶ原式・弥生町式の系統をもっていることから、これを久ヶ原式と理解しておく」（当日資料5頁7行目）という文章がありますが、哲学的でよく理解できません。それと、少なくとも久ヶ原式については、沈線区画を基準とし、弥生町式については沈線区画をもたないということが、最低限の合意点としてここまできていると思うのですが、私もかつて別の整理の仕方を提示したこ

とがありますが、小出さんが改めてこれを踏み越えてこのように書かれるということは考えなかったもので、名称の使い方としての考えを聞かせてもらえればと思います。

小出：確かに久ヶ原式、弥生町式という学史的な名称について、言われるとおりだと思いますし、私の使った名称に問題はまったくないとは思っていません。ただ、『弥生式土器集成』でいう久ヶ原式とか弥生町式というのは単品を集めてこういうものですよと言っているものではないでしょうか。いちばん最初の弥生町という名前にこだわるならば、前に私が書いたものがそのとおりに通らないものだとは気づいていますが、本郷弥生町で採集された1個の土器にこだわるべきではないかというのは、基本的には変わっていません。『弥生式土器集成』で、いろんなものがより集められて、こういう型式だと大きく発表されて、広く使われるようになったのではないでしょうか。それに対して私は、弥生町式というのは長く考える必要はない、一つの短い時期のことなんだ、それ以前の後期の段階を久ヶ原式としてまとめたほうが文様帯のつながりなどで、『弥生式土器集成』でいう弥生町式とは別のものとして考えられるのではないかと考えています。

司会：弥生町式以前を一体のものと考えるというのは、ちょっと次元が違うと思うのですが。後期の混沌とした段階をどういう風に考えるのかということで、小出さんの立場で考えられて提起されたものだと理解できました。それで、大村さん何かコメントがありますか。

大村：他の人に

司会：小出さんは『予稿集』のなかで他の人とは考え方の違う編年案を出したものですから、それについて聞いておく必要があるのではないかと思って司会者から聞いてみました。

3. 市原市椎津茶ノ木遺跡の評価

司会：久ヶ原式の成立の問題に関してですが、大村さんの考えとして市原市の椎津茶ノ木遺跡（本書53頁）を久ヶ原式初期というふうに出しているので、これを皆さんどう考えているのかを伺っておきたいと思います。小出さんか

ら。

小出：椎津茶ノ木遺跡ですが、私は宮ノ台式の終わりじゃないかと思います。どっちかと言われると僕だったら宮ノ台式と思いますが。もっと具体的にですか。

司会：一括性の問題もありますが。それも含めて。

小出：椎津茶ノ木遺跡を後期初頭としているなかで、破片を含めて考えられていますが、私は微妙な問題について破片は入れないようにできるだけしたいと思っているので、宮ノ台式ではないか。古いと考えるか、新しいものと考えるかは人によって違うというようなことを、大村さんが前に書かれていたと思うのですが。

大村：ちょっと違う。

小出：ちょっと違うそうですが、私だったら後期に入れないという段階の土器、遺構かなと思っています。

司会：大村さんが『史館』に書かれたなかで、厳密な一括性がでてくるかどうかが問題ですが、「全体を出土層序から区分することはできない。厳密な一括性は認められないが、かなりまとまった資料として考えていいのではないか」と前提としてお書きになっています。浜田さんはどうですか。

浜田：『予稿集』の大村資料7の資料をみるといくつかの系統があるなと思います。実測図はわかりにくいので、拓本でいうと20から25は東京湾岸の系統、32・33・34とかは東関東系だったり、40・41をどのあたりにもっていくのか、というようにいくつかの系統があると思います。これらをどのように整理するのかということが一つ。また、これらの前段階をどの土器とするのかが問題になってくるだろうと思います。それがわかれば、比較的スムーズに理解されるのではないかと思います。

大村：正直、宮ノ台式に近い時期は、私の守備範囲から危なくなってくるのですが。ただ、これまで宮ノ台式の編年が進められているなかで、椎津茶ノ木遺跡が取り上げられないのを不思議に思っていたのも事実で、いつか取り上げてみたいと思っていました。その直前の段階は市原市では姉崎東原遺跡などの宮ノ台式を考えていますが、異系のものは久ヶ原式そのものに含めて

は考えていません。ただ後期初頭をめぐる問題のなかで異系の土器は検討材料になるなと考えて提示したもので、あまりここを突かれても何とも言えないなと思っています。

司会：大村さんの『史館』の論文では、常総系のものと中部高地系のものとがあると図示されて説明されています。髙花さんなにかありますか。

髙花：会場に小玉（秀成）さんがいらっしゃらないのですが、椎津茶ノ木遺跡の32・33・34・35・36・37・38は東関東でいうと中期終わりくらいの土器といわれている土器だと思うんです。小玉さんの編年で言うと33のような連弧文がはっきりしているものから34のような横線文のものになるということで新旧関係がいわれていますが、私は中期終わりに、下総台地では大崎台遺跡なんかで同様な宮ノ台式の土器との共伴がある時期だとは思います。ただ私はこのあとに櫛描きの印旛沼周辺の後期初頭の土器がくると思っているのですが、34の土器と併行する時期に小玉さんが言われるように後期初頭に近いような文様構成が成立するのなら、ちょっと新しくしてもいいのかなとも思いますが、個人的には常総系の土器からいうと中期終わりの土器と言いたい土器、住居です。

司会：柿沼さんはいかがですか。

柿沼：これは遺跡の実態だと思うのです。私の当日資料の高坂二番町遺跡2住は岩鼻式と吉ヶ谷式が一緒に出土しているわけで、岩鼻式が消滅する段階で新しい要素が出てくるんですから、その住居の時期を決めるにはあたらしい要素のものをもってその住居の時期とすべきであろうと思います。単体の土器でいうと36は中期末ですが、住居の実態はちょうど変換する時期であろうと。こういう時期を設ければ、菊間遺跡18・28住もそうですが、久ヶ原式の成立期とみてよいのではないか。岩鼻編年の雉子山遺跡、附川遺跡の段階を長尾台北遺跡の時期の前に設けますので、岩鼻式との編年対比上は好ましいと考えます。

司会：安藤さんどうですか。

安藤：椎津茶ノ木遺跡例に関しては、土器の一括性が確かであれば、中期の宮ノ台式的なものと、その次に確立する久ヶ原式的なものが混在する様相を

示すものとしておもしろい資料だと思います。ただ、私は、この資料は時期の異なるものが混在している可能性も捨てきれないので、まだ編年の基準とするには危険だろうと判断します。ただ、椎津茶ノ木遺跡例以外にも、典型的な久ヶ原式、画一的な沈線区画の縄文帯をもつ土器と、中期的な土器が共存する資料は存在していますので、そうした過渡期的な様相をもった時期があったことは確実だと考えています。その場合でも、椎津茶ノ木遺跡例がその代表となるかはわかりません。一つつけ加えておくと、後期初頭を確定するのに、壺と甕は別々に評価したいと考えています。壺形土器の系統的な変遷を整理したうえで、久ヶ原式の成立を論じるべきだと思います。それと、後期初頭に関しては、最近『埼玉の弥生時代』で松本完さんが、従来の後期初頭、松本編年のⅠ期、大村編年の久ヶ原1式併行期を、さらに2細分するという考えをおもちだというようにお書きになっておられましたので、松本さんに是非お考えを聞かせていただきたいのですが。

松本：突然で用意していないんですが、後期初頭についての考え方ですか。私は1928年の中根君郎さんの資料を久ヶ原式の典型として、その前がありうるということを考えていました。より宮ノ台式的なものが混在する場合、横浜の場合（高速2号線の調査の時点）では、混在というのはただ数的なものかなと思ってました。椎津茶ノ木遺跡は確かに私が考える後期初頭を含んでいるけれど踏み込めない。この段階にこのような山形文が成立しているのか自信がない。また、確実な宮ノ台式もあって、選り分けしきれない。上総・市原周辺で確実に山形文が成立する時期を考えないといけないと思います。答えになっていなくて申し訳ありません。

司会：会場から鈴木正博さんからコメントがあります。

鈴木：椎津茶の木遺跡で一括とされた資料は、中期と後期の混在の問題です。

II 討論の記録

鈴木正博

常総の編年は私が 1976 年以降確立したものがあって、修正の必要は今もってないので一切問題はありません。私が大村さんにお聞きしたいのは椎津茶ノ木遺跡の 29・40・41 の土器で、S 字状結節文の帯を横に転がす、又は山形にするものというのが、どうしても気になります。これを後期初頭にするというのは、おそらく一番合理的だろうと思います。なぜこれに注目するのかというと、大村資料 8（本書 54 頁）に打越遺跡 1 号住 4 に S 字状結節文で山形文を作る、それとその下の市原市土宇遺跡 8 号住 8 も、とくに 10・11 は S 字状結節文の帯ですよね。その下の袖ヶ浦市文脇遺跡 215 住の 12 も S 字状結節文の帯、つまり区間区画を S 字状結節文の帯で区画をするという特別な伝統がある。おそらくそれが安房周辺にもある。椎津茶ノ木遺跡が中期末、後期初頭というような議論よりも、この地域のなかのきちんとした系統を見極めて、その文様がどのような変遷をしていくのかを見定めた方がよい。椎津茶ノ木遺跡が後期初頭だとすると、私にはその後にその文様構成から山田橋式に続くような見方も一つあるということですね。その前に山田橋式の前に入っている久ヶ原式が椎津茶の木遺跡の伝統をどういう形で受けているのか、そういうところの説明が欲しいので、これの位置づけだけで議論すべきものではないと思います。いみじくも大村さんが「おおざっぱだ」とおっしゃったように、市原市の土器群は複数の系統が絡みあって、整理するだけでものすごく大変だろうと思います。ですから椎津茶ノ木遺跡の全体ではなく、S 字状結節文に注目した動きを説明してほしいと思いますが。

大村：29・40・41 は広口の壺形土器であり、同一原体を使用していることから同一個体だと思います。やや異質な土器ですが、29 の折り返し状の複合口縁から後期初頭と考えました。ただ、結節文自体は、宮ノ台式とのつながりを考える必要があると思います。宮ノ台式の流れが後期初頭にあっても

かまわないのではないかと思います。そもそも結節原体自体は、縄文がある以上特殊なものだとは思っていません。ただそれが久ヶ原式の画一的な企画性のなかでは文様として採用されていません。それを破ったのは、言い方は安藤さんには気に入らないかもしれませんが、安房形という異質な固有性、この時期については、ああいうものがインパクトをもったのではないかなと考えました。結節文はたとえば下総にある可能性もありますよね。それに単発であれば、どこに出てきても不思議ではない。椎津茶ノ木遺跡については宮ノ台式の影響のなかで考えるべきであろうと思いますが、ただ、久ヶ原式段階で、その斉一的な企画性のなかで一旦排除されたと私は考えています。椎津茶ノ木遺跡を対象としたのは、他地域との併行関係のなかで、久ヶ原式のどのあたりにくるかということの興味をもってやったのですが、なかなか常総系、中部高地系の土器を含めて、すべてを評価する能力がないので、このあたりでご容赦ください。

鈴木：いま大事なことを言われたと思うんですね。なぜかというと在来の宮ノ台式のＳ字状結節文の伝統を久ヶ原式が断ち切ったわけですよね。つまり久ヶ原式は在来ではないということですよね。私がこの質問をしているのは、私は久ヶ原式が千葉に来たものと思っているので、久ヶ原式が分布するということは大変な現象だろうと。ですから大村さんの山田橋式と山田橋式の前が、単純明快に切れるというのは大きな意味があると思っています。いみじくも在来の伝統を断ち切って久ヶ原式が分布することをおっしゃったわけです。そういう形で大村さんは市原周辺の土器をよく観ているというのを、無意識のうちに大村さんが言われたと理解しますが、それでよろしいですか。

大村：よく理解できなかったんですが。

鈴木：在地の一群の土器、すなわち在地の宮ノ台式からのＳ字状結節文の多様な一群が後期に残った。他方、久ヶ原式が画一的な分布なので一回断絶する。それにもかかわらずもう一回、大村さんの山田橋式でＳ字状結節文が多様に復活する。在地の伝統からみるとＳ字状結節文が在地ですね。その在地の流れがなぜ切れたのですかという質問です。

大村：それは解釈にかかわる部分ですか。私としては、土器変化のすべてを

Ⅱ 討論の記録

解釈あるいは必然性として説明できるとは思っていませんので、そこで一端切れるという事実をもってそれ以上の説明はありません。ただ、久ヶ原式の画一性について、その背景としてこの段階は人が動いているなとは思っています。その結果として久ヶ原式の画一的な斉一性が成立したと思っています。ただ、結節文について言えば、これが在地の伝統をすべて代表するものとは考えていません。

鈴木：こういうＳ字状結節文の姿がこの遺跡だけなのですか。それとも見通しがあって、久ヶ原式の一番古いところ、あるいは後期初頭と考えられる一群の土器を、たとえば椎津茶ノ木遺跡を例として、「別なんですよ、これだけ変わっているんですよ」としてそれで終わりにするのか、それとも見通しとして、他のデータを集めるとＳ字状結節文の土器があちこちにあるのか。その見通しをお聞かせいただければ、私には大村さんのお考えがわかりますので、それだけ教えてもらえますか。

大村：「こういう」というのは、結構異系の土器が入ってくるということですか、Ｓ字状結節文だけですか。Ｓ字状結節文のことですか。それは異例かなと思っています。２も結節文なんですが、29も複合口縁以外の要素は宮ノ台式と考えるべきでしょうね。これが久ヶ原式段階に安定的に出てくるとは思ってはいないし、たとえば根田代遺跡の環濠にこの段階の土器が多量にありますが、こういうものは見ていません。そもそも、これを型式として純化した場合、現状において久ヶ原式に含めるべきものとも考えていません。あくまでも過渡期的な実態であると。よろしいでしょうか。

司会：回転結節文の結紐文から山形へというのは、大崎台遺跡に少しあります。それから滝ノ口向台遺跡でもかなり変わってくるんですけれどあります。そういうのをかつてまとめたことがあるんですが、それらが後期の成立に関与してくる可能性があるということで、この場は先に進めたいと思います。

4. 下総地域の土器の位置

司会：後期の土器久ヶ原式、山田橋式という系統で大村さんが設定しているんですけれど、高花さんが今回作ってこられた資料は大村さんに確認してほ

「混沌から秩序」に向けて

しいという意図があると思うんですが、どうでしょう。併行関係について上総の地域と下総の地域をこういう関係で、髙花さんが整理したものでいいのでしょうかという問題があると思うんですが、そこら辺を髙花さんに説明いただいて、大村さんから解説をいただけないでしょうか。

髙花宏行

髙花：今回私は大枠的な時期的しか書かなかったんですが、一つは市川市国府台遺跡の資料、これは大村さんがかなり前に「房総風土記の丘シンポジウム」で、上総というよりは西、東京湾西岸の関係があるんではないかという発言をしていたように思います。市川市の西半部については、甕も台付甕が出ていますので。印旛沼周辺については『予稿集』の髙花図4（本書103頁）からの八千代市の遺跡群はかなり南関東系の土器が入ってきているように思います。この辺が山田橋1式に併行するというのなら、久ヶ原式から山田橋式に変化する動きが印旛沼周辺にも及んできている一端なのかと思っています。図10（本書109頁）の8の江原台遺跡のものも山田橋1式まで下るという発言がありましたが、私は印旛沼周辺の土器では後期前半に収まると考えていますが、後期前半まではそれほど南関東系の土器が入ってこない。栗谷遺跡や八千代市の遺跡のように、その次の段階になると非常に南関東系の土器が入ってくるところがある。そういった長い流れが符合するのであれば興味深いと思っておりますけれど、そのへんをコメントいただければ。

大村：今回、私が基調報告したわけではないので、なんでこんなに質問が集まってくるのかと思っているのですが。下総は何回か挑戦したことはあるのですが、いまだに私にとっては難しい地域です。とりあえず、図4の八千代市権現後遺跡 D030 は、山田橋2式古段階であり、頸部帯縄文の位置は若干下降し、頸部最小径位置に帯縄文上端があります。12の受口状口縁はかなり外斜していて、口頸部が短いという印象を受けます。江原台遺跡のものを

山田橋式と言い切ったことには少し反省の気持ちもあるのですが、図10の8は沈線区画の帯縄文で、これとほぼ接して単斜縄文の山形文があります。素直にみれば、久ヶ原2式新段階ないし山田橋1式とみるべきです。これをある意味で政治的に山田橋1式と言ったわけですが、それが事実かどうかはちょっとわからない。

司会：髙花さん、もう一度ご自身の4期区分と山田橋式、久ヶ原式との併行関係について簡単に説明してください。

髙花：私は4期区分していますが、そのⅠ期については共伴関係を示すものがあまり見あたらないので、今回は図示していません。その次のⅡ期として図10の江原台遺跡の060、図9の江原台遺跡Y8住20の土器を考えています。佐倉市の遺跡では沈線区画のものが伴う時期があって、となりの八千代市の遺跡では結節文区画の壺と共伴例が多く見られます。それがⅢ期あたりで後期の前半後半が分かれるのではないかと考えました。また、さきほど図4の権現後遺跡030住は山田橋2式まで下がるというコメントをいただきましたので、その辺りは検討しなければいけません。在地の土器を見ると030ではいい資料はないのですが、図5の八千代市道地遺跡では口縁部に突起をもつ一群と結節文の区画をもつ土器が共伴しています。東関東系の編年でいくと相対的にこちらのほうが新しいと考えられますので、この前に発表した論文では権現後遺跡がⅢ期併行で、道地遺跡がⅣ期に併行するのかなという見通しを述べました。

司会：下総と上総は隣接しているんですが、土器様相ががらっと違っているということで問題になっています。栗谷遺跡研究会のシンポジウムなどもこういったところをふまえながら、下総のなかでの編年を考えようということで行いました。むしろこれから、東京湾岸を中心にして、その地域と比較しながら地域の編年をどう考えていこうかという研究がますます活発になっていくだろうということで、こういう話題をふらせていただきました。

5．朝光寺原式と岩鼻式・吉ヶ谷式

司会：山田橋式を軸にして併行関係も考えておられます柿沼さんと浜田さん

「混沌から秩序」に向けて

にもこの時期的な位置づけ、併行関係などをお伺いします。とくに柿沼さんは「編年対照試案」で、岩鼻式・吉ヶ谷式と他の諸型式との併行関係についてまとめていただいています。さきほど問題になりましたが、浜田さんの編年関係と柿沼さんの理解が逆転しているところがあるので、そのあたりについてそれぞれ相互にコメントをいただきたいと思います。浜田さんからお願いします。

浜田晋介

浜田：山田橋式との関係あるいは編年を、山田橋式を十分に理解しているわけではないので、細かな対応は難しいです。ただ、私のレジュメの第5図（本書68頁）の朝光寺原式3期、第6図（本書69頁）の朝光寺原式4期の共伴関係をみると、4期になるといまのところ沈線区画はないようです。このあたりで区画が沈線から結節文が主流に変わっていくのかなという見通しがあります。それが大村さんの編年のどこにあたるのかなど、もう少し類例をみていかなければいけないと思います。今回はなるべく共伴関係やメルクマールになる土器を中心にしましたので、もう少し破片とか、数はあまりないけれど、1個体で共伴しているものがあればみていかなければと思います。2点目の第1図（本書64頁）の長尾台北遺跡を受地だいやま式の直後にもっていった理由は、さきほど話したとおりです。これは「長尾台北遺跡14住の床面」としたものは、実は調査者が現場でそう分離したもので、そういう分け方ができたわけです。そして第2図（本書65頁）に私がその後の段階とした長尾台北遺跡14住覆土のものがありますが、これは同じ住居です。この床面のものと覆土のものが同時期の可能性があります。そういうことを含んで、私は朝光寺原0式としました。この関係、つまり鋸歯文をもつヘラ描きの段階が0式ですが、それと1式のメルクマールになる胴部格子目、斜走文をもつものが確実に一緒に出てくれば、0式は1式に吸収されてなくなってもいいのかなと思っています。ただし、これらが逆転することは今のとこ

159

II 討論の記録

ろ考えていません。

司会：柿沼さんはどうでしょうか。

柿沼：さっき言ったとおりですが、浜田さんが朝光寺原1式としている寺下遺跡YT-2、YT-1（浜田第2図）は、同0式とした長尾台北14住床面出土土器（第1図）より形式的に古く、先後関係は逆転すると思います。長尾台北14住のヘラ描き鋸歯文は中期から継続するものですが、岩鼻式では希少ながら2期、場合によっては3期まで残ります。したがってこれをもって先行するとは考えません。

司会：浜田さんの今の説明で、朝光寺原式0、1というのはだいたい柿沼さんの岩鼻式2期古段階あたりに併行することになるのですか。岩鼻式1期新段階でもいいですか。

浜田：岩鼻式1期新段階がいいと思います。同じ基準でありませんが。

司会：そうすると浜田さんが4つに分けたものの最初がそのあたりで、2段階は岩鼻式2期終わりくらいになりますか。喜多見陣屋遺跡20住が相当すると思うんですが。柿沼さんの「編年対照試案」の2期古段階の最後に入っていますが。

浜田：それくらいでいいんじゃないかと思うのですが、柿沼さんの岩鼻式から吉ヶ谷式に変わる段階に、柿沼資料6の22の土器があるんじゃないかという話をされましたが、実はこのあたりの土器は朝光寺原式を出す遺跡にたくさん出てくるんですね。吉ヶ谷式の発生の段階にあるということなら、朝光寺原式との相関関係を今後もう少し煮詰めていくと追えるんじゃないかとも思います。ですから、もう少し動くんじゃないかということもあります。

6. 東海地方からの強い影響

司会：ありがとうございました。これまで南関東の諸型式の関係についてコメントをいただいてきましたが、実はもっと遠く、広い範囲の土器のことも考えないといけないわけで、菊川式に代表される土器などの分布地域である遠隔地とどのように連動するのかということも考えておく必要があります。安藤さんは口頭発表であまり触れていませんでしたが、今回の『予稿集』の

「混沌から秩序」に向けて

なかでは、東京湾岸から相模湾を考える前提としてよく考えておかなければいけないということで、菊川式の変遷について文様帯の変遷と変化についてまとめておられます。安藤さんどうですか。

安藤：菊川式に関しては、私より会場にもっと適任の方がいっぱいいらっしゃいます。今回『予稿集』では、菊川式・登呂式・雌鹿塚式の文様帯のあり方を構造的にとらえようとしてみましたが、同様の分析をすでに篠原和大さんが行っていたということを最近知りました。すみません。

安藤広道

　私は『予稿集』で、これらの東海地方の諸型式が、久ヶ原式とどういう接点をもち、さらにどのように文様の要素や文様帯のあり方を交錯させていくのかという点を整理しようと試みました。まだ充分に整理できたというわけではないのですが、そのあり方は、型式ごとに違っております。菊川式に関しては、大村さんの久ヶ原1式、松本さんのⅠ期、つまり後期初頭に、南関東地方に入ってきているかという点について、確実な証拠をまだつかんでおりません。それは、この時期の土器群に菊川式が共伴した例がないというだけでなく、菊川式の要素が取り入れられたような土器もないということです。久ヶ原2式古になっても、菊川式の要素をもつ土器はありませんので、少なくともこの時期まで要素の交換は起っていない。ただ、それは菊川式が存在していなかったのか、存在していたけれども要素の交換が行われなかったのかは、わかりません。確実に菊川式的な文様・装飾のあり方が、久ヶ原式にみられるようになるのは、久ヶ原2式新、もしくは山田橋1式の時期、画一的な久ヶ原式のあり方が崩れ始めた時です。その時期に久ヶ原式と菊川式・雌鹿塚式の要素が複雑に交錯し始めて、地域的な個性をもつ土器群が生み出される一因となりました。こうした久ヶ原式と菊川式等の要素の交錯は、房総半島ではあまり顕著でなく、時期的にも遅れるようです。

Ⅱ 討論の記録

篠原和大

　それと、『予稿集』には触れていないのですが、南関東に入ってくる西方の型式としては、当然、三河・西遠江の寄道式・伊場式も考慮に入れなければなりません。久ヶ原2式新に併行する時期に、相模地域にこれらの型式を用いる集団がまとまって移住してきますが、これらの土器も、やがて菊川式系の土器群のなかに取り込まれていって、やはり地域的な特徴をもつ土器群が生み出されてくる一因になったと考えています。

司会：今安藤さんの話があったのですが、会場の篠原和大さんにコメントを御願いしたいのですが。

篠原：西の方からみて、関東、とくに久ヶ原・山田橋式といった東京湾岸の土器は大分違うし、特徴的な土器だと思うのですが、その一方でそこに菊川式とその系統の土器が入ってきて、それとの区別がかなり難しくなっている部分があると思います。とくに武蔵野台地あたりでは、その辺をどう理解するのかという問題があると思うのですが。おおざっぱに三つほどにわけると、一つは東京湾岸の久ヶ原・山田橋式という系統、一つはさらに二つ、三つに分かれると思いますが北関東系の土器、櫛描文の中部高地系の土器群、これが実は登呂式と関係することがわかってきています。それから西の菊川式の系統、これはさらに天竜川の西側とは別ですが。この三つに分けるとすると、そのなかの菊川式が東京湾岸に入りこんでいるということです。そもそも東京湾岸の土器が菊川式と比べて何が違うのかというと、文様で言うと羽状縄文ですし、ナデ調整でもありますが、それはたぶん中期後半の宮ノ台式の新しい段階あたりから出てきて、それが後期をとおしてずっと続いていく。それが後期を通して沈線区画・結節文区画という風に変化していくわけです。やはり縄文を使うので混然としてしまうんですが、菊川式系統の土器はそれとはかなり違った土器です。小出さんの話ではそれらを除いて在来を考えて

みようという話だったと思うのですが、それからつながって変遷していく土器がたくさんあるので、その系統的な関係を抜きにして理解しようとすると、うまくいかないのではないかと考えます。東京湾岸の宮ノ台式から続く、前に「短い縄文の羽状縄文」ということを言ったことがあるのですがその流れ、それに対して菊川式などの「長い縄文」、それが後期に南関東に入ってきて、新しい段階で端末を結節する縄文が定着していくと思うのですけが、決して久ヶ原・山田橋式に同化しない。そのへんが東京湾西側にはあると思うのです。それだけではないと思いますが、そのへんを系統的にうまく別けることができれば、東の要素は、安藤さんの言われたようにずいぶん違ったようになるのではないかと思ったのですが。

司会：ありがとうございました。系統的にという点で文様要素そのものがどんどん入り込んで在来のものと融合していくというではなくて、そうではない形なんだけれど、実際は後期土器の文様構成に対しては別の形でインパクトを与える、元々あった構造を崩壊させて又再編させるのが東海地方の土器が果たしているのではないか。それが後期の土器の変遷に大きな影響を及ぼしている、ということかと思います。そういう観点から山田橋式の動きを安藤さんは考えて、大村さんに対しては安房形は違うんではないかということを述べられたわけですが、大村さんはどうでしようか。

大村：安房形はともかく、これは小出さんに振るべき話です。そういう話でいいですか。小出さんの編年は、いくつかの指標はあるのでしょうが、単純化すれば系統差としてとらえるべき帯縄文が2帯か1帯かという点が、新古に振り分けられてしまっているように私にはみえてしまいます。この段階は、誰でも多かれ少なかれ器形変化を指標としているわけですが、基本的な器形として1帯の地域というのは、雌鹿塚式の当初こそ頸部に文様帯をもちますが、2帯地域と比較すると、胴部に文様帯をもち、口頸部がしっかり屈曲し、口縁内面を見せて口縁部内面にも文様をつける。久ヶ原・山田橋式も最終的には胴部の球形化に至るのですが、頸部文様帯をもつことによって、口頸部の屈曲は弱く、球形化に至るスピードが明らかに違ってくる。こういった器形変化にも1帯か2帯かという系統差によって大きな違いがでてくるわけで

す。たとえば王子ノ台遺跡（本書128頁）YK2号方形周溝墓の共伴例も、これが別々に出てきたら新古に振り分けられてしまうのではないでしょうか。今回、外来系を除外していると言いますが、そうはいってもやはり系統差があり、外来系が在地化を繰り返していくわけですから、その整理を省くことはできないと思います。先ほど、小出さんの編年表で示された土器の出土遺跡を少し色分けしてみたのですが、古いものは武蔵でも南部にあり、新しいのがより北で出土しているという結果になってしまう。そこには、系統差が反映されているとみるべきであって、今回の区分は同意できない。

小出：最初の篠原さんの言われたことについてですが、他の地域を除外すると言ったのは、単純に言えば明らかなものは除くという意味です。たとえば安藤レジュメの第14図の王子ノ台遺跡の3つの土器からどれを除くかといわれたらどれも除かない。それぞれ1枚のカードを作ります。そのカードを分類して何枚集まるかは別としてですね。除くのはたとえば私のやった地域で登呂式があったら除くという意味です。それから大村さんの私の編年表のなかで古いところに東京南部の土器があって、新しいところに埼玉の土器があるということですが、これはたまたまのことに過ぎないと思っています。また、久ヶ原式の古い部分の土器が埼玉では出ていないということです。新しいのは全地域的に出ていますし、南の地域の土器が多くなってもいい話ですが、埼玉のほうが比較的揃っているし、遺物の量が比較的多い、遺構の数が多いので、編年表で多くなったという理由です。一つの遺構で文様帯の区分をしたので、それが本来の欠陥だと言われると私にはなにも言えませんが、これは単なる出土した遺物の量の偏りで、それ以上の意味はないと私は思っています。

司会：方法論上とか、系統の問題の認識の違いは、まだなかなか埋まらないのではないかと思います。

7. 大磯町馬場台遺跡第19地点の資料をめぐって

司会：今菊川式の話が出たんですが、今日の当日資料のなかに参考資料として神奈川県大磯町馬場台遺跡第19地点の資料（次頁参考資料）があるのです

「混沌から秩序」に向けて

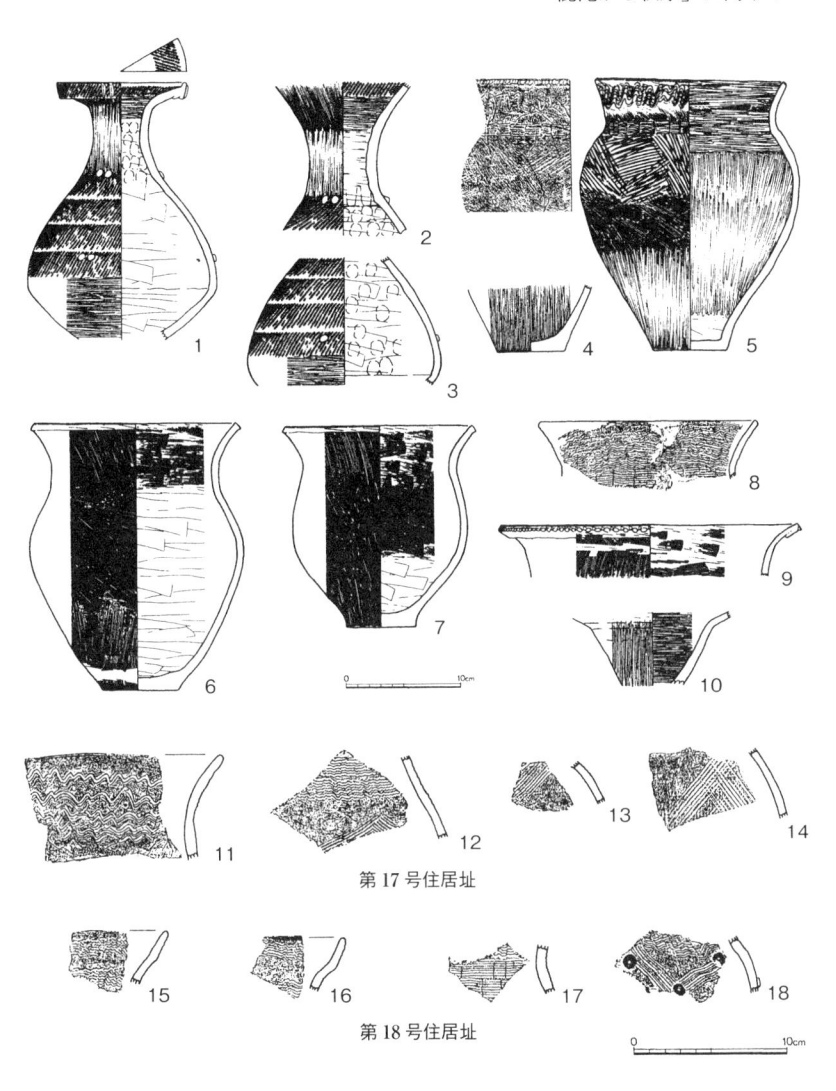

第17号住居址

第18号住居址

参考資料：神奈川県大磯町馬場台遺跡第19地点出土土器（一部）
「大磯町史10　別編　考古」大磯町 2007

II 討論の記録

立花実

が、立花実さんの資料かと思いますが、立花さん解説をお願いします。

立花：今日お配りした資料（立花当日資料）は神奈川県大磯町、相模川の西側ですね。海岸沿いの小さな町ですけれど、そこの町史を編纂するに当たって再整理したもので、20年前に掘ったものですが、報告書は出ていません。出土した土器を部分的に町史編纂のなかで整理したので、すべてをみているわけでもありませんし、床面出土の特徴的なものをピックアップして図化したものです。馬場台と書いて「バンバダイ」と読みますけれど、これまで30数カ所の地点を調査していますが、基本的には宮ノ台式から古代までいろんな時期のものが出ています。図に示したものは17号住床面から出土しているものですが、古代の住居に切られた住居の床面から出土した壺と甕です。壺は胴部上半を斜縄文で覆う受口状口縁、4、5、8は中部高地系の甕、9は久ヶ原式の古い段階の輪積みを1段残すもの、宮ノ台式の終わりのものがともなっている資料です。櫛描文の甕については、破片ですが小田原などでも出土していますが、共伴関係がしっかりしているのはここの資料だけです。神奈川県の西部でいくつか出土していますが、相模川の東からは出土していません。これに近い例としては甲府盆地の金の尾遺跡の、後期初頭あるいは中期末と評価されているものですが、これに繋がると考えています。さきほど安藤さんからは菊川式の影響自体は山田橋式以降ということでしたが、私自身としてはもう少し古く、菊川式は南関東に影響を及ぼしている例になりはしないかと思うので、詳しい方もいらっしゃるので、伺いたいと思って参考資料としてもってきました。

司会：おそれいりますが、篠原さん最初にお願いできますか。

篠原：鈴木（敏則）さんのほうが適任かと思うのですが、1・2・3はかつて二ノ宮式といっていた、菊川式の古い段階に置いている土器でいいと思いますが、鈴木さんに確認した方がいいと思います。その他はちょっと。

「混沌から秩序」に向けて

鈴木敏則：今、篠原さんの言われたとおりだと思います。1・2・3は、肩部から最大径よりちょっと上にかけて縄文を全面に施す土器です。これは二ノ宮式とかつて呼んだ様式で、菊川式の最古段階にあたります。1の口縁の折り返しですが、少し上に拡張しています。折り返しなら菊川式の段階のものとなりますが、複合口縁なら白岩式の影響を残すものかなとも思います。1～3については、菊川式の一番古い段階のものと認識してさしつかえないと思います。10の高坏もこの段階でいいと思いますが、口縁部と脚部を欠いていますので、個体としては菊川式なのか白岩式なのか判断がつきません。しかしこれも東遠江の土器としていいと思います。

大木紳一郎：私は群馬県の人間なのでちょっと自信がありません。5は甲府盆地の方に近いように思います。6・7の無文のハケ、口縁がそぎ落とされたような面とりのようなものとか、18の櫛描きの山形の頂部に円形の貼付文をつけるものは、たしかに金の尾遺跡にあったと思いますが、そう考えると後期初頭で一番いいかなと思います。

司会：関東のなかにいろいろな系統の土器が入っていることは、相模地方では前から言われてきていることで、多数の土器を目にして驚いているところです。それらを含

鈴木敏則

大木紳一郎

石川日出志

めた系統的な理解がますます必要になってくることが理解できたかと思います。今日はこれだけの長時間にわたって見解を深め、併行関係について話を深めていくことができました。最後にコーディネーターの石川先生からコメントを御願いします。

石川：とくにコメントを用意していませんが、最初に、今日の狙いということでお話をしましたが、やはり皆さんずいぶん考え方が違うのだなと僕は改めて感じました。それを解きほぐすには皆さん共通しているのは土器の系統をきちっと押さえて、その複合の状況等をきちっと整理しなくてはならないと。どのレベルまでなのかについては皆さん思いが違っていますが、基本線としては同じ方向を向いていると思いました。皆さんかなり無理なスケジュールのなかで御願いしました。コーディネーターとしてお詫びと御礼を申し上げます。また、今日、会場にお集まりの皆さんにお礼を申し上げます。ありがとうございました。

III 新たな枠組構築への試み

シンポジウム「南関東の弥生後期土器を考える」への期待と成果

小 倉 淳 一

はじめに

　今回のシンポジウムにあたっては、南関東地方後期弥生土器の諸研究に何らかの寄与があること、殊に編年的な枠組みに関して前進があることを大きく期待していた。個別に進行していた諸研究間の関係性や地域性に関する新たな知見がもたらされ、石川実行委員長が冒頭で「混沌」と表現した状況のなかにも、一筋の光明を見いだすことができるのではないか、具体的には武蔵内部の編年序列の再検討と新案の策定がなされ、南関東地方の諸地域に特徴的に分布する地域的な諸型式間の並行関係にも一定の見通しが立つのではないか、そしてより広域的な並行関係にも新たな視点がもたらされ、接近がなされるのではないかと考えていたのである。発表者諸氏による多様な観点から書かれた予稿を読み、当日の発表・討論を経た現在になってみると、当初のもくろみを超えた成果を得た点、そこまでに届かなかった点、思いがけない展開を感じた点などが塊のように残されている。本稿では当日の進行を務めた立場から、シンポジウムに対して筆者が期待していたことおよび成果となり得たことを中心に論じておくこととする。

武蔵を中心とした後期土器の細分に関して

　基調報告となる小出氏の発表は、2004年に開催されたシンポジウム『南関東の弥生土器』(石川ほか編2005) で提示され議論された比田井克仁氏による枠組み (比田井2005) の内実が武蔵ではどのように描けるのか、比田井氏の構想の当否を含めて第三者の立場から立論を試みたものであった。比田井氏とは別の立場に立つ大村直氏によって市原台地を中心に策定された山田橋

III 新たな枠組構築への試み

式(大村 2004a)を中心とする土器変遷過程に対し、武蔵の側から別の枠組みの提示が期待されるものであったが、事実上未消化に終わっている。小出氏は大村氏の久ヶ原式―山田橋式の理解に関して、大村氏の提示した市原台地の久ヶ原式の存続期間が非常に短いと考え、自身は壺形土器の文様構成から武蔵の久ヶ原式を 5 細分し、次いで弥生町式[1]、前野町式と変遷することを構想した。しかし、提示された資料の系統に対する扱いに問題を残しており、武蔵の土器変遷に認められる複数の系統の諸関係を十分整理するには至らなかった。すなわち、小出氏は資料集成・分析の過程で岩鼻式や吉ヶ谷式の諸属性をもつ土器を分離したほかに、登呂式など東海系の属性を有する土器も分離したうえで武蔵の変遷を考察したと述べているが、どの属性をどのように認定・分離し排除していったのか、資料の操作過程が明示されていない。また、大村氏から指摘があったように、小出氏の提示した久ヶ原式はかなり広い武蔵内部の地域差を時期差と誤認している可能性も高い。同様に器形、文様の帯数などの諸側面から土器の系統関係を示す構造を再検討する必要があることも明らかだろう。

　比田井氏の提示した大枠としての武蔵内部の土器変遷に接近していくためには、別の途を取る必要がありそうだ。それは、武蔵が(様式的な括りのなかで便宜的に一つの範囲として機能することを期待しつつも)全体として等質に変化するとみることを諦め、武蔵内部をさらに細別して各々を検討していくことである。これはすでに松本氏(松本 1996)や黒沢氏(黒沢 2003)らによって着手され、前回のシンポジウムでも検討の俎上に上ったことであるが、武蔵内部の諸地域における差異を問題にし、さらにその内実を明らかにする努力が求められよう。その際には他地方・他地域からの系統を有する土器の流入と影響関係が諸地域にどのような影響を及ぼすのかも充分に見極めねばならない。武蔵が南関東の地理的な中心となっており、東海地方からの土器流入も顕著であると認めざるを得ないことから、詳細な検討にはさらなる時間がかかるものとみられる。安藤広道氏の言うように型式学的検討の面目躍如たる成果を期待したいところである。同じことは上総・下総に対しても言えるのであり、武蔵全体と市原台地とではフィールドの大きさが異なることも前

シンポジウム「南関東の弥生後期土器を考える」への期待と成果

提として理解しておきたい。

市原台地の弥生時代後期土器

今回は2004年のシンポジウムの際に注目された山田橋式について、設定者である大村直氏からその内容の紹介と解説があった。久ヶ原式の成立段階、山田橋1式の成立とその特徴、さらに安房形壺の変遷と東京湾形壺との相違など、ここ数年間の成果について要点を押さえた形でまとめられたものである。狭い地域を扱った成果であることを前提にしても、市原台地を対象とした認識の大要について報告を受けたことは、南関東地方の該期土器を理解するうえで重要であった。各地の土器変遷を論じるべく登壇された諸氏のうち、小出氏を除く各氏は山田橋式を軸とした並行関係を南関東の諸地域でどのように構築するかを意識して論じていたことからも、その重要性をうかがうことができよう。

山田橋式の設定の前提には市原台地縁辺部に於ける散漫な集落展開状況を反映した比較的客観的な土器変遷過程の動態把握が可能であるという見通しがあった。大村氏は「外来系土器が在地化を繰り返すような相模から荒川流域に至る地域に比べると、上総地域は方法論的にも実態論としても、さほど難しい地域ではない」と述べ、「相模湾から荒川流域に至る東海系土器の問題、それが集団移住というかなり具体的な事実をもって検証されつつある…(中略)…それと対極とは言わないまでも、房総半島の土器というものはそれらと異なる土器相を示している」と述べている。東海地方からの大きな影響を被っている相模・武蔵に比して、上総とくに市原台地においてはより単純な土器相を検討することが可能であるとしているのである。このことはすでに多くの論者の共通認識となっているところであろう。山田橋式は現在の南関東地方における後期弥生土器を考えるうえで指標となりうる変遷過程を示していることが再認識され、勢い司会者もその点に集中するあまり大村氏に多くの発言を求めることとなった。氏にはさらなる負担を強いることになったが、当初期待した以上の多くのコメントをいただき、山田橋式に対する理解がさらに深まったことは成果であろう。ただし、司会者としては大村

Ⅲ 新たな枠組構築への試み

氏の構想を多角的に検討するためのリードが不十分であったと反省している。

久ヶ原式成立と結節文の衰退

　大村氏の述べる久ヶ原式の成立に関しては、会場からの質問も含め議論が生じた。久ヶ原式の成立をどこからと理解するかについて期待が高まり、その話題の中心となったのは椎津茶ノ木遺跡の資料である。まずはこれが宮ノ台式か久ヶ原式かという位置づけの問題から論じはじめ、後期初頭の区分方法や系譜の問題におよぶこととなった。資料の一括性の問題や近年の松本完氏の編年論（松本 2008）との関係について松本氏も交えたやりとりがあった。こうした議論は今後さらに深めていくべきであろう。その中で会場から発言した鈴木正博氏は大村氏に対して、椎津茶ノ木遺跡において結節文系統の土器が出土していることから、（異系統である）久ヶ原式の区画沈線文が市原台地周辺にもたらされ、あたかも結節文系統を断ち切るように一般化することの背景には何があるのか、山田橋式で顕在化する結節文はいかなる系譜の下にあるとみるべきなのかと問いかけた。この問題は市原台地とその周辺の実態のみから解決できるものではなく、より範囲を広げた検討を必要とするものであろうが、質問そのものは興味深い。久ヶ原式の単純な羽状縄文と沈線区画の壺形土器の分布が東京湾東岸地域（上総）と三浦半島に中心をもち、出自もその近辺に求められる（比田井 2005）とすれば、安房形壺にみられる影響関係のごとく、何らかの契機が市原台地を含む上総周辺で生起した可能性もあろう。しかし、鈴木氏は久ヶ原式の成立が人の移動も含めた外来的要素の導入であるととらえ、大村氏も慎重な言い回しながら久ヶ原式成立期に人の移動が存在したと述べている。この場合、久ヶ原式の起源と展開を何処に、どのように求めるべきなのであろうか。また、結節文系統の土器がいかなる展開の下で山田橋式に至るのだろうか。今回は深く立ち入ることができなかったが、後期土器の成立に関する問題が再び提起されたことは記憶しておかねばならない。

シンポジウム「南関東の弥生後期土器を考える」への期待と成果

安房形壺の影響関係に対する批判

今回の大村氏による山田橋式の成立と展開に関して、とくに装飾壺の系譜の問題から切り込んだのが安藤広道氏であった。氏は南関東に存在する土器のもつ様々な情報を構造的に理解し、個々の要素を充分に定義していけば、その把握が可能であるとの立場にもとづき、松本完・大村直両氏の研究を批判的に継承するという方針の下で、東海系土器を含む土器群を分析するための自らの方向性を示した。具体的には、久ヶ原式・山田橋式の文様構造（KY基本構造）の成立と崩れ、再進行といった変遷を問題とし、そこに地域外からの土器の関与を見通すもので、南関東諸地域の相互関係について論じている[2]。そして地域的な文様構造の展開例として装飾壺をとりあげ、胴部に施される文様要素が交代しながら地域的な土器が形成されていく過程を追っていった。大村氏や黒沢氏が主張するように南房総の土器が主体的に作用して東京湾の装飾壺を生み出すのではなく、漸移的な変容の主体性はそれぞれの地域の側にあることを強調したのである。そして南関東各地における文様構造の展開に一定の見通しを示している。

安藤氏は安房形装飾壺の分布範囲が広く、かつ鴨川・館山方面の土器と木更津・富津の土器を同一の系譜上にあると理解することが困難であるとして、久ヶ原式的な画一性が崩壊していく過程において、各地で文様要素の交錯や基本的な構造からの脱却が生じていると理解している。武蔵北部における岩鼻式から吉ヶ谷式への文様要素の交代なども、こうした動向に準ずるものであるとみる。これに対して大村氏は安房形装飾壺の範囲としたものが暫定的な理解であることを認めながらも、久ヶ原式からの変化を大きな段階差として認識しており、そこに外部からの影響を認めるべきであることを含意している。両者の議論によって、房総半島の土器の役割、後期土器の展開に関する認識が一元的ではないことが示され、地域的な様相の把握がますます重要になりつつあることが明らかになってきたのである。

下総における久ヶ原式・山田橋式との接点

髙花宏行氏は久ヶ原式・山田橋式に近接する地域として、下総側から土器

Ⅲ 新たな枠組構築への試み

の並行関係についての発言と検討を行った。髙花氏は印旛沼周辺を対象とした土器の変遷と諸関係の整理を精力的に進めており（髙花 2007）、利根川以北の土器との対比にも積極的に取り組んできた。今回とりあげた問題は 2006 年に開催した八千代市栗谷遺跡と印旛沼周辺の弥生土器をめぐるシンポジウム（シンポジウム「印旛沼周辺の弥生土器」実行委員会編 2006）の前後から課題となってきたことであるが、東京湾岸に展開する土器群との対応、とくに山田橋式との関係について氏が主体的に言及したのは初めてであり、その内容が注目された。

今回は髙花氏が 4 期に区分した印旛沼周辺地域の土器変遷過程を基軸に、それに伴う久ヶ原式・山田橋式等東京湾岸系統の土器を集成し、対比を試みている。シンポジウムにおいては大村氏の見解（大村 2007）との整合性を検討・確認したことで、並行関係の一端を共有することに成功した。髙花氏が後期前半としたⅠ期・Ⅱ期のうちⅠ期については共伴の様相が不明確ながらも、沈線区画帯縄文による山形文施文の装飾壺が伴うⅡ期は大村の久ヶ原 2 式後半期から山田橋 1 式に並行する可能性が高いこと、後期後半としたⅢ期には結節文区画による装飾壺や高坏が共伴し、さらなる検討が必要であるが、それらが山田橋 2 式に対比されうることなどが明らかにされた。隣接する地域でありながらこれまで並行関係の認定が困難であった両地域が、新しい枠組みの下で相互に資料検討の可能な段階に入ったことは今回の成果として重要である。

また、髙花氏が後期前半代（髙花氏のⅠ期あるいはⅡ期）に位置づけた南羽鳥谷津堀遺跡 A 地点 2 号土器棺墓棺身土器については、朝光寺原式・岩鼻式との関連が注目され、長尾台北遺跡 14 号住出土土器との対比を経たうえで、朝光寺原 0 式あるいは岩鼻式 2 期古〜新段階に並行するものとみられている。浜田・柿沼両氏の編年上の見解が異なることもあり時期の確定は困難であるが、南関東の諸地域間をつなぐ鍵として良好な資料の提示がなされたことも記しておきたい。

シンポジウム「南関東の弥生後期土器を考える」への期待と成果

朝光寺原式と共伴資料

　浜田晋介氏による朝光寺原式土器の時系列的整理とそれに共伴する土器の提示によって、鶴見川上流域を中心にした弥生時代後期土器の編年的位置づけを今日的に評価することができるのではないかと期待していた。浜田氏はこれまでの論考（浜田1995・1999）を基盤として、受地だいやま式および朝光寺原0式から4式まで全体を6分類し、通時的な流れを提示しつつ、朝光寺原1式・2式両者に小出氏が久ヶ原式1期とした壺形土器が伴うことを指摘するとともに、朝光寺原3式までは沈線区画の縄文帯を有する壺形土器が共伴し、終末期にあたる4式で結節文主体の土器が顕著になると述べている。一見結節文土器の出現が遅すぎるようにみえるが、朝光寺原3式の編年的位置が多様な区画文の存在する山田橋1式と並行するものであれば、沈線文を区画文とする壺形土器と共伴していることも理解できるかもしれない。資料的制約の大きいなかでの共伴資料の検討作業にはご苦労の多かったことと拝察するが、変化の方向性には山田橋式との間に大きな矛盾はなく、ここでも順当な変遷過程と並行関係の一端を見ることができたことには意義が深い。

　論点となったのは、先述した長尾台北遺跡14号住出土土器の扱いが柿沼幹夫氏と異なっており、床面出土土器を抽出したうえで喜多見陣屋遺跡出土土器（破片資料）とともに朝光寺原0式としたことである。柿沼氏は同資料を岩鼻式2期古段階としていることから、この認識差を埋めるためには類例の登場を待つ必要があるかもしれない。

岩鼻式・吉ヶ谷式からみた南関東

　柿沼幹夫氏による岩鼻式から吉ヶ谷式にかけての編年試案は、武蔵北部の該期土器とその並行関係について良好な知見をもたらした。北武蔵における弥生土器研究を牽引して来られた柿沼氏は、今回「試案」としながらも岩鼻・吉ヶ谷式と朝光寺原式を中心とした編年比較対照表を提示され、大方の理解を助けることとなった。比田井氏の編年案（比田井1997・1999）および山田橋式（大村2004a）なども採り入れながら、1990年代以降の岩鼻式・

Ⅲ 新たな枠組構築への試み

吉ヶ谷式土器の編年研究成果が投影された対照表によって、あらためて武蔵北部を中心とした情報が整理されたといえるだろう。長尾台北遺跡14号住の評価をめぐる浜田氏の認識との違いも指摘されるが、今後の建設的な議論の端緒は確保されたものと理解しておきたい。

今回の変遷案の提示において柿沼氏は画一的な岩鼻式が他の要素を採り入れて吉ヶ谷式土器の確立をみる時期が山田橋式土器の形成期に相当すると主張したが、大村氏が「よくながれているな、一致しているなと聞いていた」ことは、山田橋式との関係を含め、柿沼氏が東京湾岸の動向と連動する北武蔵の土器を充分に把握していた結果であろう。岩鼻式から吉ヶ谷式への変容を契機に、羽状縄文帯の壺や輪積甕など東京湾岸の影響を受けた諸要素が取り込まれていくことは、今後武蔵の編年を地域的に再構築する際の鍵になるかもしれない。なお、シンポジウム後に柿沼氏は当日の追加資料に示した高坂二番町遺跡出土資料をもとにした吉ヶ谷式土器の成立に関する論考を追加し、より確実な変遷関係を構築しつつある（柿沼ほか2008）。

東海地方との関係をめぐって

弥生土器の系統的な理解を進めていくためには他地方からの関係を整理する必要があり、南関東に対する影響関係とその時期について広域的な視点からの議論の進展に期待していた。これについては前述のように安藤広道氏によって、白岩式・菊川式系統の土器、登呂式・飯田式・雌鹿塚式系統の土器が南関東地方の土器に影響を与え、文様構造の変容を導くことが発表要旨に示されている。篠原和大氏の論考（篠原2006）との関係もあったためか口頭発表では多くは語られなかったが、広域的な影響関係の背景にある東海系土器の動向に関して両者の間に共通の認識があることがわかる。討論のなかで安藤氏は久ヶ原式の画一性が崩れ始めた時期に菊川式・雌鹿塚式系統の文様要素が影響を与え、要素の交錯や交換から多様な土器の成立をみたことを述べている。会場からコメントした篠原氏は菊川式系統の要素である端末結節縄文の南関東への定着の特質に言及し、大村氏からは文様帯数や東海系の器形から導かれる系統差に着目して土器を整理する必要性が強調された。武蔵

を中心とした分析に対する視点としても重要であろう。

おわりに

　前回2004年のシンポジウムから3年余を経て、比田井・黒沢両氏の議論や南関東全体を対象とした枠組みの内実をどのように求められるのかという当初の関心は、当該研究が武蔵を中心とする新しい後期編年案の構築へと動き出すであろうことへの期待へと連動しながらシンポジウム当日を迎えたわけであるが、発表と討論を経ることで、あらためて武蔵を扱うことの難しさを再認識するに至ったところである。

　当日の司会という立場からは、展開に苦慮する場面が多々生じた。作業内容に不透明な部分の多く残る基調報告を軸にして進行するわけにはいかなくなったこともあるが、武蔵の後期弥生土器に関する限り、これが司会者の守備範囲と能力をかなり超えた領域であることは間違いなく、小出氏の考える久ヶ原式から弥生町式へという枠組みも充分に議論・検討することができなかった。結果として東京湾東部から睨みをきかせる大村氏に負担をかけることになったことに反省はしているが、比較的まとまった地域を扱い型式学的にも隙のない組み立てを行っている氏の構想は、今後とも武蔵内部の検討に対して大きな影響を与えるであろうことをあらためて感じた次第である。また、武蔵の編年が一部で成立していながらも、武蔵全体を対象とした諸関係の構築にはまだ時間がかかることが再度明らかになった。松本完氏らの業績にも充分に触れることが叶わなかったことも反省点の一つである。さらに、装飾壺の検討にみられるように、後期社会の内実につながる諸関係の系統的認識には論者によって見解が異なることも明らかになった。東海系統の土器も含んだ形でより広い範囲がどのように動いているのか、さらなる検討と議論が必要であろう。

　諸関係の構築と認識に向けた新しい成果もあった。今回は、東京湾を取り巻く諸地域のなかでも、「周辺地域」と考えられてきた諸地域での編年研究が進行し、岩鼻式・吉ヶ谷式、朝光寺原式、印旛沼周辺の土器群などが相互に関連資料を検討する基盤がさらに整ってきたことを感じる。地域研究の進

Ⅲ 新たな枠組構築への試み

展による新しい成果は武蔵を映し出す鏡となると同時に、南関東を総合的に理解する際に特徴的な視点を提示することだろう。「周辺地域」ではそれぞれ次第に研究が深まりつつあり、久ヶ原・弥生町式に物申し始めているのである。

当日ご来場の多くの皆様に有効な視点を提示できたかどうか、はなはだ心許ないところではあるが、シンポジウムに登壇された発表者諸氏、会場からコメントをいただいた多くの方々に感謝するとともに、コメントを取りそびれた皆様にも深くおわび申し上げ、さらなる議論の進展に期待する次第である。

(2008.9.30)

註
1) 小出氏は弥生町式土器について、弥生町遺跡出土土器を基準にした、概念的には狭いものであることを表明している。
2) 後述するように、発表要旨には白岩式・菊川式・登呂式・飯田式・女鹿塚式など東海地方の諸型式との影響関係をも交えている。

参考文献
石川日出志・伊丹徹・黒沢　浩・小倉淳一編 2005『南関東の弥生土器』考古学リーダー5　六一書房
大村　直 2004a『市原市山田橋大山台遺跡』市原市文化財センター調査報告書第88集　市原市・市原市文化財センター
大村　直 2004b「久ヶ原式・山田橋式の構成原理　東京湾岸地域後期弥生土器型式の特質と移住・物流」『史館』第33号　史館同人
大村　直 2007「山田橋式補遺」『西相模考古』第16号　西相模考古学研究会
柿沼幹夫 1997「岩鼻式と吉ヶ谷式土器」『弥生土器シンポジウム　南関東の弥生土器』　弥生土器を語る会・埼玉弥生土器観会
柿沼幹夫・佐藤幸恵・宮島秀夫 2008「岩鼻式から吉ヶ谷式へ —東松山市高坂二番町遺跡第1次第12号住居跡出土土器をもとに—」『国士舘考古学』第4号　国士舘大学考古学会
黒沢　浩 2003「神奈川県二ツ池遺跡出土弥生土器の再検討」『明治大学博物館研究

紀要』第 8 号　明治大学博物館

小出輝雄 1983「『弥生町式』の再検討」『人間・遺跡・遺物』　文献出版

小出輝雄 1992「円乗院式施文の評価とその位置」『人間・遺跡・遺物』2　発掘者談話会

篠原和大 2006「登呂式土器と雌鹿塚式土器 ―駿河湾周辺地域における弥生時代後期の地域色に関する予察―」『静岡県考古学研究』38　静岡県考古学会

シンポジウム「印旛沼周辺の弥生土器」実行委員会編 2006『シンポジウム「印旛沼周辺の弥生土器」予稿集』

髙花宏行 2007a「『臼井南式』と周辺土器様相の検討」『研究紀要』5　（財）印旛郡市文化財センター

髙花宏行 2007b「印旛沼周辺の後期弥生土器と栗谷式土器」『月刊考古学ジャーナル』2007 年 4 月号　ニュー・サイエンス社

浜田晋介 1995「朝光寺原式土器の成立過程」『史叢』第 54・55 合併号　日本大学史学会

浜田晋介 1999「朝光寺原式土器の成立をめぐって」『川崎市市民ミュージアム紀要』第 11 集　川崎市市民ミュージアム

比田井克仁 1997「弥生時代後期における時間軸の検討」『古代』第 103 号　早稲田大学考古学会

比田井克仁 1999「弥生後期南武蔵様式の成立過程」『西相模考古』第 8 号　西相模考古学研究会

比田井克仁 2005「テーマ 3. 後期土器の地域性久ヶ原・弥生町式の今日 ―報告（1）」『南関東の弥生土器』考古学リーダー 5　六一書房

松本 完 1996「出土土器の様相と集落の編成」『早稲田大学安部球場跡地埋蔵文化財調査報告書　下戸塚遺跡の調査　第 2 部　弥生時代から古墳時代前期』　早稲田大学

松本 完 2008「武蔵野台地北部の後期弥生土器編年 ―埼玉県和光市午王山・吹上遺跡出土土器を中心として―」『埼玉の弥生時代』　六一書房

いくつかの訂正と補足・反論

小 出 輝 雄

1. 訂正、補足（言い訳）

　私の発表や討議時に明らかな間違いや不十分な部分があったので、ここで訂正と補足をしておきたい。

①間違いの部分であるが、当日発表と『予稿集』第1図に三浦半島を旧武蔵国とした。これは私の思い違いで、もちろん正しくは相模国である。

②「当日資料」第6図の「変遷表」の中で、「久ヶ原式5」に置いたC1bを、頸部を中心とした屈曲の度合いを考えて、その上の「久ヶ原式4」の段階に置きたい。

③シンポジウムの討議での、各パネリストの質問に対する私の発言の補足である。時間を追って補足していきたい。

　まず、最初の大村直さんの「武蔵野台地東部から荒川流域は下戸塚編年である程度カバーできるが、菊川式を含めて、私の発表では出てこなかったのでどう整理しているのか」に対して、私は「在地の土器をやってから、そのあたりをやっていく」というものであったが、理解いただけなかった。たぶん会場にいたほとんどの方にも。

　私は、大村さんの言われる地域の土器は下戸塚遺跡の編年ではカバーできないと思っている。下戸塚遺跡や午王山遺跡などは、菊川式などが大量に出土していることから、それらの土器群の評価、位置づけなどをしないままに、過大に評価することは本来の在地の土器様相を見失い、それらの遺跡が存在する地域全体の実態を見失う恐れがあるのではないかと考えている。そのため今回の私の編年を考える中では、下戸塚遺跡の編年を重要視せず、個々の住居の中の他地域の土器やそれらの影響を強く受けた資料を除いて使うこと

に止めたのである。このような土器を除いたものを、私は「在地の土器」と考えている。もちろん、下戸塚遺跡や午王山遺跡の価値を否定するつもりはないし、菊川式系などと在地の土器群との関係についても、今後検討していかなければならないことはもちろんであるが、それはいつか在地の土器様相の検討に目処がついてからである（在地の土器とは何かという問題はどこまでものこる。いつか解決したいと考えている）。

　大村さんの質問で、私の当日資料の中に書いた「久ヶ原弥生町式の系統をもっているから久ヶ原式だというのは、哲学的でよくわからない」という点について。これは、前半の「久ヶ原弥生町式」というのは『弥生式土器集成』でいう久ヶ原式と弥生町式のことで、後の「久ヶ原式」は私の今回の発表でいう「久ヶ原式」という意味で用いたものである。私の今回の発表で、『弥生式土器集成』の型式概念を用いずに、そこで言われる土器のほとんどを「久ヶ原式」としたことが、多くの皆さんの混乱を招いたものであろうが、私のいう「久ヶ原式」に変わる適当な名称があればそれにこしたことはないのであるが、それは存在しないし、かえって不適当と考えた。以降『弥生式土器集成』のような久ヶ原式と弥生町式が後期のほとんどを2分割又は3分割する考えに対し、後期のほとんどを久ヶ原式と考える考えを「汎久ヶ原式」とでも唱しようか。さらに混乱をかさねることになるのであろうか。

　篠原和大さんは「菊川式の系統の土器から変遷していく土器をどう区分するのか、できるのか」とご指摘と疑問をいただいた。私が「除外する」のは「明らかに他地域から搬入されたもの」、「他地域の手法、たとえば櫛歯状工具による擬縄文、沈線文を持つもの」などを除外するのであって、それ以外の土器は区分の中に入れている。なお、「除外」というのは考慮しないということではなく、認識はしているが分類区分の番号はつけないという意味であって、私は菊川式系などの影響を受けたものなどを視野の中に入れているつもりである。理解いただけなかったかもしれないが、その部分の説明の不十分さがあったと反省している。

　大村さんは「編年表の古い方に東京のもの、新しい方に埼玉のものという結果になることは同意できない」ということであった。私が編年表に示した

III 新たな枠組構築への試み

土器は、私が区分した土器の中で完形品で全形がわかり、それができるだけ明確に土器区分の特徴を表すものとして選んだもので、たまたまその様な傾向になったもので、南の地域の土器も入れるように努めたつもりである。その選び方が完全に適切であったというつもりはないが、これをもって「同意できない」根拠とされても、私にはそれ以上の説明のしようがない。私としては、今回の対象地域の土器を考えた上でこのような傾向を持つに至ったこと自体が、今後の研究の材料になると思われるのである。もちろん対象地域内に存在するいくつかの地域性を明らかにすることが前提であったのだが。

2. 反論1

大村直さんは久ヶ原式・弥生町式には学史があって、それなりに用いられてきた背景がある旨の発言をされ、私の編年（案）に疑問を呈した。しかし、大村さんは『弥生式土器集成』の「弥生町式」を用いないで、「山田橋式」を作業過程であるとしても提唱し、使用されていることが、氏の言うその学史又は『弥生式土器集成』の概念から大きく外れているのではないか、ということが私の「山田橋式」に対する根底の疑問である。また、久ヶ原弥生町式並行論を推進した一人でもある大村氏が、なぜ今「山田橋式」の前に久ヶ原式を単独で置くのか、又は久ヶ原弥生町式並行論を「捨てた」のか疑問であった。氏の「山田橋式」についての論考をみても、南関東全域をカバーしているはずの『弥生式土器集成』の「弥生町式」を用いるのではなく、「山田橋式」を使用するのか等についての説明はまったくされていない。

さらに、今回のシンポジウムでは発表・討議を含めて、大村さんの「山田橋式」が正しいという前提で進められたと感じた。しかし、私には「山田橋式」の位置づけなどが正しいことを、誰かが追認又は証明したことを、寡聞にして知らない。討議の中で、会場から「山田橋式」についての異論と思われる意見の一部が鈴木正博氏より提起されかかったが、それは暗示のままで終わった。

私は、現状で広く使用されている「久ヶ原式」、「弥生町式」という名称を否定するつもりはないが、ここらあたりで『弥生式土器集成』の久ヶ原式・

弥生町式という概念から解放される必要があると思っている。これまで用いられてきたそれら2型式が、共存することがあるという一般的事実（過去に席巻した久ヶ原弥生町式並行論の成果も含めて）から、後期の多くの時間を占める型式を、「弥生町式」とされてきた土器を含めて、すでに広く使用されている「久ヶ原式」（汎久ヶ原式）という名で代表させ、南関東の各地に厳然と存在する「系統性と時間的位置を持った土器群」を「〇〇式」として、とりあえず仮称したらどうか。

私の場合は、南関東の後期のほとんどの時間幅を占める土器群を「汎久ヶ原式」とし、その次期に（地域限定の狭い範囲で）「弥生町式」が存在するというのが、これまでに述べてきた基本であり、今回のシンポジウムに臨む基本姿勢であった。つまり、その仮称名称の一つが「山田橋式」（ただし、時間幅については問題があると思っているが）や「二ッ池式」、「健田式」であり、汎久ケ原式の次の段階に「弥生町式」もあるということである。これに対して、司会者が「弥生町式以前を一体のものと考えるのは次元が違う」との発言があったが、それは『弥生式土器集成』の一般的な理解であろうとも思う。それが現状であるとともに、最大の問題点なのである。このままでは研究は停滞・混乱したままで、それ以上の発展はないというのが私の見解である。

3. 反論2

前項までは久ヶ原式・弥生町式についての、私の基本的な考えを述べてきたが、その他の残された問題についてもここで述べておきたい。

久ヶ原式の始まりについてであるが、椎津茶の木遺跡出土資料については上総地域での話なので、ここではふれない。また、中期と後期の境をどこにおくかという議論もしない。久ヶ原式生成の問題と別の議論が必要になると思うからである。

久ヶ原式が生成した地域として、まず考えられるのは久ヶ原遺跡周辺であろう。しかし、今のところこの地域で発生したと推測できるような資料は確認されていない。久ヶ原式の典型例は久ヶ原遺跡でも出土しているが、そこには宮ノ台式と繋がるようなものはないようである。武蔵野台地の広い地域

III 新たな枠組構築への試み

は早くから都市化がすすみ、住宅地化してきたが、これまでにそのようなものがまったく発見されていないというのも不思議である。

久ヶ原式の認定基準を、甕の口縁部を折り返して複合にする、壺形土器における縄文帯を沈線区画するということを大きな特徴としておこう。そこで考える必要がある地域として、三浦半島の基部地域にあたる遺跡群である。具体的には鎌倉市手広八反目遺跡や台山籐源治遺跡などである。これらには、さきに久ヶ原式の認定基準とした、甕の口縁部を折り返して複合にする、壺形土器における縄文帯を沈線区画した土器が存在する。三浦半島ではそのようなものはないようであり、その他の地域でもまとまった出土例はないようである。これらとの久ヶ原式とのつながりについて研究の必要があるのではないだろうか。

ここではそのように久ヶ原式の成立と関連が強いと思われる地域として三浦半島基部地域を一つとして考えたが、それは別としてもどのように南関東の各地に定着していったのかが大きな問題となるのであるが、それを検討するのは別稿でもう少し検討していきたい。

4. 反論3

地域性の存在である。私の『予稿集』第1図で示した「大宮台地」、「武蔵野台地北部、中部、南部」、「神奈川県域」はそれぞれのもっている土器の様相が異なることから、これらには地域差が存在すると私は思っている。さらに大宮台地の南部と北部、神奈川県域の横浜市域南部から川崎市地域と三浦半島はそれらの中でも、さらに様相が異なっている。それは筆者の『予稿集』の資料をご覧いただければご理解いただけるものと思うが、これらを汎久ヶ原式として統一して括れるものかということが問題としてある。久ヶ原式の代表的な特徴である（台付）甕の口縁部を折り返して複合にする、壺における沈線区画された羽状縄文は西相模地域を除いて、南関東各地に主体的に存在していることが認められることから、この地域における土器を汎久ヶ原式としてまとめることができよう。これらはもっと詳しく地域差やその年代差とともにそれにともなう範囲の変化など、多くの問題をもっているがこ

こではそれを前提として述べていくことにする。

2項で述べたように、私は後期の多くの時間を占める型式を汎久ヶ原式という名で代表させ、南関東の各地に存在する「地域性と時間的位置を持った土器群」を「○○式」として、地域性と狭い時間的幅をもった「小」型式として仮称したらどうかと述べた。その仮称名称の一つが「山田橋式」や「二ッ池式」、「健田式」などであると思っている。それらのあるものは時間的に長く存在し、地域的にもある程度広い地域に存在するものもあるだろうし、短い時間に狭い地域にのみ存在するものもある。このような多様なあり方の土器群が様々に組み合わさって、南関東の後期の長い時間に、私が汎久ヶ原式としている時期に複雑に存在していることが、後期の土器研究を複雑にしているのではないかと思う。それらの小型式は汎久ヶ原式に続く時期にも続くものもあり、その一つが弥生町式で、それに併行する段階のものも当然ありうると考えている。同様にいわゆる「印手式」や岩鼻式、吉ヶ谷式、朝光寺原式などは汎久ヶ原式とともに南関東に分布する型式であり、汎久ヶ原式の中にさらに小地域を占める型式があると考えられないだろうか。私には今その具体的な姿を述べる事はできないが、今後そのような方向で少しづつ明らかになっていくと思われる。

5. まとめ

以上、私の当日の発表の不備を多少とも補うつもりで、言い訳を中心として述べてきた。そこで述べてきたのは理念で、新旧を決定した基準は何かという司会者らの質問にも答えるものともなっていない。それに答えるには紙幅が足りない。今回はそれ以前の、私の考えている汎久ヶ原式、弥生町式というものを述べるのが優先すると考えたために、それらに関することを中心に述べてきた。私の考えのこの基本を理解いただけないと先には進めないからである。大方のご理解を賜りたい。

南関東弥生後期土器雑感

浜田　晋介

　今回のシンポジウムにおいて摘出された問題はいくつかあるが、このうち筆者に課せられた、朝光寺原式土器にかかわる問題として、二つの点を備忘録として記しておくこととする。

1. 朝光寺原式土器との供伴関係からみた久ヶ原式土器の様相

　朝光寺原式土器に伴う、久ヶ原式土器の問題については、今回のシンポジウムでの眼目の一つであった。しかし、供伴する資料数が少ないこともあり、多くの事例を提示することはかなわなかった。ただし、一つの見通しとして、中期後半から引き継がれる、口縁から頸部にかけて単節斜縄紋が施紋される沈線区画の土器（小出分類O1a、O1b）が、筆者の朝光寺原1式と2式に供伴する可能性が高くなったことは、今後この土器を利用して後期の編年の位置づけに寄与できるのではないかと考える。この土器は朝光寺原式2式までに伴うことから、型式的には短い期間で消えてしまうか、型式変化される土器ととらえることが可能であり[1]、今回のシンポジウムでも小出氏以外にも大村直氏の編年中、後期前半「久ヶ原1・2式古」「久ヶ原2式新」に組み込まれている型式である。その意味でも久ヶ原式前半期の位置づけを示す、基準となる土器ではないかと考える。

　仮にこの土器が後期前半にだけ出現する型式であるならば、この土器を媒介にして他地域とのクロスデーティングが可能になる。具体的には千葉県市原市大厩遺跡Y-60号（三森・阪田1974）や、神奈川県三浦市赤坂遺跡8次3住（諸橋・中村2001）・同10次7A号住（諸橋・中村2004）など、後期櫛描紋土器群の分布圏ではない遺跡との、時期的な並行関係をつかむことができる、

ということである。但し、朝光寺原3式以降に供伴するかどうか、まだ類例が少ないため、今後の事例分析が必要となる。

2. 朝光寺原式土器と岩鼻式土器の関係

この問題については今回、柿沼幹夫氏によって論じられ、筆者との間に対象資料の位置づけの違いが出てきている。シンポジウムの趣旨とは若干ずれるが、武蔵野台地北部や相模で櫛描紋土器資料が増加した現状をみれば、今後の南関東の弥生後期土器を分析するうえで、編年基準や編年観の相違を記しておくのは有意と考える。以下、簡単ではあるが触れてみたい。

筆者と柿沼氏の編年の相違点で、もっとも際立った違いをみせているのは、柿沼氏が岩鼻式2期（古）に並行する朝光寺原式土器を長尾台北遺跡14号住居（床面）出土資料とし、これらに先行する段階として、岩鼻式1期（新）を設定し、この段階に朝光寺原式土器の寺下遺跡YT-1、YT-2をあてている点である。これに対して筆者は、長尾台北遺跡14号住居（床面）出土資料は寺下遺跡YT-1、YT-2に先行する時期であるとし、柿沼氏の編年とは逆転したものとなった。こうした違いはどうして生まれたのであろうか。

それは、筆者が紋様要素とその描出手法を基に編年を組み立てていったのに対して、柿沼氏が器形部所の変化・紋様施紋位置の変化に紋様要素と描出方法を組み合わせて編年を構築されたことが大きな要因である。筆者が長尾台北遺跡14号住居（床面）出土資料を寺下遺跡YT-1、YT-2出土資料に先行するとした根拠は、土器紋様が篦描から櫛描に置き換わっていない（篦書きで付加紋が残る）段階があり、これが完全になくなった長尾台北遺跡14号住居（下層から中層）出土資料には胴部紋様帯をもつ甕があることから、篦描紋がなく、甕に胴部紋様帯をもつ寺下遺跡YT-1、YT-2もこれに並行すると考えた。仮に長尾台遺跡14号住居出土資料がもつ、床面出土と覆土出土資料が、層位的な前後関係を示さない同時期の資料群である可能性を考慮しても、寺下遺跡YT-1、YT-2出土資料が長尾台北遺跡14号住居（床面）出土資料より新しくはならないとした。一方柿沼氏は、まず口縁部形態をもとに分類し、その形態変化に紋様変化を組み合わす方法をとり（柿沼2006）、

Ⅲ 新たな枠組構築への試み

　具体的には壺の複合口縁（折り返し口縁）の登場に重きを置き、これを基準に寺下遺跡YT-1、YT-2出土資料が長尾台北遺跡14号住居（床面）出土資料より新しいと位置づけている、といえるであろう。

　複合口縁は前段階の宮ノ台式土器には見られない様相であり、新しい要素としてとらえることができる。しかし、前段階の単口縁が複合口縁と供伴する事例は、神奈川県関耕地遺跡46号住居出土事例（浜田第4図20）、神奈川県佐島の丘遺跡176住や、埼玉県牛王山遺跡57住などの無紋の壺が存在するので、寺下遺跡YT-2の壺が単口縁であることを根拠に、複合口縁に先行するという位置づけは、必ずしもあてはまるものではない。またこのことは、代正寺遺跡6号方形周溝墓出土の単口縁の壺（柿沼第8図8・9：本書85頁）を、複合口縁の登場を基準とする岩鼻式2期（古）に含ませていることと合わせて、編年基準の不安定さを表わしているといえるだろう。さらに岩鼻式2期（古）は、甕における胴部紋様の稀少化が新しい要素と定義づけるが、どこまでを「稀少化」とするかは不明確である。寺下遺跡YT-2の甕と長尾台北遺跡14号住居（下層から中層）出土資料を比較してみても、胴部紋様が稀少かどうかの判断はつかない。むしろ胴部紋様帯の存在からすれば、同じ段階の土器群とする方が、合理的な解釈といえる。

　朝光寺原式土器は、南関東弥生時代後期の櫛描紋系土器群として、岩鼻式土器とのかかわりが深い土器であることは間違いない。そして北関東の樽式土器、甲府盆地の金の尾式を含め、後期のいわゆる中部高地系櫛描紋土器群とも、関わりが深い土器である。しかし、中部高地系櫛描紋土器群の源が仮に一つであったとしても、朝光寺原式土器は中期後半に根づいていた中部高地系櫛描手法をもととして、独自に発達してきた型式であり、岩鼻式や樽式土器とは異なった変遷をしてきたと考えている（浜田1995・1998）。同じように岩鼻式と樽式土器は器形や紋様・整形技法に相違があり、祖元となる在来型式が異なっていた、という分析（大木2007）もある。朝光寺原式土器と岩鼻式土器、樽式土器は櫛描紋をほぼ唯一の紋様とすることから、器形・施紋具・紋様帯・紋様要素などに類似するところがある。類似した土器様相を示しているが、これらが独自の発達をしてきたことを考慮すれば、同じ要素で

比較しそれをもとにすべての並行関係をとらえるのは、無理があると考える。

朝光寺原式土器については、本書でも述べたように、その成立の当初は甕・大型壺・小形壺・碗（鉢）などが器種組成として存在していたが、筆者のいう朝光寺原2式以降は、甕だけが存在を続け、大型壺・小形壺・碗（鉢）については別の型式土器（縄紋施紋の土器）となり、それで一つの様式を構成することとなる。これこそが、他の中部高地系櫛描紋土器群にはない、朝光寺原式土器の特徴なのであり（浜田 2000）、独自に変遷が起こったとする、理論的な前提となるものである。

南関東の弥生時代後期土器は、中期後半に東海地域や中部高地、北関東地域などの土器の影響を受けながら、小さな範囲で個性的な土器様相を形成してきたことは、これまでも述べられてきた。今回のシンポジウムによって、そのことが一層鮮明になったと感じている。

註
1) 大村氏の編年では山田橋1式に、沈線区画が結節区画に変化する、山田橋大山台遺跡第51号竪穴出土の事例がある。

参考文献
大木紳一郎 2007「岩鼻式と樽式土器」『埼玉の弥生時代』 六一書房
柿沼幹夫 2006「岩鼻式土器について」『土曜考古』第30号　土曜考古学研究会
浜田晋介 1995「朝光寺原式土器の成立過程」『史叢』54・55号　日本大学史学会
浜田晋介 1998「朝光寺原式土器の成立をめぐって」『川崎市市民ミュージアム紀要』第11集　川崎市市民ミュージアム
浜田晋介 2000「朝光寺原式土器・その存在の背景」『竹石健二先生・澤田大多郎先生還暦記念論文集』　竹石健二先生・澤田大多郎両先生の還暦を祝う会
三森俊彦・阪田正一 1974『市原市大厩遺跡』　市原市教育委員会
諸橋千鶴子・中村　勉 2001『赤坂遺跡 ―第8次調査地点の調査報告―』三浦市埋蔵文化財調査報告書第5集　三浦市教育委員会
諸橋千鶴子・中村　勉 2004『赤坂遺跡 ―天地返しに伴う第10次調査地点の調査報告―』三浦市埋蔵文化財調査報告書第13集　三浦市教育委員会

補足・意見
―和光市午王山遺跡における岩鼻式土器―

柿 沼 幹 夫

　本題に入る前に、本書第 I 部 76 頁に掲載した編年比較対照表の訂正を行っておく。シンポジウム当日配付資料として説明した東松山市高坂二番町遺跡第 1 次第 12 号住居跡出土土器[1]については、その後紹介を行った（柿沼・佐藤・宮島 2008）。該当資料は岩鼻式土器から吉ヶ谷式土器への変換過程を示す土器群ではあるが、執筆の過程で吉ヶ谷式土器主体であることが明らかとなったので、編年対照表（試案）の一部を次のように訂正する。

岩鼻式3期	坂戸市石井前原6号住	
吉ヶ谷式 1期	坂戸市相撲場遺跡1・2・3号住	横浜市関耕地11号住
	滑川町船川1・3・4号住	横浜市上星川6号住
	東松山市高坂二番町1次12号住	横浜市関耕地42号住
	東松山市観音寺4号方形周溝墓	川崎市影向寺周辺1号住

　次に、総論では、主に岩鼻式土器、吉ヶ谷式土器と朝光寺原式土器との交差編年を中心に概述しており、菊川式系土器との関係については、「特に岩鼻式土器とは相容れず共伴例が極端に少ない」ことを付記するに留まった。両者の関係を探れる好材料としては和光市午王山遺跡があるので、紙幅を借りて補足したい。午王山遺跡出土土器については、調査者である鈴木一郎氏による速やかな報告・編年があり（鈴木 1998・2001・2003）、更に、松本完氏による分析（松本 2007）は精細であり、編年序列がわかり易く整理されていて有益である。ただし、筆者は若干の異見をもっている。その異見を述べながら、武蔵野台地北東部地域における後期土器研究にかかる課題にも触れて

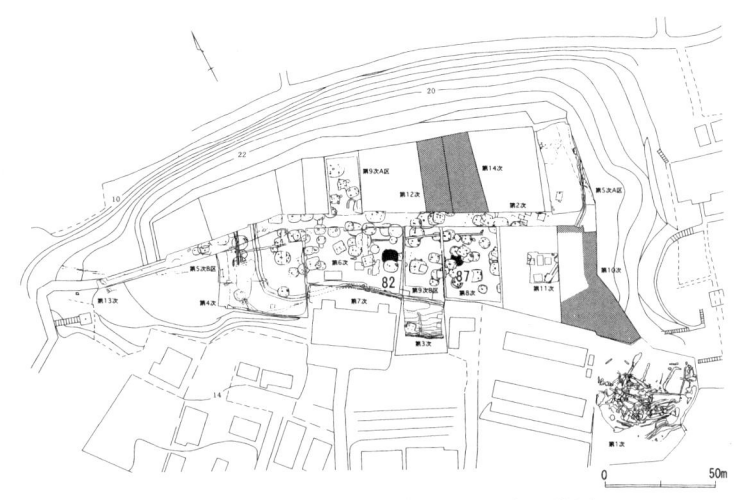

補足・意見

午王山遺跡中期後半（宮ノ台式）の集落跡（ベタ塗り）

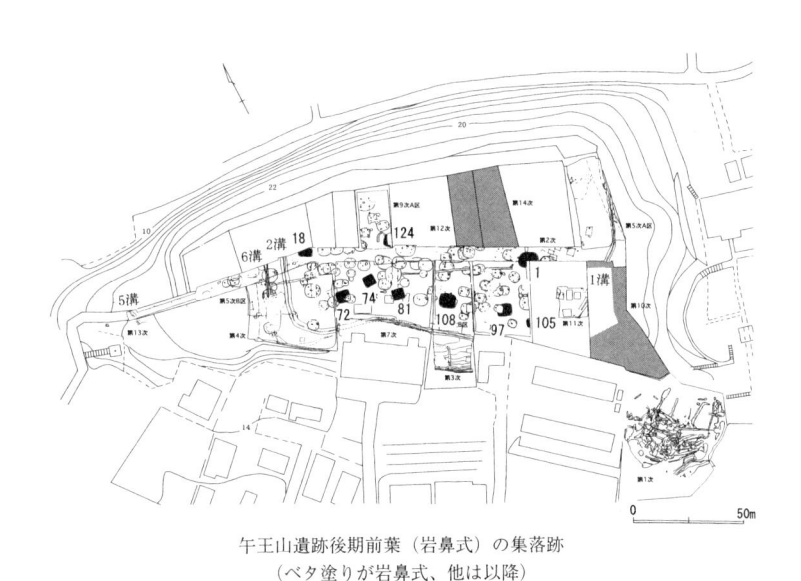

午王山遺跡後期前葉（岩鼻式）の集落跡
（ベタ塗りが岩鼻式、他は以降）

第1図　和光市午王山遺跡（鈴木・前田ほか 2007 に付加転載）

193

III 新たな枠組構築への試み

みたい。

　午王山遺跡の集落形成は宮ノ台式期に始まり（第1図）、82号住では岩鼻式の櫛描簾状文施文の甕が出土しているが、この土器は覆土中から出土した破片資料であり一括性は疑われる。

　当遺跡において岩鼻式土器が初現する遺構としては、97号住、72号住が確実である。97号住（第2図）では、床直出土の土器・土製品（1～6）のうち甕（2・3）は口縁部が受口状の名残を残すが痕跡に過ぎず、胴部には櫛描縦羽状文・斜格子状文が見られず、頸部櫛描簾状文・波状文にやや乱れがある。折り返し口縁の存在などの諸特徴から、筆者が設定した岩鼻式2期（古）に該当する（柿沼2006）。97住5は宮ノ台式とされるが、かなり小さな破片資料からの復元図である。

　72号住出土土器（第2図7～11）には、折り返し口縁の鉢（7）があり岩鼻式2期（古）である。台付鉢（8）は、松本氏の指摘のように宮ノ台式から系統を引くものではなく、口縁部の刻みや整形からみて岩鼻式の小型台付甕から招来するものだろう。(9)も同様であり、台がつく可能性が高い。伴出した折り返し口縁・口頸部縄文施文沈線区画小型壺（10）は稚拙なツクリであり、また、松本分類（松本1993）の甕IIIa類（11）もナデ整形手法が（8）に類似し、口唇の交互押捺も不揃いというから、岩鼻式主体集団による東京湾岸系土器（久ヶ原式）の模倣かも知れない。松本氏は、宮ノ台式の82号住に岩鼻式の甕破片があり、97号住に宮ノ台式の破片があることから両者に連続性があるとしているが、先述したように共に伴出資料とするには難がある。また、72号住からは菊川式系のハケ甕口縁部が出土しているが、出土レベルは床面からかなり高く伴出とするのは苦しい。午王山遺跡には岩鼻式1期は存在しないようであり、宮ノ台式の82号住と岩鼻式2期（古）の97・72号住との間には1～2時期の間隙がある。「真の後期初頭」の土器は、今のところは見出すことはできない。

　岩鼻式では後続する住居跡として、1・108・74・124・105号住をあげることができる。1号住では壺1点が床直出土、108号住では床直や貯蔵穴から出土した土器が岩鼻式である（第2図12～15）。壺（12）はほぼ完形で、頸

補足・意見

97号住（鈴木・前田2004）

72号住（鈴木ほか2000）

108号住
（鈴木・前田2005）

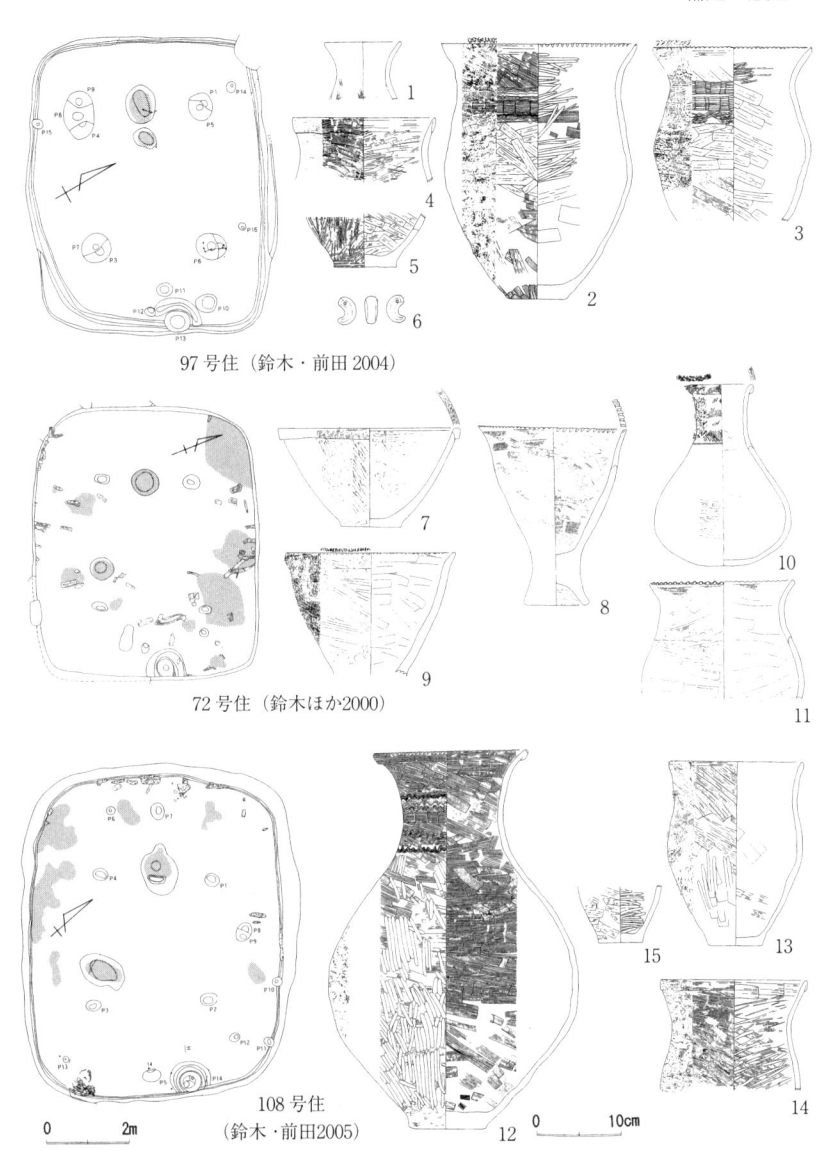

第2図　午王山遺跡出土土器（1）

195

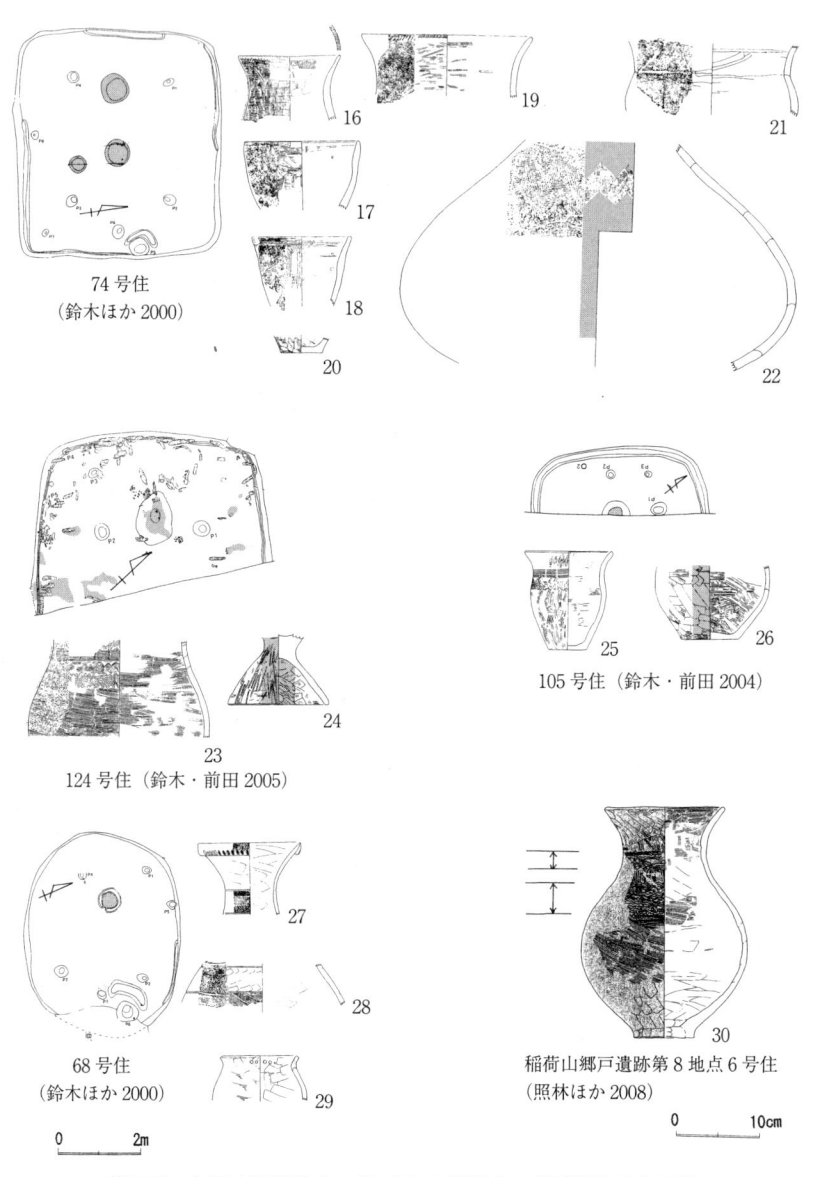

III 新たな枠組構築への試み

第3図 午王山遺跡出土土器 (2) と稲荷山・郷戸遺跡出土土器

補足・意見

部の簾状文aを挟んで上下に波状文を施し、発達した折り返し口縁をもっており、岩鼻式2期（新）に位置づけられる。74号住（第3図16〜22）では、炉体土器として久ヶ原式の壺（22）が使用され、簾状文を5段も重ねた甕（16）が出土している。甕（16）は文様帯の幅広化とみるよりは簾状文の多用であり、まさに岩鼻式土器の特徴でもあって、その弛緩が目立つようになる筆者編年（柿沼2006）の3期ではなく2期に留まるものと考える。壺（22）について松本氏は、沈線が細く、頂点間が詰まった新しい特徴をもつ山形文としている。伴った東京湾岸系の甕（21）は輪積み痕を1段残すナデ甕で、午王山遺跡全体としても岩鼻式に伴うのは久ヶ原2式の壺とナデ甕（平底）の可能性が高く、菊川式系のハケ台付甕を伴わないことにも留意したい。74号住とほぼ同時期と考えられる朝光寺原式を探してみると、世田谷区喜多見陣屋遺跡9号住が参考になる（86頁下段）。ここでは、多段の櫛描簾状文の施された甕（22）や簾状文を挟んで比較的幅広く上下に櫛描簾状文を有する甕（21）に、頂点間の詰まった沈線区画山形文壺（19）が伴出している（予稿集では、大村編年の久ヶ原2式新とした）。

124号住の甕（第3図23）も櫛描簾状文がしっかりしており、74号住と大きな時期差はないとみられる。松本氏は、105号住の甕（第3図25）は文様帯の幅が広く櫛描文の粗略化から新しくしているが、小型土器であって参考にならない。

岩鼻式以外の土器について、松本氏は住居跡に良好な一括出土土器が乏しいため、環濠出土土器を検討対象としている。午王山遺跡の環濠は二重であり、場所によっては三重をなしており、そのなかで第2号溝でも3次調査のまとまりに古い様相を認めている。壺は沈線による羽状縄文帯の区画と複合口縁の明瞭化が特徴とされており、壺の一部は沈線区画された2帯の帯縄文を有している。氏は、2帯沈線区画羽状縄文帯壺が卓越する点を、山形文、更には以降の幾何学的文様が発達しない点と併せて武蔵野台地北東部の地域的特徴とし、今後「午王山式」と仮称して作業を進めていくことを提案している。卓見であるが、問題は沈線区画縄文帯壺を前葉に留めるのは良しとしても、午王山遺跡における岩鼻式土器との時間的先後関係であろう。午王山

197

III 新たな枠組構築への試み

遺跡における沈線区画羽状縄文帯壺の沈線は細く、しかも、このまとまりのなかには、破片ながら端末結節の縄文帯の壺や完成度の高い複合口縁の壺も出土していて、伴う可能性も指摘されている。その一方で、菊川式系土器の伴出が目立つのも、留意すべき点であろう。これらは菊川式にはない変形した文様配置をなしているとされ、甕はハケ台付甕が大半を占める。同じ2号溝でも時期的にやや新しいとされる第4・5次調査でも沈線区画羽状縄文帯壺は残っており、菊川式系土器の存在は一層顕著である。沈線区画羽状縄文帯壺を出土する住居跡を探し出してみると、たとえば68号住をあげることができる（第3図）。住居の平面形態は楕円形、炉は1ヵ所（火皿式炉）であり、岩鼻式の隅丸長方形で複数炉とは異なる。炉についても、岩鼻式が地床炉であるのに対し、菊川式系を伴う住居跡では火皿式炉が多く（鈴木1993）、それぞれ故地の状態を如実に反映している。

冒頭で、菊川式系土器が「特に岩鼻式土器とは相容れず共伴例が極端に少ない」と記したが、午王山遺跡においては、時間的に先後関係にあるようである。併行するとみられる岩鼻式3期には、岩鼻式の集団は午王山遺跡からは姿を消している、と考えるべきである。

ところで、岩鼻式土器が白子川流域開口部とその周辺からまったく撤退してしまったのかというと、そうとも言い切れない。午王山遺跡から直線距離にして北西1.3kmの越戸川開口部にある朝霞市稲荷山・郷戸遺跡第8地点6号住（照林ほか2008）からは、岩鼻式3期に併行すると考えられる櫛描波状文を頸胴部に2帯施した壺が出土している（第3図30）。本来、頸胴部文様1帯の岩鼻式の規範からはずれており、櫛描文が縄文であれば吉ヶ谷式土器である。岩鼻式土器の変容であり、あるいは居残った人々もいて在地化していく過程を示す土器かも知れない。ただし、2帯の櫛描文帯は沈線区画されていないが東京湾沿岸系土器からの影響であり、菊川式系土器ではない。菊川式系土器との共伴は明らかではなく、接触したかどうかも微妙である。

これまで記してきたことを環濠集落の消長との関係を中心にまとめてみると、次のようになる（第1図）。

そもそも、午王山遺跡において検出された宮ノ台式の住居は、やや確実性

補足・意見

が欠ける87号住を加えても2棟であり[2]、未調査・未報告区域を考えても数棟の小規模集落であって、内堀で東西長150mを測る環濠とは無縁とみた方がよい。後期になり岩鼻式土器主体集団による集落形成が行われるが、岩鼻式1期を欠いた2期の範疇に納まるものである(3期は存在しない)。13次までの調査で報告されている該期住居跡は9棟であり、台地の平坦部に広がってはいるが、2小期程度の継続性はあったとしても重複はない。単期では数棟程度であり、数世代にわたる長期定住ではなかった。住居形態も隅丸長方形状で、炉が複数あり主炉が主柱間より壁寄りで、その特徴は中部高地〜北関東系である。そして、松本氏も指摘するように、環濠からは岩鼻式土器の出土は稀である[3]。環濠とは無縁であり、環濠集落形成以前と考えられるものであった。在来系とされる久ヶ原式土器の出土も少数で、客体的存在である。武蔵野台地北東部における岩鼻式の集落は、午王山遺跡以外には板橋区氷川神社北方遺跡など白子川流域開口部とその周辺(越戸川開口部)に限られている。このことから岩鼻式の集落形成は、後期になって新たに人口希薄な白子川流域開口部に局地的に進出してきた入間川以北の集団の関与によって成立したものであり、造営期間も岩鼻式2期を中心とする短期のものであった。午王山遺跡は決して長期継続型集落ではないのであって、集落形成時期は中期末葉(宮ノ台式)、後期前葉(岩鼻式)、後期前・中葉以降に3期区分され、系統的にも時間的にも間断がある。環濠集落が形成され、重複が激しくなるのは後期前・中葉以降である。

午王山遺跡における岩鼻式土器主体の集落から菊川式系土器を伴う環濠集落への交替は、出自を異にする集団＝下戸塚遺跡(松本1996)など神田川水系を起点とする菊川式系土器を伴う集団による周辺への拡大、その一環となる白子川流域への波及によってなされたものと考える[4]。これが強制力を伴ったものなのか否かは今後の研究課題だが、以後、集落跡は増加し、土器も在地化し系統化が進行していく。いずれにしても環濠は菊川式系土器の出現期に始まるものであり、集団の進出が可耕地も含めて時間的・空間的に水系や土地の占有という、先住集団との間に緊張状態を引き起こすが故に造営されたものと見なされる[5]。

199

III 新たな枠組構築への試み

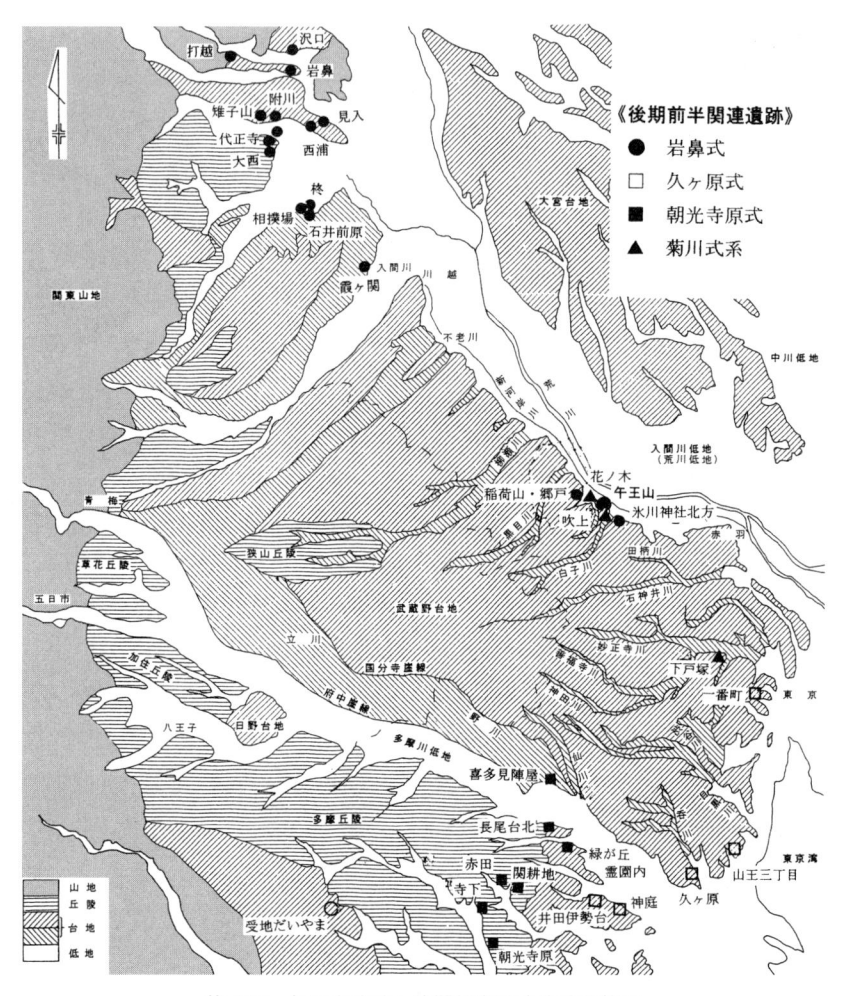

第4図　午王山遺跡と後期前半関連遺跡の位置

　武蔵野台地北東部域における土器研究は、パネラーの大村直氏も発言しているように集団の移動・交替を考慮する必要があり、在来性にのみ拘泥していては進めることはできない。その編年・体系化には、局地的な編年の試行をベースに、東京湾岸、更には広域を俯瞰した土器様相の推移の見極めが必要である。局地的とは、神田川、石神井川、白子川、黒目川、柳瀬川等の小

補足・意見

河川の存在を配慮した編年の試行の繰り返しであり、流域内で在来の系統をたどれるのか、あるいは異系統が主流化するのか、交錯が生じるのか、を見極め、その一方では地域を押し広げて影響関係を考える、という地道な作業の継続しかないと考えている。

　註
1) 配付資料では、「6次12号住」となっていて単純ミスであり、本編では訂正してある（76頁）。また、予稿集編年比較対照表では「4次33号住」となっているのは、予稿集執筆時点で遺構名が定まっていない故であり、「第1次第12号住居跡」をもって正規とする。混乱をお詫びしたい。
2) 確実な宮ノ台式の住居跡は82号住の1棟である。報告書で中期末から後期初頭とされ松本氏も後期初頭とした87号住は、唯一床面直上出土の「北島式の系列に連なる土器」から中期末とみたい。住居の平面形態も円形度が強く、炉の位置や数からも岩鼻式とは異なる。
3) 環濠内における岩鼻式土器の出土は、2次1号溝下層で破片2点（いずれも櫛描簾状文施文の甕）、7次2号溝中層で甕破片（無文）2点であり、混入とみられる。
4) 白子川流域開口部周辺で午王山遺跡に近接する和光市花の木遺跡は、宮ノ台式の集落の形成後、岩鼻式の欠如という間断をはさんで菊川式系の環濠集落として出現する。白子川左岸に位置する和光市吹上遺跡も岩鼻式を欠いており、菊川式土器の影響が濃厚な土器群を出現期とする環濠集落である。
5) 小出輝雄氏は、環濠集落の防御施設としての性格を否定する（小出2007）。だが、遺構の事実分析だけからその性格を規定することは困難であって、古墳出現前夜の社会構成を見据えた構造的な歴史の組み立てによってしか環濠集落の性格規定はできないと考える。武器を使用した激しい争闘はなかったとしても、集団の移動や交流が活発であったこの時代に、当地方においても緊張状態が生じる事態が断続的ながらあり、政治的な集団統合の契機となったとみたい。

参考文献（文献一覧に掲載していないもの）
柿沼幹夫・佐藤幸恵・宮島秀夫 2008「岩鼻式土器から吉ヶ谷式土器へ」『国士舘考古学』第4号　pp.71-93　国士舘大学考古学会

III 新たな枠組構築への試み

小出輝雄 2007「環濠の性格についての再考察 —埼玉県内の例を中心として—」『埼玉の弥生時代』pp. 364-378　埼玉弥生土器観会　六一書房

鈴木一郎 1998「和光市午王山遺跡出土の弥生時代中期末から後期前半の土器について（予報）」『あらかわ』創刊号　pp. 1-10　あらかわ考古談話会

鈴木一郎 2001「和光市午王山遺跡における弥生時代土器の変遷」『あらかわ』第4号　pp. 1-12　あらかわ考古談話会

鈴木一郎 2003「和光市午王山遺跡出土の櫛描簾状文土器」『埼玉考古』第38号　pp. 245-250　埼玉考古学会

鈴木一郎・前田秀則 2007『市内遺跡発掘調査報告書』和光市埋蔵文化財調査報告書第38集

鈴木敏弘 1993「終章　荒川下流域の弥生時代」『午王山遺跡』和光市埋蔵文化財調査報告書第9集　pp. 139-146　和光市教育委員会

照林敏郎ほか 2008『稲荷山・郷戸遺跡第8地点発掘調査報告書』朝霞市埋蔵文化財発掘調査報告書第26集　朝霞市教育委員会

松本　完 2007「武蔵野台地北部の後期弥生土器編年 —埼玉県和光市午王山・吹上遺跡出土土器を中心として—」『埼玉の弥生時代』pp. 263-290　埼玉弥生土器観会　六一書房

印旛沼周辺地域における中期末葉から後期初頭の様相

髙花宏行

1. 補足の必要がある箇所について

　予稿集では、下総台地における南関東系土器と在地の土器との共伴事例について、筆者の案に基づく段階区分に沿って資料を提示した。その際、筆者がⅠ期としている後期初頭を中心とした段階では、頸部に縦スリットの櫛描文が施文される在地の土器群が出土土器の主体を占め、南関東系土器群の共伴例がほとんど確認できないことから挿図の掲載を省略してしまった。

　シンポジウムの討論では大村直氏による西上総地域の「山田橋編年」と南関東各地域における編年の整合性が主に議論され、久ヶ原式の成立については市原市椎津茶ノ木遺跡123号遺構出土土器が話題に上った。しかしながら、後期初頭段階の西上総地域と下総地域の併行関係の議論は、下総地域側の資料を提示できなかったこともあり十分にできなかった。下総地域では中期から後期への移行形態を示す資料が明確でないことや、中期と後期との検討が別々に進められているためか、移行期の編年はあまり進んでいない。

　そこで、予稿集で掲載できなかった下総地域における中期末葉及び後期初頭の代表的な資料を提示し、若干の考察を行う。

2. 具体例の提示

(1) 中期末葉段階（第1図）

　佐倉市六崎大崎台遺跡を中心とした印旛沼周辺の宮ノ台式土器は、壺では後半段階にS字状結節文が意匠文として登場し、終末段階になって意匠文に加え羽状縄文帯の区画文が登場すること、甕では横走羽状文が新しい段階まで残ることが指摘されている。詳細は省略するが、このことは各論考にお

III 新たな枠組構築への試み

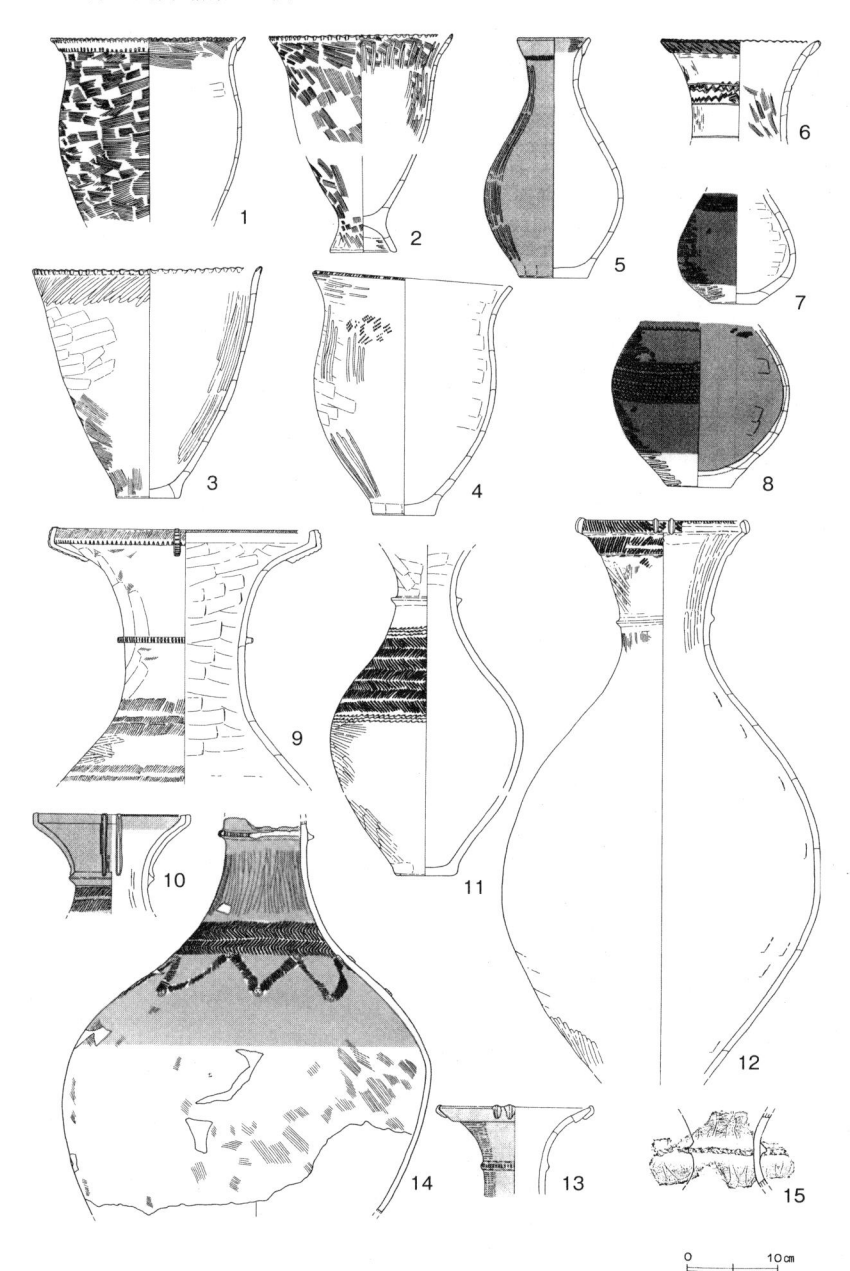

1～8：六崎大崎台256住　13：同157住　9・10：同184住　11：同431住　12：同269住　14：南羽鳥タダメキ第2・5号土器棺墓　15：南羽鳥谷津堀A・7住

第1図　中期末葉の土器

いてもおおむね意見の一致をみている（安藤1996、小倉1996、黒沢1997）。

　今回は、上記以外で後期を指向するような形態をもつ土器群の存在を検討する。そのために、まず西上総の中期末葉から後期初頭の資料を振り返ってみよう。市原市菊間遺跡18号住居跡や同市大厩遺跡20号住居跡では、交互押捺による小波状を呈する口唇部と口頸部に多段の輪積痕をもつ甕が出土している。一方、椎津茶ノ木遺跡においては、表裏押捺による小波状を呈する複合口縁をもち口縁部下端が屈曲する甕（松本完氏により「架橋型式」とされた甕（松本1993））が主体であり、口頸部に多段の輪積痕をもつ甕は破片が少量出土しているに過ぎない。

　六崎大崎台遺跡では口頸部に多段の輪積痕をもつ甕は出土していないが、複合口縁で頸部下端が屈曲する甕は存在する。その多くは胴部の横走羽状文と結びついており、横走羽状文が古くから続く系統であるならば、椎津茶ノ木遺跡123号遺構出土例と同様に胴部に横走羽状文が施文されないものが新しい特徴を備えていると考える。そうすると256号住居跡出土の甕（第1図1）が最新段階となり、椎津茶ノ木遺跡123号遺構併行期に位置づけられる可能性を指摘しておきたい[1]。

　もう一点、頸部中央の突帯を検討する。この突帯は東北地方南部における中期末葉の桜井式に見られる特徴で、千葉県内では香取市阿玉台北遺跡010号址（土器棺墓）出土土器等に類例がある。六崎大崎台遺跡でも最新段階の431号住居跡出土のS字状結節文区画の羽状縄文帯をもつ壺（第1図11）等に見られることから、宮ノ台式末期に東北地方南部の影響を受けて採用された特徴ととらえることも可能であろう。

(2) 後期初頭段階（第2図）

　六崎大崎台遺跡201号住居跡出土土器（第2図1～4）は、同遺跡の調査成果が報告されて以来、後期初頭との位置づけが検討されてきた資料である。複合口縁で頸部に縦スリットによる櫛描文が施文され胴部に撚糸文又は附加条縄文が施文されるものと、複合口縁で頸部が無文となり頸部下端に端末結節によるS字状結節文を伴う羽状縄文や斜縄文が施文され、胴部に撚糸文又は附加条縄文が施文される土器との組合せによる出土例が見られる。同遺

III 新たな枠組構築への試み

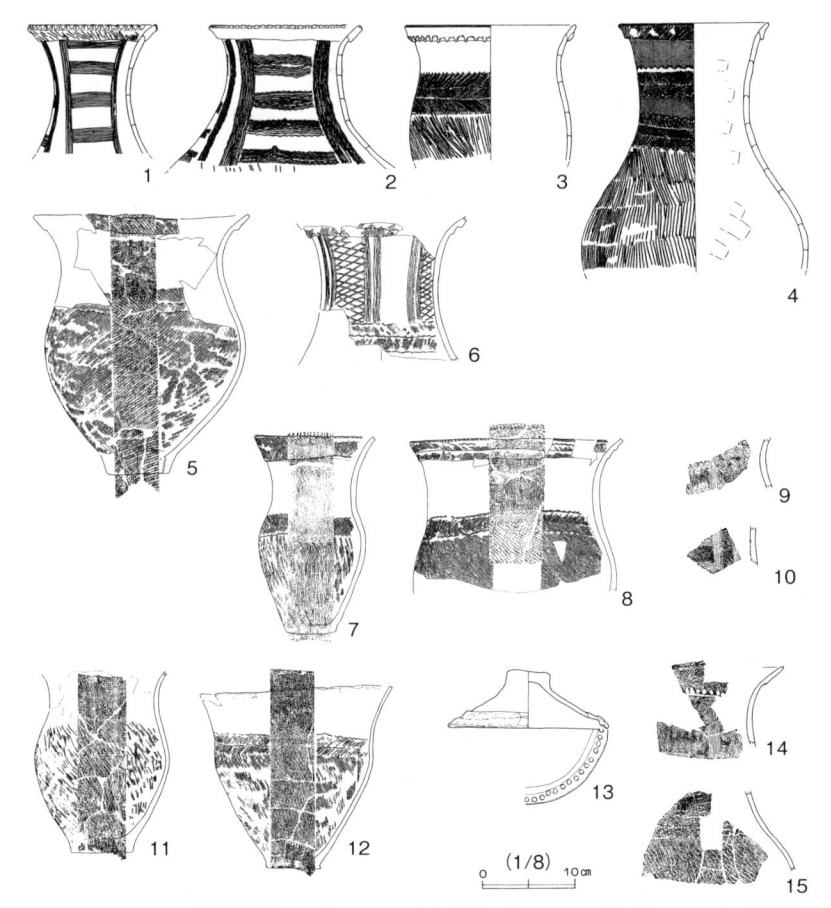

1～4：六崎大崎台201住　5・6：八木宇廣2住　7～10：同5住　11～15：同3住

第2図　後期初頭を中心とした土器

跡の報告前や報告後しばらくの間は単体での出土例が多かったが、徐々に同様な組み合わせの出土例が増えてきている。良好な事例として佐倉市八木宇廣遺跡をあげる。2号住居跡からは縦区画間が斜格子文で充塡されるもの（第2図6）、5号住居跡からは自縄結節による多段にS字状結節文が施文された破片（第2図15）が出土し、六崎大崎台遺跡例とはやや異なる特徴・組合せを有している。縦スリットが施文される土器群については、以前、単純な構成をもつものからその他のものへという変化を想定したことがあり、こ

れにしたがえば八木字廣遺跡例は六崎大崎遺跡例よりも新しく位置づけられる。

このように、後期初頭段階のS字状結節文は集落跡出土資料では端末結節によるものは確実に確認できるが、自縄結節によるものは八木字廣遺跡例以外に良好な出土例に恵まれておらず、今後、更に検討を要する。

最近、鈴木正博氏は成田市南羽鳥谷津堀遺跡A地点2号土器棺墓の大型壺の時期について、肩部に施文された三角文内部に円形刺突文が充塡される文様の類例を比較検討し、後期初頭との位置づけを行った（鈴木2008）。筆者はこれまで自縄結節によるS字状結節文の盛行を後期中葉以降と理解していたため、予稿集にも記したように同遺跡の大型壺及び甕の時期的な位置づけに苦慮していた。しかしながら、鈴木氏の考えにしたがうならば、後期初頭にはすでに自縄結節によるS字状結節文は定着しており、印旛沼周辺では自縄結節によるS字状結節文は中期末葉以降、臼井南式併行期へと継続するという流れが確認できることとなる。

筆者は、2003年に行われた「シンポジウム南関東の弥生土器」でS字状結節文の起源と展開についてコメントを求められた際、後期初頭段階で少数例確認されていて、その後に印旛沼南岸を中心に盛行するのであれば、南関東系では久ヶ原式で一旦途絶えることを鑑みた場合、印旛沼周辺においてS字状結節文が継続していることをもう少し評価してもよいのではないか、といった旨の発言をした。これに対して篠原和大氏は「(自縄結節によるS字状結節文は) 宮ノ台に確実に検出されていて久ヶ原の段階になくなるとおっしゃっていましたが、決してそうではなくて、房総半島の南の方などでは羽状縄文の代わりに結節文を使うということは、久ヶ原式の古い段階でもかなりあると思います。で、それが後期後半に房総半島なんかで沈線の区画の代わりに結節文の区画を使うというのが始まったのが広く一般に使われるようになったというのがおおまかな変化で (ある)」と、S字状結節文印旛沼周辺起源説について否定的なコメントをされた。

しかしながら、これまでみてきたように印旛沼周辺では中期末葉から後期初頭にかけて自縄・端末結節双方のS字状結節文の継続が徐々に明らかに

III 新たな枠組構築への試み

なってきたといってよいのではないだろうか。資料が少ないため印旛沼周辺地域からS字状結節文が東京湾東岸を経て南関東諸地域へ波及したとまでは言い切れないが、少なくとも中期から後期へのS字状結節文の継続は事実として受け止めねばならないと考える。

3. まとめ

以上、宮ノ台式末期の六崎大崎台遺跡における後期を指向する土器の出現は、印旛沼周辺地域でも南関東系の後期土器へ続く系統の土器が登場したことを示すこと、そして、中期末葉から後期初頭段階にかけて、印旛沼周辺ではS字状結節文が継続することの2点について私見を述べた。

後期のS字状結節文は、小倉淳一氏が印旛沼周辺起源説と南房総起源説の両者を紹介しながらも慎重な態度を取っている（小倉2005）し、大村直氏も「その原体から出自・系譜を特定することはできない」（大村2007）とされているが、本論では印旛沼起源説を積極的に評価してみた。筆者はこれまで中期から後期への移行期について東関東系土器群の動向を中心とした視点での小論を発表したことがあるが、印旛沼周辺地域独自の特徴を探し、それにも目を向ける必要性を感じた。今後、更に議論が深まることを期待したい。

註
1) 本題から外れるため詳述はしないが、第1図4の口唇部及び頸部の一部に単節縄文が施文される資料は利根川下流域の中期末葉に展開する土器の可能性も高い。

参考文献
大村　直　2007「山田橋式補遺」『西相模考古』第16号　西相模考古学研究会
小倉淳一　2005「テーマ2. 宮ノ台式の地域差と周辺　報告（2）―宮ノ台式土器分布域の東側から―」『南関東の弥生土器』考古学リーダー5　六一書房
鈴木正博　2003「大崎台遺蹟で頭の体操をしてみよう！！」『弥生道場』第4回ワークショップ配布資料
鈴木正博　2008「井頭遺蹟から観た「二軒屋―須和田二極構造」への展望―「縦長のコブ状突起」の回顧から新たなる型式学の開拓へ―」『栃木県考古学協会誌』

第29集　栃木県考古学協会
松本　完 1993「南関東地方における後期弥生土器の編年と地域性」『翔古論聚』
　久保哲三先生追悼論文集刊行会

久ヶ原式成立期の東京湾西岸・武蔵野台地の様相

比田井克仁

1. はじめに

　今回のシンポジウムは、久ヶ原式・弥生町式をとりまく様相から、関東地方の弥生時代後期を再構築しようとするものであった。その結果、従来、整合性が不明瞭であった、北関東と東関東そして南関東における相互の関係を探るための糸口が示された点で、大きな成果を収めたと評価している。本稿ではこれらの成果を参考にして、筆者編年の後期Ⅰ段階・久ヶ原式の成立期における東京湾西岸・武蔵野台地地域の基本的な状況を再確認しておきたい。

2. 後期初頭の東京湾西岸地域の様相

　筆者は久ヶ原式の生成は、房総地域の宮ノ台式からの型式発展によるものと考えている（比田井2003）。そして、そこから三浦半島⇒相模、三浦半島⇒東京湾西岸・武蔵野台地へ波及した。ここでは東京湾西岸・武蔵野台地のその頃の様子を素描してみる。

　まず、中期後半のこの地域は、基本的には宮ノ台式の分布圏であるが、多摩丘陵と武蔵野台地北部では中部高地系の土器群の存在が明らかにされている。多摩丘陵では朝光寺原式の存在が挙げられるが、その生成について、今回、中期末に位置づけられる受地だいやま式の壺から長尾台北遺跡出土壺への型式変遷が浜田晋介氏によって説明された（浜田2008）。このことによって従来はっきりしなかった、受地だいやま式から朝光寺原式への継承展開のプロセスが明解となったといえる。さらに受地だいやま式の系譜については石川日出志氏によって検討が加えられており（石川2007）「下ッ原系土器」として総称される土器群の一つとしてとらえておられる。「下ッ原系土器」

とはコの字重ね文や櫛描簾状文・鋸歯文などが施文されるもので、中部高地栗林式の系譜を中心として、そこに北武蔵の池上式・北島式の要素を加味したもので、編年的には栗林2式・北島式に併行するものである。中部高地に系譜が求められるこれらの土器群は秩父盆地のほか、青梅市馬場遺跡・多摩丘陵の多摩ニュータウン遺跡群、町田市椙山神社北遺跡、町田市本町田遺跡、横浜市受地だいやま遺跡など。武蔵西部の山地から南部の多摩丘陵にかけて認められる。これらはいずれも小集落を形成しており、谷戸の水田開発を基盤とした灌漑稲作を生産体制としていたことが、宮ノ台式との相違点として指摘されている。

一方、武蔵野台地北部では、東松山市代正寺遺跡の一群の土器が注目され、松本完氏によって中期後半から後期にかけての土器変遷が明らかにされている（松本2003）。また、中部高地系を主とした諸系統の要素が入り込み型式的に安定しない一時期のものとして、今回、「仮称代正寺式」が柿沼幹夫氏によって提唱されている（柿沼2008）。これらの土器群の特徴は櫛描簾状文・櫛描波状文・鋸歯文を施す壺・甕で構成されている。柿沼氏は下ッ原系土器との関係について言及しておられないが包括的にみれば、その最終段階のものと同一ととらえて、受地だいやま式と併行するものと考えられる。

つまり、北武蔵西半部と多摩丘陵地域の中期後半から末期は、中部高地の系譜を強くもった土器群が分布していることが指摘されるのである。

このようなことから、久ヶ原式北上の直前の東京湾西岸地域の状況は、南部と荒川流域に宮ノ台式、北武蔵西半部と多摩丘陵に中部高地系の仮称代正寺式土器・受地だいやま式土器の大きく二つの系譜が対峙した様相を呈していたのである。中部高地系は、後期にいたっても、岩鼻式・朝光寺原式と継承されていき、これらと久ヶ原式の関係が問題となる。

3. 久ヶ原式と朝光寺原式・岩鼻式の関係

前項で確認した中期末における土器様式圏の状況のなかに久ヶ原式が波及することになる。久ヶ原式の拡散経路にしたがって三浦半島地域から概観してみたい。

III 新たな枠組構築への試み

(1) 三浦半島地域

後期I段階の三浦半島地域では、その土器変化は基本的には房総地域と同歩調をとっている。類例としては鎌倉市手広八反目遺跡21・42・52号住居跡（永井1984)・横須賀市佐島の丘遺跡72・155号住居跡（大坪・横山2003)出土土器が挙げられる。

(2) 横浜・川崎地域

横浜・川崎地域で、久ヶ原式は朝光寺原式との遭遇を果たし、三浦半島のような、純粋な組成の久ヶ原式は認められなくなる。両者の共伴関係をみると久ヶ原式は壺に集約されており、煮沸具の甕はほとんどを朝光寺原式が占めている。生活様式の所属性を表明する甕の性格からみると、この地域の土器様式の主体性が朝光寺原式にあり、久ヶ原式はそのなかに客体的なあり方をしながら共生していたのである。

資料としては、横浜市高速No.6遺跡3号住居跡（岡田・藤井・水沢1981)・15号住居跡（岡田・藤井・水沢1982)・横浜市関耕地遺跡46号住居跡（小松・玉川1997)出土土器などが代表的である。

(3) 武蔵野台地南部

武蔵野台地南部に入ってきた久ヶ原式は、大田区を中心とする多摩川下流域と世田谷区を中心とする中流域では異なった様相をみることができる。

大田区域には標識遺跡である久ヶ原遺跡が所在している。この久ヶ原遺跡周辺においてはいうまでもなく典型的な久ヶ原式のみが出土するが、これに対して、多摩川中流域の世田谷区域の場合、壺は典型的な久ヶ原式であるが、甕は朝光寺原式が占め、横浜・川崎地域と同様なあり方を示している。

多摩川中流域では久ヶ原式との共生を認めることができる。また、朝光寺原式分布圏の北限であるとともに久ヶ原式分布圏の西限でもあるということができる。

資料としては大田区田園調布南遺跡（J. E. kidder 1992)、大田区山王三丁目遺跡（佐々木1991)、世田谷区喜多見陣屋遺跡9号住居跡（寺田・高杉・寺畑1989)、同遺跡20・117・125・134・158号住居跡（寺田・高杉ほか1996)が代表的である。

久ヶ原式成立期の東京湾西岸・武蔵野台地の様相

代正寺

(仮)代正寺式
受地だいやま式

宮ノ台式
（武　相）

宮ノ台式
（房　総）

受地だいやま

滝ノ口向台

砂田台

代正寺

岩　鼻　式
朝光寺原式

久ヶ原式

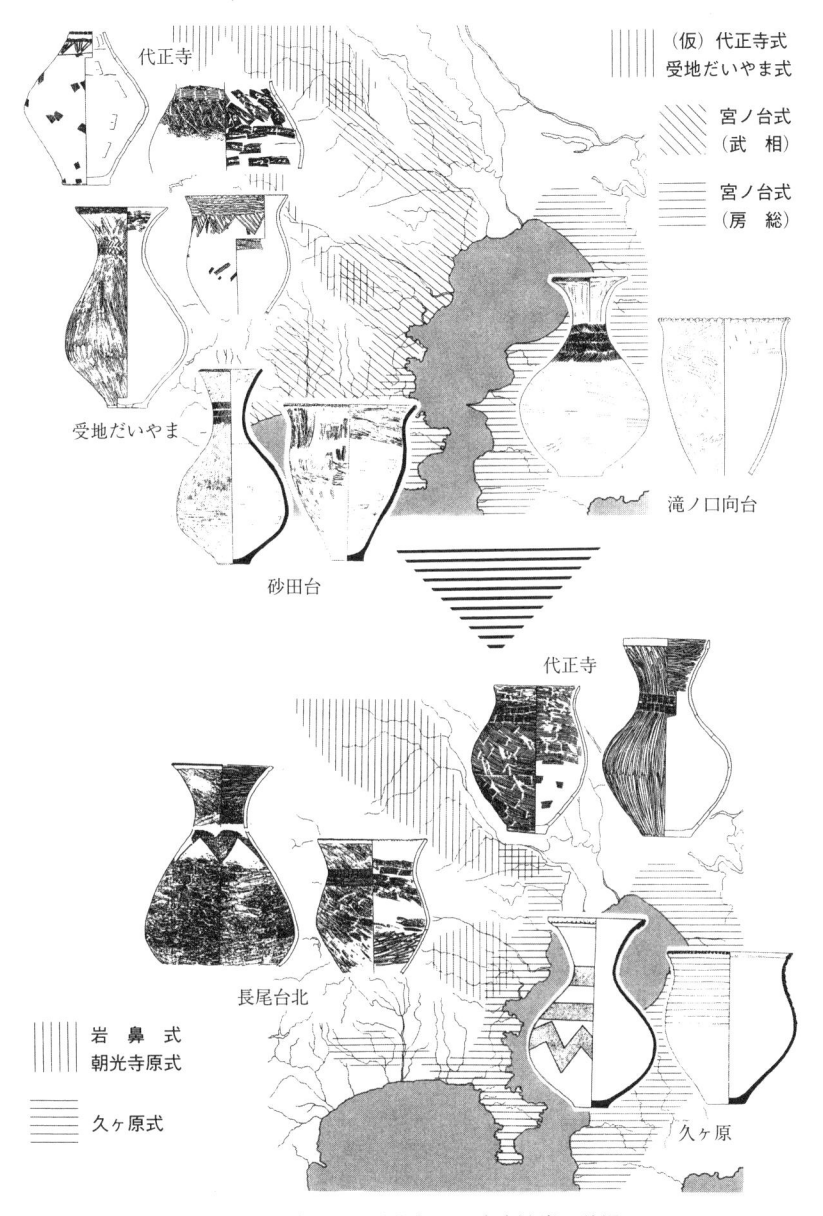

長尾台北

久ヶ原

弥生時代中期末〜後期初頭の東京湾岸の状況

Ⅲ 新たな枠組構築への試み

(4) 武蔵野台地中部

　神田川流域を中心とする武蔵野台地中部については、千代田区一番町遺跡SD33・遺構外（後藤1994）・新宿区下戸塚遺跡2号土坑（車崎・松本1996）出土土器が後期Ⅰ段階のものとして挙げられる。これらの土器は壺は典型的な久ヶ原式のものであるが、甕は刻口縁刷毛調整平底甕と台付甕で、久ヶ原式の組成の中にはないものである。平底甕の系譜は同様に刻口縁刷毛調整平底甕を生成する東京湾西岸の宮ノ台式に求められ、その要素を継承するものと考えられる。台付甕については宮ノ台式の終末に出現するが、下戸塚遺跡例の場合、全体の器形からみて直接型式組列としてつながっていくものではないと考えられる。現状での出自系譜は不明といわざるを得ない。

(5) 武蔵野台地北部

　武蔵野台地北部では、久ヶ原式の壺や甕のほか岩鼻式の壺と甕との伴出例を見ることができる。

　この地域では、中期末の仮称代正寺式から岩鼻式へと移行するにあたり、その分布域が南下して午王山遺跡・赤塚氷川神社北方遺跡に継承されていく状況が想定できる。この時点で北上する久ヶ原式との接触が起こるのである。

　久ヶ原式は熊谷市丸山遺跡のように一部北武蔵にも認められているが例外的なものであることから、基本的な分布圏の北限は武蔵野台地北部の和光市・板橋区あたりと考えることができる。これらの状況から、この地域が、岩鼻式分布圏の南限、久ヶ原式の分布圏の北限を示しているのである。

　これらを示す類例としては板橋区赤塚氷川神社北方遺跡21・81・84・253号住居跡（板橋区史編さん調査会1995）、和光市午王山遺跡70・72・87・97号住居跡（鈴木2000、鈴木・前田2004）各出土土器などが代表的である。

4. まとめ

　房総地域の宮ノ台式から生まれた久ヶ原式は、三浦半島から相模と東京湾西岸・武蔵野台地に拡散していった。本稿ではその頃、東京湾西岸・武蔵野台地ではどのような状況であったのかについて辿ってみた。

　まず、久ヶ原式の東京湾西岸北上の直前、中期末の様相をみると、東京湾

西岸・荒川下流域に宮ノ台式、北武蔵西部に仮称代正寺式、多摩丘陵に受地だいやま式が分布圏を形成していた。これらは別な視点からみれば中部高地・北関東系「下ッ原系土器群」と宮ノ台式の二つの大きな土器分布圏ともいうことができる。

　その後、仮称代正寺式は岩鼻式に継承され武蔵野台地北部まで南下し、受地だいやま式は朝光寺原式に受け継がれ多摩丘陵内に拡散発展するという動向を示す。ちょうど、この動きと時を同じくして、三浦半島から北上する久ヶ原式は、横浜・川崎地域の多摩丘陵内と多摩川中流域の世田谷地域で朝光寺原式と遭遇し、武蔵野台地北部、板橋・和光地域で岩鼻式との接触を果たす。久ヶ原式の分布圏の西限と北限がちょうどこの辺りになるものと考えられるのである。

　この接触地域での久ヶ原式のあり方は、多摩丘陵内においては、朝光寺原式と同等の共生関係ではなかった可能性が考えられる。それは、この地域における両者の共伴関係をみると、生活用具の中心である煮沸具である甕のほとんどが朝光寺原式であるという点から、久ヶ原式の方が客体的な存在であったことが考えられる。

　これらの動向の結果、後期I段階の東京湾西岸・武蔵野台地には、岩鼻式・朝光寺原式・久ヶ原式の三つの土器分布圏が形成されたのである。さらに、強調すれば、久ヶ原式の西側に朝光寺原式、北側に岩鼻式が控え、中部高地・北関東系と対峙する構図をみることができるのである。

　以上、シンポジウムの成果をベースにして筆者編年の後期I段階の東京湾西岸・武蔵野台地の様相を素描してみたが、東京湾西岸における宮ノ台式の終焉と久ヶ原式との関係をはじめ、武蔵野台地南部の久ヶ原式の一大分布圏の評価、武蔵野台地中北部における菊川式の流入と在地土器群への影響関係など後期II段階にわたって課題は山積している。これらについて後日の検討を約して擱筆する。

（平成20年5月3日稿了）

III 新たな枠組構築への試み

参考文献

石川日出志 2007「弥生時代中期後半の関東地方西部域」『埼玉の弥生時代』 六一書房

板橋区史編さん調査会 1995「赤塚氷川神社北方遺跡」『板橋区史』資料編1考古

大坪宣雄・横山太郎 2003『佐島の丘遺跡群発掘調査報告書（第1分冊）高原遺跡』 佐島の丘埋蔵文化財発掘調査団

岡田威夫・藤井和夫・水沢裕子 1981『横浜市道高速2号線埋蔵文化財発掘調査報告書』1980年度（No.6遺跡―I）横浜市道高速2号線埋蔵文化財発掘調査団

岡田威夫・藤井和夫・水沢裕子 1982『横浜市道高速2号線埋蔵文化財発掘調査報告書』1980年度（No.6遺跡―II）横浜市道高速2号線埋蔵文化財発掘調査団

柿沼幹夫 2008「北武蔵中央部の後期土器」『シンポジウム南関東の弥生後期土器を考える』予稿集　関東弥生時代研究会・埼玉弥生土器観会・八千代栗谷遺跡研究会

車崎正彦・松本　完 1996『下戸塚遺跡の調査』第2部　早稲田大学校地埋蔵文化財調査室

後藤宏樹 1994『一番町遺跡発掘調査報告書』 千代田区教育委員会

小松　清・玉川久子 1997『関耕地遺跡発掘調査報告書』 観福寺北遺跡発掘調査団

佐々木藤雄 1991『山王三丁目遺跡』 熊野神社遺跡群調査会

J. E. kidder. Jr 1992『田園調布南』 都立学校遺跡調査会

鈴木一郎 2000『市内遺跡発掘調査報告書3 午王山遺跡（第6次）　花ノ木遺跡（第3次）』 和光市教育委員会

鈴木一郎 2003「和光市午王山遺跡の櫛描簾状文土器」『埼玉考古』第38集　埼玉考古学会

鈴木一郎・前田秀則 2004『市内遺跡発掘調査報告書7　越後山遺跡（第4・5次）午王山遺跡（第8次）』 和光市教育委員会

鈴木一郎・前田秀則 2004『市内遺跡発掘調査報告書8　午王山遺跡（第9次）』 和光市教育委員会

寺田良喜・高杉尚弘・寺畑滋夫 1989『喜多見陣屋遺跡』I　世田谷区教育委員会

寺田良喜・高杉尚弘ほか 1996『喜多見陣屋遺跡』III　世田谷区教育委員会

永井正憲 1984『手広八反目遺跡発掘調査報告書』 手広遺跡発掘調査団

野本孝明 1999「タイプサイトの実像―久ヶ原遺跡―」『文化財の保護』第31号特集弥生時代の東京　東京都教育委員会

浜田晋介 2008「朝光寺原式土器の編年と共伴土器」『シンポジウム南関東の弥生後期土器を考える』予稿集　関東弥生時代研究会・埼玉弥生土器観会・八千代栗谷遺跡研究会
比田井克仁 1999「遺物の変遷 ―遺物からみた後期社会の社会変革―」『文化財の保護』第31号　特集弥生時代の東京　東京都教育委員会
比田井克仁 2003「久ヶ原式土器成立考」『法政考古学』第29号　法政考古学会
比田井克仁 2005「後期土器の地域性 ―久ヶ原式・弥生町式の今日―」『南関東の弥生土器』シンポジウム南関東の弥生土器実行委員会　六一書房
比田井克仁 2008「久ヶ原式の展開と史的背景」『国士舘考古学』第4号　国士舘大学考古学会
松本　完 2007「武蔵野台地北部の後期弥生土器編年」『埼玉の弥生時代』　六一書房

シンポジウム「南関東の弥生後期土器を考える」雑感

菊 池 健 一

　今回のシンポジウムで提起された問題は南関東の弥生時代後期土器を考えるというものであった。当地域での研究は古く、明治17 (1884) 年 (坪井1889) に文京区本郷で見つかった土器を弥生土器1号としてその後、縄文土器と分離されていくという経緯を踏む (蒔田1896)。

　南関東での土器編年作業は杉原荘介の仕事に重きを置く。今から67年前に弥生時代が弥生町式、久ヶ原式、前野町式に区分された (杉原1940a・b・c)。

　今回のシンポジウムでは6つのテーマで討議がなされた。そのうち、中心となるのが「旧武蔵国中・南部地域の後期土器」をテーマとした小出輝雄氏と「久ヶ原式と弥生町式」をテーマとした大村直氏の問題である。

　小出氏は精細な分類を基にした型式論によって、各遺跡から出土した土器を分析している。つまり、一貫して多くのデータを蓄積することによって、地域の編年を組み立てている。これに対し、大村直氏は彼自身が調査し、報告した市原市山田橋大山台遺跡 (大村2004a) を基に弥生町式という型式名を使用せずに山田橋式という型式名を使用し、従来解釈が難しかった安房地区の土器も、山田橋式の安房型として解釈している (大村2004b・2008)。

　山田橋式の設定根拠は結節文の出現をもってなす。

　本シンポジウムの会場に参加しなかった私にとって、どのように話がすすめられたかについては知ることができないが、小出氏よりお送りいただいた文献をもとに若干の私見を提示したい (関東弥生時代研究会ほか2008)。

　まず、弥生土器1号についてである。この土器は篠原和大氏によって実測され (篠原1993)、設楽博巳氏によって再度復元されている (設楽1995)。現

在、この土器は東海東部の菊川式の流れを汲むものとして理解されている（石川 2008）。この土器の編年的な位置づけとしては。もっとも新しい段階に置く笹森紀美子氏の説（笹森 1984）に見られる通りに、弥生町式の土器として位置づける考え方が成り立たなくなっている。

また、弥生町式、久ヶ原式が同時並行するという見方も出されてきた。

果たして、弥生町式、久ヶ原式が成り立つのかという議論さえある。

しかしながら、一旦土器論を離れた立場からこの時代を見る立場として、先日、国立歴史民族博物館で開かれた学術創生研究について考えると[1]（藤尾 2009）、以前、佐原眞氏が批判した（佐原 1975）学習院大学と理化学研究所からだされたC14の成果を改めて検討してみると久ヶ原式を紀元前310年に置き、弥生町式を紀元120年から10年までに置くという考え方が、佐原氏の段階では粗くて使えなかったものが精度を増し、より精彩になってきたことが理解される。理化学的な方法にいまだ精度のずれがあったとしても各型式間に前後関係が認められる事については動かせないものと考える。他の学問領域を借りる時、我々が取り組んでいる研究の場が新たに見えてくるのではないだろうか。時間軸の組み立て方、方法は時代によって、また、資料の蓄積によって変化するのは致し方ないものと思われる。

しかしながら、歴史的な時間軸の上において、弥生町式、久ヶ原式を再度とらえ直すことについては正しいものと思う。

回答の出ない弥生町式、久ヶ原式の論争であっても、このシンポジウムを期に論を新たに展開していくことについてなんら反論はない。

強いて言えば、もう少し時間をおいて論を進めていくべきであろう。

都出氏が以前に指摘したように、同一の問題を追及しようとする者が何人いるのだろうか。

註
1) 畿内の土器について紀元50年から紀元250年という時間的な幅が想定されている。

III 新たな枠組構築への試み

参考文献

石川日出志 2008『弥生町遺跡の時代』「弥生時代」の発見

大村　直 2004a「市原市山田橋大山台遺跡」市原市文化財センター調査報告書第88集

大村　直 2004b「久が原式・山田橋式の構成原理」『史館』第31号　史館同人

大村　直 2008「山田橋式補遺」『西相模考古』第16号　西相模考古学研究会

関東弥生時代研究会ほか 2008「シンポジウム南関東弥生後期土器を考える」予稿集

笹森紀己子 1984「久ヶ原式から弥生町式へ」『土曜考古』第9号

佐原　眞 1975「農業の開始と階級社会の形成」『岩波講座日本歴史』1

設楽博巳 1995「弥生土器の様式論」『考古学雑誌』第82巻2号

篠原和大 1993「壺形土器（重文指定）」『東京大学コレクションⅠ東アジアの形態世界』東京大学総合研究資料館

杉原荘介 1940a「武蔵国弥生町出土の弥生式土器に就いて」『考古学』11-7

杉原荘介 1940b「武蔵国久が原町の弥生式土器に就いて」『考古学』11-3

杉原荘介 1940c「武蔵国前野町遺跡調査概報告」『考古学』11-1

坪井正五郎 1889「帝国大学の隣地に貝塚の痕跡有り」『東洋学芸雑誌』91

藤尾慎一郎 2009「弥生時代の実年代」『学術創生研究弥生農耕の起源と東アジア―炭素年代測定による高精度編年体系の構築―』国立歴史民俗博物館

蒋田鑓次郎 1896「弥生式土器（貝塚土器ニ似テ薄手ノモノノ発見ニ付イテ）」『東京人類学雑誌』第122号

臼井南式土器の変遷について

小 玉 秀 成

1. はじめに

　臼井南式土器の変遷について、論じられることは今まで少なかったように思われる。臼井南式土器は、印旛沼南岸域を分布の中心にもつ土器群であるのだが、口頸部に輪積痕を有し、胴部に縄文を施すという単純な文様および文様帯構成が、その時間的変化を論じるに、その指標を見つけにくいというのが原因なのではないかと思われる。

　今日一般的にいう臼井式は、熊野正也氏によって型式設定がなされ（熊野1978）、以降、浜田晋介氏や小倉淳一氏、深谷昇氏、髙花宏行氏が、一部その細分について論じている（浜田1983、小倉1991、深谷1997、髙花1999）。ここでは、前述した甕を中心に組成をなす土器群を臼井南式と認定することを大前提とする。そして、口頸部に輪積痕を有し、胴部に縄文を施す甕にのみ焦点をあて、その時間的変化を検討してみたい。また、隣接する東関東の後期弥生土器編年と照らし合わせたうえで、その併行関係を論じるものである。

2. 臼井南式の時間的変化の傾向

　印旛沼周辺の後期弥生土器編年については、髙花宏行氏の分析が詳しい。またこれによって4期5段階に設定された[1]、各土器群ないしは、指標とされた基準資料を照らし合わせるに、大体ではあるが臼井南式の時間的変化の傾向が摑めてくる。

　これによれば、大方の傾向として、輪積痕の口縁部付近への集約化、輪積痕自体の形骸化（輪積痕がしっかりと施されず、途中何ヵ所か消えているような作

III 新たな枠組構築への試み

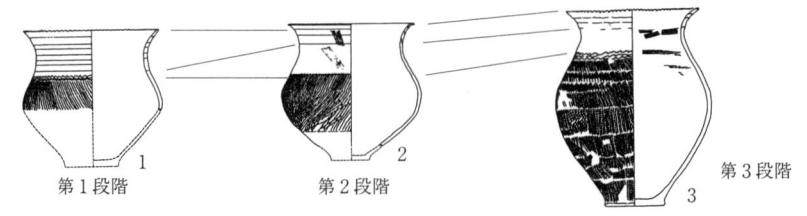

1 白井南遺跡群石神第 I 地点 36 号住（熊野ほか 1975）2 同 37 号住（熊野ほか 1975）
3 あじき台遺跡 9 号住（浜田ほか 1983）

第 1 図　臼井南式土器の変遷（縮尺 1/12）

出手法への変化）、頸部無文帯の出現などの現象がみられる。この特徴を、筆者は、2006 年に行われたシンポジウム「印旛沼周辺の弥生土器」において口頭で述べたことがある（シンポジウム「印旛沼周辺の弥生土器」実行委員会 2006）。この観点にたったとき、臼井南式について、次の 3 段階の変遷が予想される（第 1 図）。

まず 1 段階として、口頸部に輪積痕がしっかりと施されるものが認められる。標識遺跡となった臼井南遺跡群の出土土器の大多数がこれにあたり、口縁部と頸部との文様帯は区分されない。第 2 段階としては、輪積痕が口縁部付近に集約し、頸部無文帯ができる一群を挙げる。この段階では、まだ輪積痕の形骸化は起こっておらず、それはしっかりと施されている。口縁部―頸部―胴部という東関東系の後期弥生土器の文様帯構成が受容されている段階として評価することもできるだろう。次の第 3 段階は、口縁部に集約化した輪積痕に形骸化が起こり、所々で輪積痕が消えている一群を挙げる。佐倉市江原台遺跡や栄町あじき台遺跡などに良好な資料をみることができる。

これら、3 段階の土器群をここで仮に臼井南式第 1 段階、同第 2 段階、同第 3 段階と呼称したい。

臼井南式の変化の過程について、小倉淳一氏は、刷毛目調整が残る段階→ナデ調整主体の段階→輪積痕を消す段階という段階設定をしている他、深谷昇氏は、胴部の器形が球胴化するという傾向を指摘している。両氏の指摘は、今回の指摘した段階設定と齟齬する部分は少ない。よって、今回示した変化の指標は、臼井南式の段階設定のそれを増やしたという事になる。

3. 茨城県南部域を中心とする東関東系土器との併行関係

　筆者は、茨城県南部域の後期弥生土器において8期7段階の編年案を、先般示した（小玉 2008）。また髙花宏行氏が示した印旛沼周辺域の土器編年との併行関係も示した（第2図、小玉 2006・2007）。髙花編年では、印旛沼周辺域の他系統土器群をも含めての段階設定という意味合いが強い。そのため、臼井南式土器自体の編年案とは言いがたく、また先述の編年案が小玉編年、髙花編年のどの部分に相当するかという問題は、いまだ未検討であった。そこで両編年のどの部分に臼井南式が相当してくるか、若干の私見を述べたい。

　小玉編年Ⅰ段階、髙花編年1a期、大崎台2式に代表される縦スリット文様を施す土器群が主体をなす時期に、臼井南式土器が出土した例はない。このタイプの土器は、佐倉市域、八千代市域、成田市域などの印旛沼南岸、東岸にも広く分布しており、そこでも共伴例がないことから、この段階で臼井南式土器が成立している可能性はきわめて低い。

　まず第1段階とした口頸部に輪積痕を施す時期であるが、小玉編年Ⅱ段階、髙花編年1b期に相当する縦区画の入る土器群と、輪積痕を有する甕の口縁部片が柏市笹原遺跡にて同一住居址より出土している。また傍証を述べれば、この段階における土器の出土が多い佐倉市臼井南遺跡群石神第Ⅰ地点より、この時期に相当するであろう東中根2式伴行の土器が出土しているほか、稲敷郡美浦村根本遺跡第35号住居址（中村ほか 1996）では、小玉編年Ⅱ～Ⅲ段階の土器と臼井南式の壺が出土している。これらのことからすれば、臼井南式の出現は小玉編年Ⅱ～Ⅲ段階、髙花編年1b～2期である可能性が高い。

　次の第2段階に相当する土器群であるが、東関東系土器との確実な共伴例に恵まれていない。ただ後述する第3段階の土器の共伴例からすると小玉編年Ⅲ段階、髙花編年2期に伴行している可能性が高い。

　第3段階の土器は、千葉県印旛郡栄町あじき台遺跡（浜田ほか 1983）にて東関東系土器との共伴例をみることができる。あじき台遺跡出土土器は、大別して2時期に細分できると考えるが（第3図）、小玉編年に照らし合わせるならば、第30号住出土土器を前半に、第9号住出土土器を後半に位置づけ

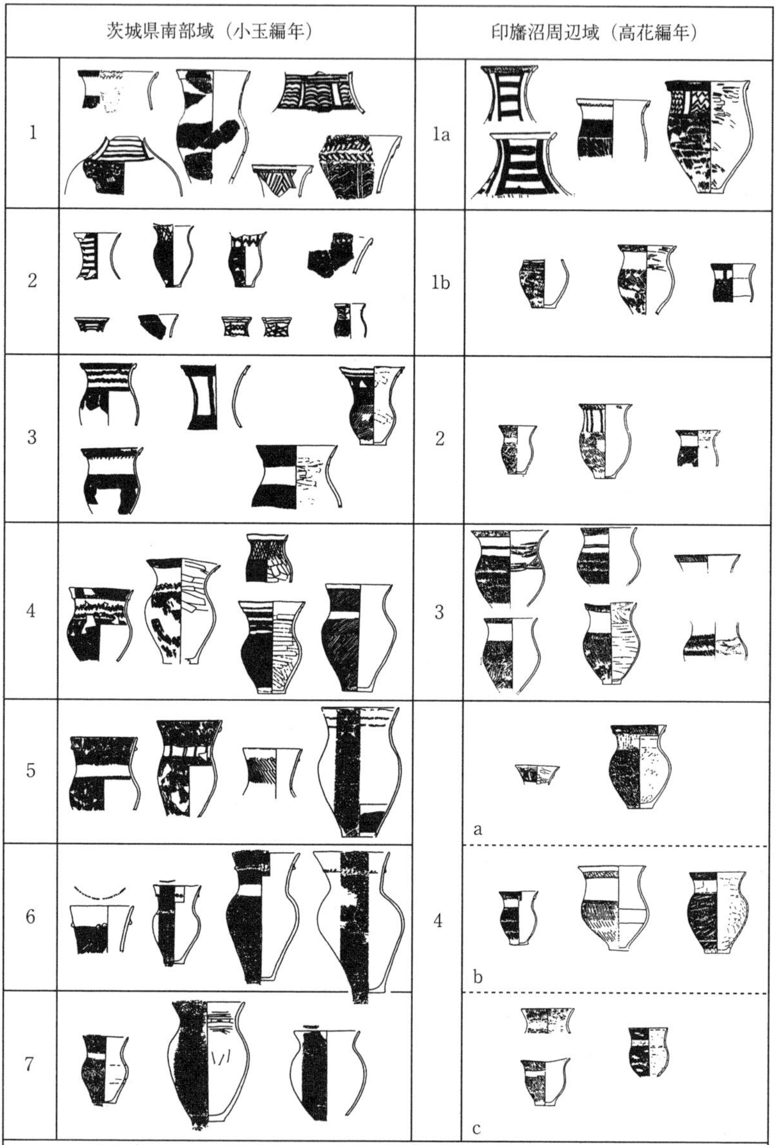

III 新たな枠組構築への試み

	茨城県南部域（小玉編年）		印旛沼周辺域（髙花編年）
1		1a	
2		1b	
3		2	
4		3	
5		4 a	
6		4 b	
7		4 c	

第2図　小玉編年と髙花編年の比較（縮尺不同）
（小玉2006・2007より一部加筆）

224

臼井南式土器の変遷について

第30号住

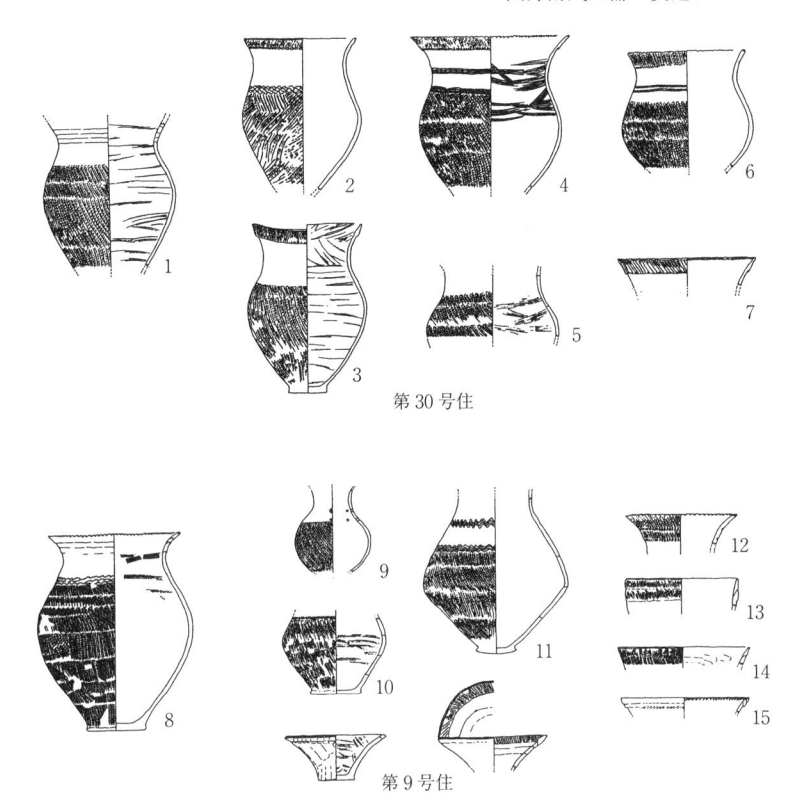

第9号住

第3図 あじき台遺跡出土の臼井南式系土器（1・8）とその共伴資料（浜田ほか 1983 縮尺 1/12）

られる。前者が櫛描文を多様し複合口縁を呈しているのに対し、後者では単純口縁となっていることから、30号住→9号住という時間差が考えられるのだが、これは、浜田編年や髙花編年とは逆の見解となっている。

　いずれにせよ、小玉編年Ⅳ段階～Ⅴ段階（髙花編年3期～4a期）に臼井南式土器の第3段階が相当することになる。ちなみに深谷氏が指摘した球胴化がみられる段階というのは、あじき台遺跡第9号住出土土器がこれにあたり、この提言を受け入れるのであれば、細分すべきなのかもしれない[2]。

Ⅲ 新たな枠組構築への試み

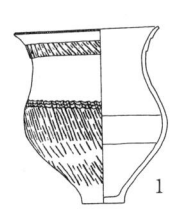

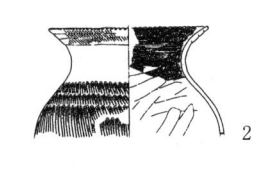

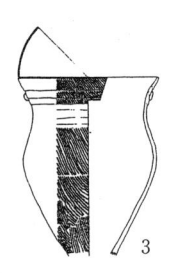

1 権現後遺跡 D054 号住（加藤ほか 1984） 2 道地遺跡 55 号住（田中ほか 2004）
3 白井長谷遺跡第 4 トレンチ
第 4 図　小玉編年 Ⅵ 段階伴行の臼井南式系土器（縮尺 1/12）

4. 第 3 段階以降の臼井南式系土器

　髙花編年では、最後の段階とした 4 期に佐倉市上座矢橋遺跡出土土器など
を指標に、茨城の上稲吉式に相当する土器群の存在を指摘した。少なくとも
口縁部（無文）ないし頸部に輪積痕を施すタイプのものは、これらの土器群
と共伴して出土した例はない。つまり先述したタイプの臼井南式の系列は、
消失していることになる。しかしながら、八千代市道地遺跡 55 号住出土土
器のように口縁部にわずかな輪積痕が残り、縄文が施され、球胴化が著しい
例や（田中ほか 2004）、同権現後遺跡 D054（加藤ほか 1984）のように 2 段の複
合口縁とも輪積痕ともとれるような口縁部、下段のみに縄文が施される土器、
さらに香取市白井長谷遺跡のように、縄文施文の輪積痕を有する口縁部に上
稲吉式土器のような 2 個一対の貼瘤がつくものなど、臼井南式の系統下で成
立すると考えられる土器群が存在している（第 4 図）。
　これらは、先ほど検討したものとは別系列の土器と考えられるため、新た
な検討を必要とするが、弥生時代の終末近く（小玉編年 Ⅵ 段階、髙花編年 4b
期）においても臼井南式土器は存在していることになる。今後は、臼井南式
の器種、系列の整理、それ毎の変遷過程を明らかにしたうえでの編年研究が
必要になってくるのは必至であろう。

5. おわりに

　以上、雑駁ながら、臼井南式土器の時間的変化について、私見を述べてみ

た。ここで検討の対象としたのは、口径に対し器形が高い、中形の甕のみである。たとえば器形が低い一群や壺など他の器種については、対象外としている。いずれにせよ臼井南式土器が土器型式として、空間的、時間的な位置づけを与えられるべき土器群であるならば、今後、臼井南式土器自身の分析、議論が必要になってくることは、間違いない。

註

1) 髙花編年は当初4期の変遷案を提示していたが、後、小玉編年1期、および2期に相当する段階が存在するということから1期を1a、1bの2時期に細分された（髙花 2007）
2) 同じ臼井南式第3段階において、球胴化が顕著なものと、そうでないものとがあり、後者を第3段階（古）、前者を第3段階（新）として位置づけることも可能かもしれないが、系列差である可能性も残っているので、本稿では可能性の指摘に留めておきたい。

参考文献

小倉淳一 1991「北総地域における弥生時代後期の土器様相について ―印旛沼南岸の遺跡を中心として―」『法政考古学』16

加藤修司ほか 1984『八千代市権現後遺跡』

小玉秀成 2006「周辺地域の様相2『茨城県から』」『シンポジウム印旛沼周辺の弥生土器』

小玉秀成 2007「茨城県南部域から見た印旛沼周辺地域 ―後期弥生土器の伴行関係から―」『考古学ジャーナル』557

小玉秀成 2008「霞ヶ浦沿岸における弥生時代後期土器の変遷」『地域と文化の考古学』II

シンポジウム「印旛沼周辺の弥生土器」実行委員会編 2006『シンポジウム印旛沼周辺の弥生土器』

熊野正也ほか 1975『臼井南』

熊野正也 1978「佐倉市・臼井南遺跡出土の後期弥生式土器の意味するもの」『MUSEUM ちば ―千葉県博物館協会研究紀要―』9

髙花宏行 1999「印旛沼周辺地域における弥生時代後期の土器の変遷について」『奈

Ⅲ 新たな枠組構築への試み

　和』37

髙花宏行 2007「印旛沼周辺地域の後期弥生土器と栗谷式土器」『考古学ジャーナル』557

田中　裕ほか 2004『船橋印西線埋蔵文化財調査報告書2　八千代市道地遺跡』

中村哲也ほか 1996『根本遺跡』

浜田晋介ほか 1983『あじき台遺跡』

浜田晋介 1983「印旛沼周辺地域に於ける弥生時代後期の様相 ―あじき台遺跡出土土器を中心として―」『物質文化』41

深谷　昇 1997「臼井南式土器について」『弥生土器シンポジウム ―南関東の弥生土器―』

深谷　昇 1998「弥生時代東関東系土器に関する若干の考察」『千葉氏戸張作遺跡』Ⅰ

「久ヶ原2式」への接近

鈴木正博

1. 序―「久ヶ原式」制定の手続きと「装飾帯論」の限界に学ぶ―

　南関東地方のとりわけ武蔵野台地における弥生式後期の編年研究は、周知のように杉原荘介による到達点である『弥生式土器集成　本編』(1968) と菊池義次による『安房勝山田子台遺跡』(1954) で展開された「装飾帯論」に代表される。

　前者は、説明責任として個別実測限定土器の様式分類にしたがうのみで、検証に乏しい土器群の組み合わせを単純化することに主眼が置かれ、遺蹟における実態よりも個人の分類結果が重視される。

　それに対し後者は、久が原台地に観られる装飾帯の歴史的変遷の解明に主眼が置かれ、推移変遷列の細別とその結果による土器群の組み合わせを検証する手続きが重視され、様式分類とは異なる弥生式土器研究の方法として議論された。

　1970年代に弥生式を学んだ者にとって、前者の方法には様式分類の押しつけ以外に考古現象に照らした細別視点がなく、したがって見解の相違以外には内容に準じた議論ができず、弥生式土器研究法における関心の対象から外れることになる。

　そこで当然のように後者に関心が移るわけであるが、後者は「久ヶ原式」による歴史的変遷以外には細別の必要はなく、久が原台地における拠点遺蹟としてきわめて美しい集落変遷観が期待される。勿論、後者に至る経緯は戦前における山内清男の『日本先史土器図譜』(1939) による指示そのものであり、縄紋式における「大洞式」や「大木式」の細別と同じ方法によって「土器型式」の制定と細別が進行し、資料の蓄積と土器群の組み合わせの妙

III 新たな枠組構築への試み

が研究の進展に直結したことは言をまたない。

一方、菊池義次は『印旛手賀』(1961)において関東地方における弥生式後期の「土器型式」が思いのほか複雑な展開を示すことを知ったにもかかわらず、下総方面で発達する新たな装飾帯(沼南村幸田原遺蹟や柏市戸張遺蹟の文様帯)を、「久ヶ原式」装飾帯の地方的範疇の検討を不問とし、年代的な前後関係において比較できると判断した。私はこの時点から「久ヶ原式」概念とその装飾帯の研究に変調が見られ始めたと認識しており、学史的には重要な変換点を示した指摘でもあり、改めて「**幸田原・戸張装飾帯の変**」として注意を促しておきたい。

さらに不幸は続き、通説として流布してしまった杉原荘介の勢いに押され、『大田区史 資料編考古I』(1974)においてはこれまでの「久ヶ原式」細別の考え方をあろうことか撤回し、久が原台地の変遷から逸脱し様式論に準じた装飾帯の変遷を解説することになった。その根拠がすでに示した「幸田原・戸張装飾帯の変」であり、ここにおいて山内清男の『日本先史土器図譜』による指示からも離れ、「久ヶ原式」内部において出現していた「結節文と羽状縄文」による単純な構成文についても「久ヶ原式」の範疇から除外してしまったのである。

その結果、後年の『弥生文化の研究4』(1987)では見事なまでに懺悔のオンパレードとなり、当初の『安房勝山田子台遺跡』に戻るべきと反省したのである。この懺悔がなければ、私は山内清男と菊池義次が進めてきた「久ヶ原式」研究には触れることがなかったであろうし、今でも『大田区史 資料編考古I』を典拠としていたかもしれない。男らしさが窺える見事な懺悔にどれだけ後進が安堵したであろうか、少なくとも一時ではあるが同じ時代に研究を共有した身には計り知れない勇気さえ感じ取れるのである。

私は南関東の弥生式後期の編年が菊池義次による『安房勝山田子台遺跡』以外の方法によって構築できるとは思えないし、これまでもその方法に準じて研究し、1970年代後半には「十王台式」研究法を構築した経緯がある。

勿論、菊池義次にも問題がないとは言えない。「幸田原・戸張装飾帯の変」と強調したように、久が原台地を離れた方面において「装飾帯論」を展開し

たにもかからず、文様帯として系統論への配慮に慎重になるどころか、様式論同様に斉一性的先入観を優先した節がある。菊池義次の最大の細別成果が弥生式に装飾帯の考え方を導入した点にあるとしても、最大の弱点もまた装飾帯の系統研究の側面にあったことは否めない事実である。

そこで本稿ではこれまで私が「十王台式」研究で進めてきた「文様帯系統論」の観点によって、再度山内清男や菊池義次が求めていた「久ヶ原式」の理解に接近してみたいと思う。

2.「文様帯系統論」から観た「久ヶ原2式」期

私の立論は1970年代後半から公表している通り、弥生式後期の編年を新たに確立したうえで同じ階段の文様帯を系統研究として考察することに当面の課題を見出しており、甕などの「粗製土器様式」はせいぜい新旧や集団の目安程度に過ぎず、原則として編年の決定に根拠として使用することはしない。決定された編年にどのような「粗製土器様式」が伴存するか、下位の集団構成は上位と一致するのか、などを参考までに検証する立場である。

また、解説すると長くなるため逐一の文献引用は省略にしたがうが、菊池義次による「久ヶ原式」の細別観については笹森紀己子や松本完などが早くから評価し、壺における「久ヶ原Ⅰ、Ⅱ、Ⅲ式」が、変遷プロセスを分析する視点によって導出されてきた経緯としてある程度は巷間に流布しているものと判断している。

そこで「文様帯系統論」から観たときに一番関心が集中するのは、笹森紀己子や松本完が問題視してきた「久ヶ原Ⅱ式」の決定問題である。本稿では菊池義次の「装飾帯論」を評価・検証する視点に加え、更なる細別の含意を示すことになるため、文様帯によって変遷が追える「久ヶ原式」期の細別を「久ヶ原1、2、3式」期と別表記した上で、問題にされ無視されてきた「久ヶ原2式」期の文様帯を議論することによって、「久ヶ原2式」期の地方系列の複雑さと「複合」の状況、及び「土器型式」細別の重要性を明らかにする（詳細は別の機会に委ねるが、この「久ヶ原2式」期には「久ヶ原Ⅱ式」ばかりでなく、松本完の指摘にもあるように菊池義次が「久ヶ原Ⅰ式」とした範疇の後半

III 新たな枠組構築への試み

階段も含まれているため、算用数字に変更して表記することにした）。

まずは典拠にしたがうのが研究の出発点である。第1図は田子台遺蹟で報告された装飾帯である。1〜7の装飾帯を「TⅡ」、8〜10の装飾帯を「TⅢ」と分類されたのであるが、この分類視点は安房方面の地域性に配慮してか、後年の『大田区史　資料編考古Ⅰ』には積極的には活かされなかった。今日では学史的に前者を「久ヶ原2式」期、後者を「久ヶ原3式」期と理解する典拠として活用すべき文様帯である。

とくに8の菱形構成や10の梯子構成のように文様が煩雑なまでに入れ子状に充塡される装飾帯は「久ヶ原Ⅲ式」として終生変わらぬ編年的位置を貫いており、「**久ヶ原Ⅲ型装飾帯**」と呼び、「久ヶ原3式」期の特徴ある範疇として継承すべきと考える（この「久ヶ原Ⅲ型装飾帯」を中心に変遷と系列化を議論したのが黒沢浩であり、「二ツ池式」構想となって結実したが、「幾何学文の変遷」において菊池義次と同じ陥穽に嵌っており、再考を促したい。大村直の「「東京湾岸形A類」装飾壺形土器」に至っては「亜類」において「久ヶ原2式」の文様帯を「終末期」に置くなど、文様帯の変遷に系統を各所で見誤っており、まずはこれまでの「久ヶ原式」研究における装飾帯の議論を踏まえるべきであろう。とくに「山田橋式」には「久ヶ原2式」期と「久ヶ原3式」期との混乱及び変遷上の不整合が顕著に見られ、その独断的な配置には変遷プロセスを説明できない様式論の極致を見た思いがする。自分の意見を強調する前に、先学の型式学に学ぶ姿勢が必要に思われる）。

では、「久ヶ原2式」期の文様帯を確認したい。第1図1・2は横線区画を伴う地文縄紋に鋸歯文を上下に半周期ずらして連続菱形文を構成し、菱形の外側を磨り消し（「**磨消菱形構成鋸歯文**」）、それを2では少なくとも2段重畳させる文様構成である。「山形縄紋帯」などの大柄な文様帯が定着した「久ヶ原1式」期に対し、「久ヶ原2式」期では新たに追加すべき小柄な文様帯が出現し「複合」することに大きな特徴が指摘されたわけであるが、「久ヶ原Ⅲ型装飾帯」のような複雑かつ煩雑な構成に至っていない点は、型式学の重要な発見であった。久ヶ原遺蹟でも小柄な「磨消菱形文」の「久ヶ原2式」は定着している。

第1図3〜5は横線区画を伴う地文縄紋に斜格子文を展開する文様帯で、

「久ヶ原2式」への接近

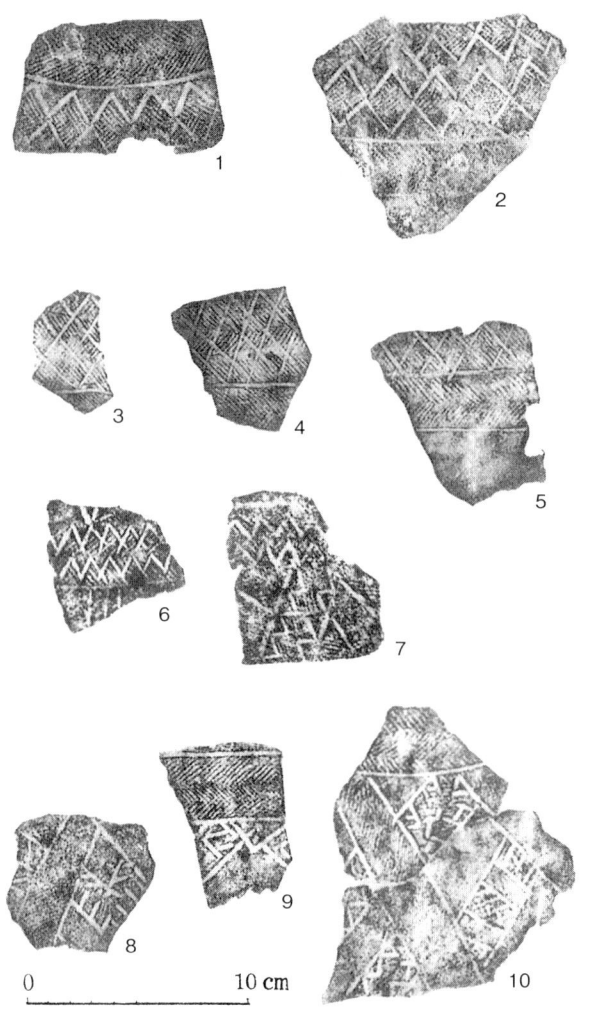

第1図　田子台遺蹟の「久ヶ原式」期文様帯
「磨消菱形構成鋸歯文」(1・2)
「斜格子充塡文」(3・4・5)
「磨消横帯文内充塡鋸歯文」(6・7)
「久ヶ原 III 型装飾帯」(8・9・10)

III 新たな枠組構築への試み

「斜格子充塡文」と呼ぶ。「斜格子充塡文」自体は久ヶ原遺蹟にとって異質に映るが、横線区画の縄紋地に幾何学文を単純に描く点に共通項を認めたものと思われる。

第1図6・7は1～5までの文様帯とは異なり、磨消横帯文の内部を2段の鋸歯文で充塡させる配置に特徴がある。この作法も久ヶ原遺蹟には見られず、充塡する文様が鋸歯文という単純な構成（「**磨消横帯文内充塡鋸歯文**」）であることから「久ヶ原III型装飾帯」の直前に位置づけたものと思われる。その証拠に第1図10の一部には「磨消横帯文内充塡鋸歯文」がパーツとしてのみ埋め込まれており、「久ヶ原III型装飾帯」の複雑さと煩雑さ、およびそれ以前の文様を継承されるプロセスが誰にでも良く理解できるであろう。しかし、小破片という課題もある。

畢竟、田子台遺蹟では「鋸歯文」の変遷を鍵とする型式学により、「久ヶ原2（古）式」期（第1図1・2）→「久ヶ原2（新）式」期（第1図6・7）→「久ヶ原3式」期（第1図8～10）という文様帯による変遷列が考察され、「久ヶ原式」の内部構造には「久ヶ原III型装飾帯」の直前に「**鋸歯文系列**」とすべき文様帯の系統が導出される。

しかも第1図3～5のような「斜格子充塡文」が「久ヶ原2（古）式」期に成立しているものと考察される。「幸田原・戸張装飾帯の変」でもこの「斜格子充塡文」がかかわっていたことを石坂俊郎の『古代』第83号で知ったが、広い範囲に影響力を有する文様帯である。

以上、菊池義次の装飾帯における型式学にしたがうならば、「久ヶ原2式」と定義された文様帯の性質には改めて強い限定性が認識できるのであり、そこに細別の意義を確認しなければならない。

3. 最近の議論に用いられた資料に観る「久ヶ原2式」期概観

では、田子台遺蹟で型式学的に導出され見直された「久ヶ原2式」期を、近年の住居址出土資料の代表例を吟味したシンポジウム予稿集の集成図で検証しておく。紙面の制約もあり、最近話題になった土器群の一部を対象とせざるを得ないうえに、図版の再録や個別の解説は別途の機会を得ることとし、

省略にしたがう。

　黒沢浩が議論した遺蹟には「久ヶ原2式」期が目立つ。神奈川県では二ツ池遺蹟3号住居址の文様帯が典型であろう。神之木台遺蹟13号住居址、新羽大竹遺蹟1号住居址も典型的な「久ヶ原2式」期である。かつて問題となり、すでに忘れられた観のある新羽大竹遺蹟7号住居址は新しくとも「久ヶ原2（古）式」期である。

　千葉県に移ろう。健田遺蹟は「久ヶ原2（古）式」の地方系列の典型であり、根方上ノ芝条理跡F地点SD1出土土器群には「久ヶ原2（新）式」の地方系列としての典型が纏っている。

　黒沢浩の「二ツ池式」戦略は、私にこのような議論をさせた点において問題とすべき土器群を見事なまでに論っており、その点も含めて型式学の姿勢として正攻法といえるが、様式論者にはその意味が理解できないようだ。

　次に大村直の議論に用いられた資料を見るならば、長平台遺蹟202号方形周溝墓は「久ヶ原2（古）式」期、201号方形周溝墓が「久ヶ原2（新）式」期であり、文様帯の組み合わせはいくつかの系統が関与しており、大いに参考になる資料である。別途地方系列の議論で個別に触れる機会を得たい。

　すでに触れたが、「「東京湾岸形A類」装飾壺形土器」、「東京湾岸形B類」装飾壺形土器、「「安房形」装飾壺形土器」は変遷プロセスと系列による「複合」に抜本的な見直しが必須で、早期に自主的な撤回を望む。

　松本完は白楽遺跡の一括出土とされる資料に注目するが、「文様帯系統論」の立場からは新しい階段の資料とは思えず、「久ヶ原2式」期に伴存する壺として問題ないのではないか。何故新しくなるのか、私にはその根拠が分からない。久が原台地の久ヶ原遺蹟6-18地点の壺は白楽遺蹟の壺より古く、「久ヶ原1式」期の後半に置くことも検討すべき資料である。

　様式論者の定義する「弥生町式」は「久ヶ原式」と「弥生町出土」との関係において吟味しなければなるまい。石川日出志すら弥生町貝塚に触れる時代になったのであり、本稿で述べた「久ヶ原式」期各種変容のように自由闊達に「弥生町式」の定義について議論すべきと思う。縄紋原体さえ分かれば、杉原荘介のように味噌も糞も一緒にすることにはなかったであろうし、設楽

III 新たな枠組構築への試み

第2図 佐島の丘遺蹟の特徴 (1～8) と「久ヶ原Ⅱ式」(9)
(「佐島の丘型縄紋帯壺」(2・3・5) を含む「佐島の丘型羽状縄紋広域化現象」(1・6・9) に注目することによって、「土器型式」の特定と地域間交流が射程に入る。)

博己の復元図も誤解であることが理解されるであろう。

　以上、紙面の都合で最近議論された資料の一部に特化して「久ヶ原2式」期の典型例のみを取り上げたが、それらは菊池義次が田子台遺蹟において指摘した装飾帯を「分類の標準」にし、活用することによって文様帯として検証され導出された結果である。

　さて、「久ヶ原2式」の変容概観で最後に触れておくべきが佐島の丘遺蹟群から出土した土器群の一部である。第2図2・3はY154A住居址出土、第2図5はY176住居址出土の「久ヶ原2（古）式」期に伴存する「**佐島の丘型縄紋帯壺**」である。横線区画面は広く、そこに縄紋帯として羽状を意識しつつ何段にも施文する作法であるが、肩部に広く縄紋を施文する風習が「久ヶ原2（古）式」期に定着していることが重要であろう。

　田子台遺蹟の文様帯との関連では、Y176住居址から第2図4の「斜格子充塡文」が検出されており、安房方面の系統も関係していることは他の文様帯も併せて明らかである。

　とくに強調すべきは第2図8の体部文様帯の重畳現象であり、「文様帯系統論」にとって「久ヶ原Ⅲ型装飾帯」の出現に必須の性質である。

　一方で気になる縄紋施文作法も特徴的である。「佐島の丘型縄紋帯壺」にとどまらず、第2図1・6に観るように横線区画の羽状縄紋帯自体も久ヶ原遺蹟の作法とは異なり、縄紋施文域が広くなる特徴がある。それはまたかつて久ヶ原遺蹟における「久ヶ原Ⅱ式」の典型とされた第2図9の完形壺とも共通している。このように「佐島の丘型縄紋壺」と同期するように、第2図1・6・9の現象が顕著になっており、それを「**佐島の丘型羽状縄紋広域化現象**」と呼ぶならば、学史的な久ヶ原遺蹟の資料中にも佐島の丘方面の系統が進出していたのである。この縄紋施文作法の大きな違いは「土器型式」の違いにまで昇華されるべきであろう。

　ちなみに大宮台地には「佐島の丘型縄紋帯壺」の横線区画ではない土器群が主体的に展開しているが、その関係はY176住居址出土例である第2図6・7の伴存から導出されるべき性質であろうか。今後の課題ではあるが、直接ではないにしても縁辺文化として共通しているように思えてならない。

Ⅲ 新たな枠組構築への試み

　本稿では田子台遺蹟の型式学が問題の発端であること、および紙面の都合もあって地域的には神奈川県東部と千葉県の一部について触れたに過ぎないが、文様帯による型式学が久が原台地を中心とした地域においてもっとも強固な変遷として成立することは勿論である。

4. 結語―「環東京湾縁辺文化」の形成―

　「久ヶ原式」は環東京湾沿岸における推移的閉包による各種地方系列の「複合」がその正体である。シンポジウム予稿集を瞥見しただけでも系列が複合して分布している現象が明らかであるが、しかし残念ながら系統を見極めるための編年が確立していないので、歴史的動態の概観すら尚未達の状態となっているのが南関東弥生式後期研究の現状であろう。

　東部関東の弥生式後期編年を構築し、次には東北地方と南関東とを繋ぐことを企図したが、南関東における研究の停滞には正直のところ、巻き込まれたくなかった。その原因は破片考古学の不在にあることが明らかであり、破片の情報を読み取り、装飾帯として復元を検討する訓練が欠落しており、それ故に菊池義次を除いては装飾帯の研究はほとんど行われなかった。

　遺蹟の形成プロセスと「土器型式」は切り離すことができない。住居址から出土する破片や遺構外出土の土器片も遺蹟形成にかかわった廃棄であり、それらはその遺蹟における土器群の変遷プロセスに深く関与しているはずである。そうした情報を新旧に秩序立てるのが型式学であり、多くの遺蹟で矛盾なく説明できるように日夜試行錯誤と検証を続けているのが私たち「土器型式」研究に従事する者の現実の姿である。そうした姿勢で今回「久ヶ原2式」に接近したが、一部触れている通り、久が原台地から離れると文様に異系列が複数形成され、その組み合わせによって**環東京湾縁辺文化**と称すべき「複合」による濃淡現象が展開している。

　今回の小出輝雄による発表は「環東京湾縁辺文化」のようなニュアンスで大きく「久ヶ原式」として一括りにしたいようであるが、その是非を論じるためには順序として横串を貫く共通基盤とその変容の実態を分析することが先決である。今後に説明責任が立ちはだかっている。

さて、「久ヶ原2式」期には本稿で一部指摘したように系統的にダイナミックな交流関係が予察されるが、それは「久ヶ原1式」期の実態を知らないから勝手にそう思っているだけなのかもしれない。シンポジウムの席上でも多少示唆したが、後期初頭の土器群を確定することが早急の課題であり、鎌倉市域の土器群を見る限り、東部関東からのより大きなうねりを感じざるを得ないのである。その一部が椎津茶ノ木遺蹟に凝縮していると素直に考えるべきであるが、特別扱いされ無視されてしまうと混乱は益々増長するだけであり、積極的かつ分析的な取り扱いを希望する。

本稿では「複合」関係によって「環東京湾縁辺文化」として包括される地域の、極論すれば10kmから20km程度の最小の分布単位に「土器型式」が成立しているとの立場で議論しているが、そのためにも「久ヶ原2式」期の文様帯を代表例にとり、編年の構築と系統の分析に文様帯の研究が如何に重要であるかについて簡単に触れたに過ぎない。詳細については新たな機会を得たいと思う。

参考文献

シンポジウム南関東の弥生土器実行委員会編 2005『南関東の弥生土器』考古学リーダー5　六一書房

シンポジウム南関東の弥生後期土器を考える実行委員会編 2008『シンポジウム南関東の弥生後期土器を考える　予稿集』

鈴木正博 1995「茨城弥生式の終焉―「続十王台式」研究序説―」『古代』第100号　早稲田大学考古学会

鈴木正博 1999「本邦先史考古学における「土器型式」と縦横の「推移的閉包」―古鬼怒湾南岸における弥生式後期「下大津式」の成立と展開―」『古代』第106号　早稲田大学考古学会

久ヶ原式土器研究の前に

齋 藤 瑞 穂

1. 起稿の契機

2008年1月に開催されたシンポジウム「南関東の弥生後期土器を考える」に先立つこと1ヶ月余前、小出輝雄氏と鈴木正博氏が、武蔵野台地の後期弥生土器編年について意見を交わすというのを耳にした筆者は、勉強する良い機会とばかりに、会場となった東浦和駅近くの喫茶店「カフェOB」へ足を運んだ。

そこで議論されていた内容は、本記録集などに掲載される両氏の論考に反映されるであろうから、ここではふれない。ただ1点、本稿に関わるところとして紹介しておかなければならないのは、「武蔵野台地のなかにさえも、久ヶ原式には含められない資料があるのではないか」、という鈴木氏の発言である。そうして、「房総とかではなく、武蔵野台地のなかですか?」と怪訝そうに訊ねた筆者に対し、鈴木氏が課題としてあたえたのは東京都新宿区下戸塚遺跡の分析であった。

2. シンポジウムに参加して

その後、中根君郎らの報告や『弥生式土器聚成図録』などに掲載された東京都大田区久ヶ原遺跡出土の久ヶ原式土器と（中根ほか1929、小林1939）、下戸塚遺跡の土器とが（板倉ほか1993、車崎ほか1996、荒川2003）、どのような点で共通し、あるいは異なるのかを考えながら年を越し、シンポジウムの日をむかえた。

今回のシンポジウムでは、まず、編年の柱が東京湾の西・東岸に2本用意され、それらをベースに内陸部諸地域との併行関係が検討された。後期に焦

点が絞られていたこともあって、2004年のシンポジウム「南関東の弥生土器」で議論された地域色の問題がいっそう深く掘り起こされ、東京湾沿岸域を1つの型式圏として括るような視点は、もはや払拭されたようにさえ感じられた。

それでも、検討されるべき課題は、数多く残っている。その1つとして、既存の諸型式が通用するレンジを把握することが挙げられよう。すなわち、久ヶ原式とはそもそもどのような土器型式か、何をもって久ヶ原式とそれ以外を峻別すべきかという問題である。

このような問題意識で、鈴木が注意していた下戸塚遺跡の土器を見返すと、たしかに同式にはない独自の要素もみとめられるのである。それは、東海系土器が多く含まれる、というような表面的なものでは決してない。

3. 下戸塚遺跡出土土器の二者

下戸塚遺跡の土器については、松本完による精緻な研究成果があり、5期に区分されている（松本1996）。宮ノ台式直後の1期から2期は環壕内に住居を営んでいたが、3期には環壕を埋めて、その内外に住居をつくる。そうして4期以降は、主体が外側に移るという。

さしあたって、環壕内部の土器と外部のそれとに大別した場合、その両グループには甚だしい違いがみいだされる。すなわち、内部の出土品が、おしなべて①口縁部や肩部に狭い文様帯をもつ、②口内帯を有する例がある、③櫛刺突文や単節・無節縄文による帯状の文様がほとんどである、④久ヶ原式土器で頻用される山形文は極めて少ない、⑤折返・単純口縁が多数を占め、複合口縁の例は乏しい、という特徴をもつのに対して、環壕の外側から出土した例は、①'口縁部や胴上半部に幅広の文様帯をそなえ、②'口内帯をもつものがほとんどない。また、③'もっぱら単節縄文を駆使し、無節縄文や櫛刺突文はみあたらない。④'胴上半部の文様帯は2ないし3段で構成され、久ヶ原式土器にみられる鋸歯文なども少なくない。さらには、⑤'複合口縁壺が多く、逆に折返口縁のそれはほとんどないのである。これは、松本の編年で1期から3期までに位置づけられた土器群と、4・5期とされた諸例と

III 新たな枠組構築への試み

のあいだに、大きな転換があった可能性を示唆している。

4. 久ヶ原式土器との比較（1）

　下戸塚遺跡の環濠内部の土器には、東海方面の後期弥生土器の技法が少なからず影を落としていることが、すでに知られている。これは、南関東地方のなかでも、際だった特色であるらしい（たとえば　比田井 2005、黒澤 2005）。たしかに久ヶ原遺跡では、口内帯を有し、あるいは櫛刺突文で装飾するような壺はともなわない。

　ともすれば、壺の櫛刺突文装飾やハケ整形甕の存在のみに眼を奪われがちな環濠内部の土器ではあるが、久ヶ原式土器との相違点はこれらのみにとどまらない。縄文装飾の壺に限ってみても、久ヶ原式は、「文様帯は、他の部分と、かならずといってよいほどに、沈線によって区切られ」るのに対して（杉原 1968: 114 頁）、下戸塚遺跡環濠内部の土器は、厳密に上下端とも区画されるわけではない。

　しかし一方で、共通点もまたみとめられる。たとえば 18 号住居址では、胴部を沈線区画の山形文で飾った例や、頸部と肩部の両縄文帯間に縦スリットを配した例が出土した。前者は言うまでもなく、久ヶ原 I 式を特徴づける文様で、久ヶ原遺跡自体に例があり、後者については、東京都荒川区西日暮里道灌山遺跡例をはじめ（後藤 1934）、埼玉県さいたま市浦和区駒場前耕地遺跡例や東京都杉並区堀ノ内方南峰遺跡例などが知られる（青木 1970、重住ほか 1978）。いずれにせよ、下戸塚遺跡環濠内出土の土器には、東海地方の後期弥生土器に系譜を辿りうる特徴と、南関東地方在来のそれとが共存しているらしい。

5. 久ヶ原式土器との比較（2）

　下戸塚遺跡で環濠の外側から出土した土器は、概して松本の編年の 4・5 期に属するものである。

　すでに述べたように、壺は 2 ないし 3 段で構成される幅広の文様帯を胴部に配し、最下段を鋸歯文や三角文などで飾る。また、環濠内に比べて、複合

口縁壺の出現率が高い。環壕内部の諸例も、南関東地方の後期弥生土器の特徴をまったくもたないわけではなかったが、しかし外側では、共通性が格段に増していて、一見、久ヶ原式と呼んでも大過ないようにさえみえる。

さて、前節と同様に、環壕の外側の諸例についても久ヶ原式土器と比較しておくと、まず、鋸歯文などが両者に共有される点は、もはや多言を要すまい。そうして、もう少し詳しくみれば、下戸塚遺跡42号・44号両住居址出土の壺が、山形の沈線で縄文帯を画する点が注意される。前節でとりあげた18号住居址の山形文と混同しないよう、ここでは山形区画文と呼んでおく。

久ヶ原遺跡では、この区画文を用いた土器が、6-9地点の1号方形周溝墓から出土している（野本ほか2007）。ただし、同遺跡でも例数がそう多いわけではない。対岸の房総半島で、大村直のいう「「安房形」装飾壺形土器」が（大村2007）、これを頻用する。したがって、山形区画文は南関東地方一円に流布した文様とみなすことができる。

これに対し、久ヶ原遺跡の久ヶ原式土器や、同式期に属する房総方面の諸例にはあって、下戸塚遺跡環壕外部にない文様もある。それが、「「沈線と羽状縄文と結節文」の併用で、（胴部装飾帯）の極度に複雑化する」（菊池1974：95頁）と表現される複雑な幾何学文で、久ヶ原III式の特徴とされる。

環壕内部では、胴部最大径付近に山形文を配した土器が出土していた。したがって、そこで営まれた住居群の時期は、菊池義次のいう久ヶ原I式の時期と接点をもつであろう。そうして、松本の編年案によれば、環壕の外側の住居址群は内部よりも新しいというから、そこから出土した土器は久ヶ原I式期より新しい可能性が極めて高く、おそらくIIもしくはIII式期に相当するはずである。ところが、環壕外部の諸例には、幾何学文装飾の壺がまったくみられないのである。

6. 南関東後期弥生土器研究の視座

以上のように、下戸塚遺跡から出土した土器には、久ヶ原遺跡出土の久ヶ原式土器と異なる特徴がいくつかみとめられた。また、環壕の内と外とのあいだでさえも連続性があるようにはみえず、何らかの大きな転換点が潜んで

Ⅲ 新たな枠組構築への試み

いるように思われた。

　以上の結果は、南関東地方の後期弥生土器研究に対して、個々の遺跡レベルの分析を強く迫るものである。久ヶ原遺跡と下戸塚遺跡とが指呼の距離にあることを思えば、標式遺跡との遠近に左右されることなく、あるいはア・プリオリに台地単位で括ることなく、ひとつずつ系統を辿ることによってしか、「地域」は析出できないのであろう。

　畢竟、このような土器様相の背後にひかえているであろう、往時の人間活動に接近しようとするかぎり、最大公約数的にまとめあげてきた段階からの脱却は、早期に果たされなければならないのである。

　本小考を草するにあたって、鈴木正博氏、小出輝雄氏、松本完氏、昆彭生氏に多くを学び、また、御高配をたまわりました。末筆ではありますが、御芳名を記しまして、深甚なる謝意を表する次第です。

参考文献

青木義脩 1970「浦和市駒場・前耕地遺跡出土の弥生式土器をめぐって」『埼玉考古』第 8 号　埼玉考古学会

荒川正夫 2003『下戸塚遺跡第 2・3 次調査報告』　早稲田大学教務部本庄考古資料館・早稲田大学

板倉歓之ほか 1993『下戸塚遺跡 ―西早稲田地区第一種市街地再開発事業に伴う埋蔵文化財発掘調査報告書―』　新宿区西早稲田地区遺跡調査会

大村　直 2007「山田橋式補遺」『西相模考古』第 16 号　西相模考古学研究会

菊池義次 1974「南関東後期弥生式文化概観」『大田区史』（資料編）考古Ⅰ　大田区史編纂委員会・大田区

車崎正彦ほか 1996『下戸塚遺跡の調査』第 2 部　早稲田大学校地埋蔵文化財調査室・早稲田大学

黒沢　浩 2005「後期土器の地域性　報告（2）―久ヶ原式・弥生町式の今日―」『南関東の弥生土器』シンポジウム南関東の弥生土器実行委員会・六一書房

小林行雄 1939『弥生式土器聚成図録』正編解説　東京考古学会

後藤守一 1934「東京帝室博物館所蔵の弥生式土器 ―口絵図版聚成図解説―」『考

古学』第 5 巻第 3 号　東京考古学会

杉原荘介 1968「南関東地方」『弥生式土器集成』本編 2　日本考古学協会弥生式土器文化総合研究特別委員会

重住　豊ほか 1978『方南峰近隣（第一）遺跡』　杉並区教育委員会

中根君郎ほか 1929「東京府久ヶ原に於ける弥生式の遺蹟、遺物並に其の文化階梯に関する考察」『考古学雑誌』第 19 巻第 11 号　考古学会

野本孝明ほか 2007『久ヶ原遺跡Ⅰ・山王遺跡Ⅰ・大森射的場跡横穴墓群』　大田区教育委員会

比田井克仁 2005「後期土器の地域性　報告（1）―久ヶ原式・弥生町式の今日―」『南関東の弥生土器』　シンポジウム南関東の弥生土器実行委員会・六一書房

松本　完 1996「出土土器の様相と集落の変遷」『下戸塚遺跡の調査』第 2 部　早稲田大学校地埋蔵文化財調査室・早稲田大学

南関東・東海東部地域の弥生後期土器の地域性
― とくに菊川式土器の東京湾北東岸への移動について ―

篠 原 和 大

1. はじめに

　南関東後期弥生土器研究の混沌とした状況は、ここ十数年の調査・研究の進展によっていくつかの指針を得たように思える。ひとつは、とくに内房地域の土器編年の整備であり（君津郡市文化財センター 1996、大村 2004a・b）、ある程度安定した土器の変遷が示され、久ヶ原式・山田橋式土器の提示を得た。いまひとつは神崎遺跡（綾瀬市教育委員会 1992）、下戸塚遺跡（早稲田大学校地埋蔵文化財調査室 1996）の報告を経て、東海系土器の集団規模での移動とその変容が追究されたことである（松本 1993、立花 1993 など）。久ヶ原式を東京湾岸の安定した土器型式としてとらえることができれば（篠原 1998）、菊川式土器の東京湾北東岸への移動についても、異系統土器の接触の問題としてとらえなおすことができる。しかし、土器の移動については、移動元と類似する土器を抜き出してその影響を指摘するのみでは理解しがたい、変容、模倣、折衷といった問題を有しており、それを紐解くためには、土器の系統的な理解を今一度深めるとともに手法レベルからその特徴と関係をとらえる必要があると考える。ここでは、南関東・東海東部地域の当該期の土器の系統関係を整理し、とくに、菊川式土器の武蔵野台地東部への移動について考えることでシンポジウムへのコメントとしたい。

2. 南関東・東海東部地域の後期弥生土器の系統

　当該地域の中期後半の弥生土器は、南関東地域には宮ノ台式、駿河湾地域には有東式、遠州灘沿岸の天竜川以東、牧ノ原台地にいたる地域に白岩式土器がおおむね分布すると見てよいであろう。中期後半の前半段階にはとくに

南関東・東海東部地域の弥生後期土器の地域性

白岩式土器が宮ノ台式、有東式土器に櫛描文土器として強い影響を与えるなど、相互に影響しあったと考えられるが、後半にはそれぞれ周辺の影響を受けつつも独自色を強めたといえる（以下佐藤・萩野谷・篠原 2002 などによる）。

宮ノ台式土器は、その新しい段階の壺の文様に帯状の羽状縄文や自縄結節文を発達させるが、これは櫛描文を縄文で模した独特の縄文施文から生じたものと考えられる（鮫島 1994）。相模湾岸にもこうした手法（羽状縄文）は定着するが、駿河湾岸の有東式土器には同種の施文はまったく見られない。久ヶ原式の特徴となるハケ手法の後退や甕形土器の輪積み手法も主に東京湾岸の宮ノ台式末葉に顕現してくるようであるが、この特異な羽状縄文手法を受け継ぐ久ヶ原式土器が宮ノ台式土器のなかから生じてきたことは疑いない。

一方、同種の羽状縄文手法を採用する別の土器型式として、駿河湾東部に分布する後期前半の雌鹿塚式土器がある。駿河湾東部の有東式終末段階の遺跡は現在のところ希薄であるが、後期段階の突然の羽状縄文壺の盛行は有東

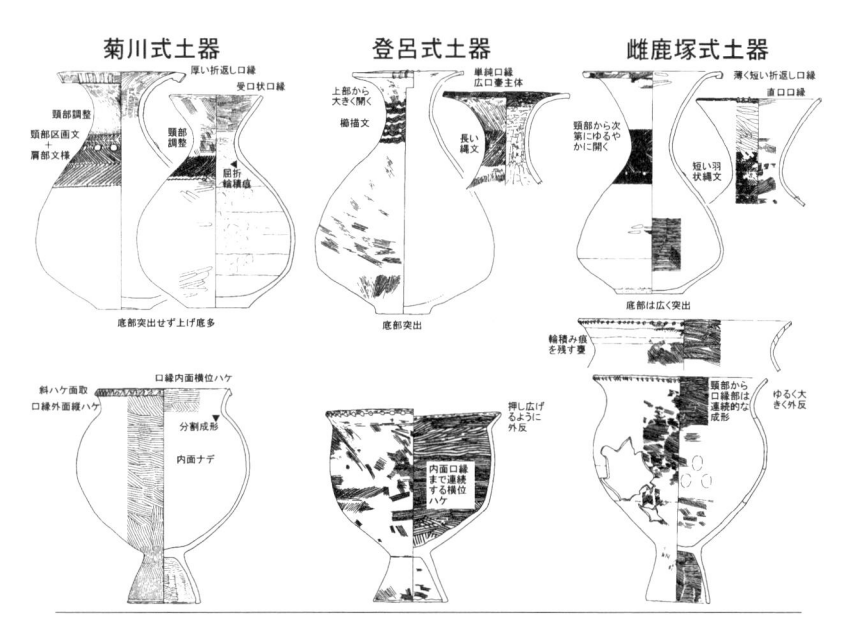

第1図　菊川式土器・登呂式土器・雌鹿塚式土器の壺・甕の比較（S＝1/10、篠原 2006b より転載）

III 新たな枠組構築への試み

式の様相とは整合しない。確認できる雌鹿塚式初期段階の尾崎、目黒身、神崎といった集落の多くは環濠集落として移動をともなって新たに形成された集落と考えられ、雌鹿塚式土器の形成に関しても示唆的である（篠原 2006b）。

　有東式土器は、壺で当初白岩式的な櫛描文も見られるが、次第に栗林式の影響が強くなるようである。ただし、甕は、中期中葉以来の磨消線文条痕甕の系譜を引く形態の変遷が認められ、栗林式の甕とは大きく異なる。有東式終末の文様に長い原体の縄文帯上に沈線を加える手法があるが、登呂式土器の文様はこの沈線を櫛描直線文に置き換えたものや縄文に換えて櫛描波状文を加えたものなどとして理解できる。こうした点は、中部高地の中期から後期への変化と共通するものであり、登呂式の文様帯が頸部に収斂する状況も、中部高地地域に同調したものと考えられる（篠原 2006a・b）。

　白岩式土器は、その前半に各方面に影響を与えながらも、後半には独自の変化をたどったと考えられる。壺では、肩部から胴部下半の最大径までを埋めて重畳する櫛描文による施文域に格子目や綾杉といった充塡的な櫛描文が現われ、その上端に界線となった櫛描文やハケ目沈線文が頸部区画文として定着する。甕では、いち早く台付甕形の器形が採用され徐々に定式化をたどったと考えられる。このような特徴は菊川式土器に受け継がれる。

　このように、やや巨視的に見れば、宮ノ台式に後続する型式として東京湾岸・房総半島に久ヶ原式が、出自に問題を残すが駿河湾東岸に雌鹿塚式、静岡清水平野に有東式に後続する登呂式土器が、天竜川以東のおそらく志太平野も含む東遠江地域に白岩式に後続する菊川式土器がそれぞれ後期前半に形成されたといえる。東海東部の諸型式はそれぞれ系統の異なる土器であって、壺・甕にもそれぞれ独自の特徴がある（第1図）。また、登呂式、雌鹿塚式には、それぞれ菊川式土器が伴うことが知られる（篠原 2006b）。一方、武蔵野台地東部や相模湾西岸を中心とする地域は宮ノ台式との断絶を出発点とすると目され、菊川式や山中式系を主体とする土器の移動が考えられているが（立花 2002 など）、少なくとも武蔵野台地東部への菊川式土器の初期の移動は、登呂式、雌鹿塚式との関係や移動する菊川式の特徴から、故地の東遠江の地域から直接行われた可能性が高い。

3. 菊川式土器と久ヶ原式土器の特徴

　武蔵野台地東部に移動する菊川式土器については、主に東京湾岸に隣接して分布する久ヶ原式土器との関係が問題となる。両者の関係を紐解くためにも、まず、二つの土器型式の手法上の特徴にふれておきたい。

　菊川式土器は、ハケ調整を駆使してかなり技巧的につくられる土器である。ハケ工具はその調整機能とともに、口唇部のキザミやハケ目沈線、羽状文など文様の原体となる。ハケ調整は器面をしっかりと均す効果をもち、土器面の輪郭は直線的になりやすい。菊川式土器は、このような粘土帯を継ぎ合わせて器体を成形するため、壺、甕ともに胴部下位と頸部の下端で比較的はっきりした屈曲をなし、内面に接合痕が見られる場合がある。口唇部は斜位のハケなどでしっかり面取りされ、この面の外方端にハケ工具で抉るような連続キザミが施されるのが一般である。壺は底部は突出せず、上げ底になるものが多く認められ、口縁部は広口壺とハの字に開く単純口縁壺が作り分けられる。胴部の文様は頸部下端接合部外面に頸部区画文をもち、それより下位に肩部文様が配され、直立する頸部は頸部調整が行われて無文となる。頸部区画文はハケ目沈線もしくはハケ連続刺突文が一般的で、その下位に縄文、ハケ目文様、櫛描文などの肩部文様が施される。縄文は長い原体の単節斜縄文が用いられる場合が多い。頸部区画文と肩部文様はどちらかが省略される場合もあるが、施文位置は定まっている。甕は台付甕であるが、口縁部に特徴があり、口縁外面は胴部と異なって縦位にハケ調整され、胴部内面はナデ調整で仕上げられるが、口縁内面は明瞭に調整が変わって横位または斜位のハケ目が残される。ほかに特徴のある高坏や鉢、折り返し口縁鉢などがある。

　久ヶ原式土器は、文様のほかに、とくに調整にハケを使用しない点が特徴としてあげられる。器体は丁寧な輪積み手法と比較的単位の狭い丁寧なナデによって成形されると考えられ、外面調整をせずに器体を保つ甕の輪積装飾もこうした手法と関連するだろう。壺、甕ともに底部は突出せずにつくられ、器体は屈曲の目立たない緩やかな曲線を描き、丁寧なミガキ調整をもつ場合が多い。口唇部などへの押圧装飾には特徴的な細かい交互押圧のほかに布目痕を残す押圧が多く認められる。文様は、主に「閉端利用の短い縄文」によ

III 新たな枠組構築への試み

る羽状縄文が特徴であるが（鮫島前掲）、同種の施文法で自縄結節文や網目状撚糸文を施文するものがある。頸部と肩部の2帯の沈線で区画された帯縄文が文様構成の基本で、山形文やその他の幾何学文が付加的に施されるといってよいだろう。沈線は断面の丸い棒状のもので描かれるが、壺の口唇や貼り付け文上の刺突に竹管文が見られ、この原体が沈線の原体である可能性が高い。特徴的な高坏、鉢、有文甕形の壺がある。

4. 移動した菊川式土器と変容、折衷

武蔵野台地東部の菊川式土器の初期の移動に関連する2つの事例（第2図）を検討しながら、その実態について考えたい。

和光市花ノ木遺跡（石坂ほか1994）の2条の環濠のうち、1号環濠からは菊川式系土器と久ヶ原式系土器が出土している。1～3の壺、10の鉢は菊川式の特徴をよく残すが文様は省略傾向にある。6～9は久ヶ原式の特徴をもつ壺。4・5は羽状縄文など久ヶ原式の手法が強いように見えるが、施文位置は菊川式のそれであり、4は菊川式の手法のハケ目沈線で区画するなど折衷的な土器であろう。甕はハケ調整の台付甕とみられるもの（11～16）が主体であり、菊川式本来の技巧的な成形・調整とは異質な雰囲気をもつが、口唇の面取り、キザミ、口縁内横位ハケや胴部ナデなど菊川式の手法を残すものとみられる。甕で明らかに久ヶ原式の手法が見られるのは17の胴部ハケ輪積甕と少量の破片のみである。このほか、吉ヶ谷式と中期の白岩式、宮ノ台式が混在するが、後者はもう1条の環濠の時期の所産である可能性が考えられる。

下戸塚遺跡例（松本1996）は、環濠集落形成後の2期を中心とする18号住居資料を取り上げた。18～20の壺、25の鉢は菊川式の特徴を比較的残している。23・24の壺、26・27の鉢・高坏は久ヶ原式の特徴をもつ。21・22はハケ調整で久ヶ原式には一般的でない口縁内施文をもつ。甕はハケ調整の台付甕とみられるものが大半（28～35）で、補足付きで「菊川式の影響の見られない」とされたC3類の甕を主体とする。しかしながら、口唇の面取り、キザミ、口縁外面縦ハケ、内横位ハケや胴部ナデなど花ノ木例と同様の特徴

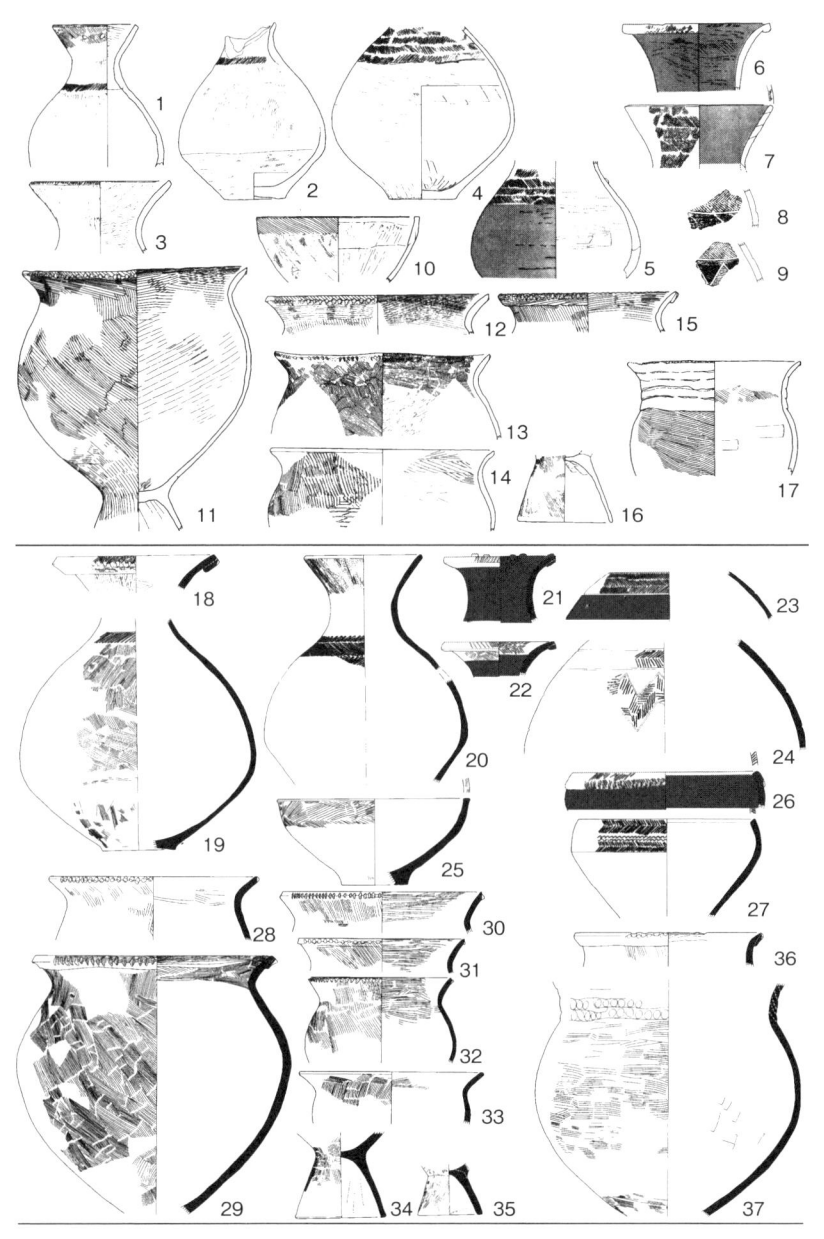

南関東・東海東部地域の弥生後期土器の地域性

第2図 和光市花ノ木遺跡第1号環濠資料（上段）と東京都下戸塚遺跡18号住居址資料（下段）（S=1/8）

251

を残すものが多いといえる。久ヶ原式の特徴を残す甕は2点 (36・37) と少量の破片であるが、ハケ調整を残す。大半を占める台付ハケ甕の系譜が問題となるが、論点はそれに宮ノ台式からの系譜が認められるのか、あるいは菊川式の台付甕の急速に変容した姿なのかであろう。久ヶ原式の特徴をもつ壺甕等の諸形式はそれぞれ別に指摘しうるのであって、それとは別に宮ノ台式からの系譜があり得るのか。宮ノ台式終末の甕の諸手法から見ても「系譜的に連なる可能性は薄い」(松本1993) とするのが妥当なのではなかろうか。指摘されるように下戸塚遺跡のさらに古相を示す土坑などの断片的な資料にはさらに明瞭な菊川式の特徴を示すものが含まれる。

　両者の事例は、菊川式系土器と久ヶ原式系土器が共存する状況を示すが、先の甕の想定が可能であるならば、壺など装飾される土器もまた、菊川式の特徴をもつものとその変容したもの、久ヶ原式の特徴をもつもの、両者の折衷的なものなどとして大半が理解可能である。「動かさない」甕の大半がハケ台付甕である点は、菊川式の土器作りをもつ人々が集団の主体であることを示しており、「動かされ、見られる」壺に異系統の久ヶ原式の影響が比較的多い点は、それらの搬入や作者を受け入れたことが考えられる。当該地域では、菊川式の新相の特徴である端末結節縄文が見られると同時に、山田橋式の特徴を示す結節文区画の羽状縄文が見られるようになる。ハケ調整台付甕が主体である様相はその後も続くが、新たな菊川式の移動を伴って変容、受容が繰り返されたと考えられよう。

5. まとめにかえて

　弥生後期の武蔵野台地東部では移動した菊川式土器をもつ集団が地域社会を形成した母体になったと考えたわけである。移動した集団は、環濠集落として集団を維持しながらも、新たな開発や生活基盤の構築に不安定な社会状況を余儀なくされるなかで、土器作りは故地の伝統を残しながらも変容していった。また、東京湾岸の久ヶ原式がそうであるように安定した土器作りが概して排他的である (横山1985) のと裏腹に、不安定な土器作りでは異系統の久ヶ原式にたいしても受容的であった。次第に形成される地域社会は故地

を同じくする新たな移住者にたいしても受容的であった。東京湾西岸でも多摩川下流域の久ヶ原遺跡やその周辺以南では久ヶ原式の土器作りを主体とする。それより北部のまとまった地域にこのような様相が認められると思われる。

シンポジウムの流れからすれば、不十分な分析からの独断に過ぎるコメントとなったかもしれないが、別稿を期しつつ大方のご批判を請いたい。

参考文献

綾瀬市教育委員会 1992『神崎遺跡発掘調査報告書』綾瀬市埋蔵文化財調査報告2

石坂俊郎ほか 1994『花ノ木・向原・柿ノ木坂・水久保・丸山台』(財)埼玉県埋蔵文化財調査事業団調査報告書第134集

大村 直 2004a『市原市山田橋大山台遺跡』財団法人市原市文化財センター調査報告書第88集

大村 直 2004b「久ヶ原式・山田橋式の構成原理 ―東京湾岸地域後期弥生土器型式の特質と移住・物流―」『史館』第33号

君津郡市文化財センター 1996「共同研究 君津地方における弥生後期～古墳前期の諸様相」『君津郡市文化財センター研究紀要』Ⅶ

佐藤由紀男・萩野谷正宏・篠原和大 2002「遠江・駿河地域」『弥生土器の様式と編年東海編』 木耳社

鮫島和大 1994「南関東弥生時代後期における縄文施文の二つの系統」『東京大学文学部考古学研究室研究紀要』第12号

篠原和大 1998「弥生土器の生産と規格性 ―房総半島の後期弥生土器を例として―」『静岡大学人文学部人文論集』第48号の2

篠原和大 2006a「登呂式土器の成立と展開 ―静岡清水平野後期前半期弥生土器の編年的考察―」『特別史跡登呂遺跡再発掘調査報告書(自然科学分析・総括編)』静岡市教育委員会

篠原和大 2006b「登呂式土器と雌鹿塚式土器 ―駿河湾周辺地域における弥生時代後期の地域色に関する予察―」『静岡県考古学研究』38

立花 実 1993「相模における東海系土器の受容」『転機』4号

立花 実 2002「相模地域第Ⅴ様式」『弥生土器の様式と編年東海編』 木耳社

松本 完 1996「出土土器の様相と集落の変遷」『下戸塚遺跡の調査第2部 弥生時

Ⅲ 新たな枠組構築への試み

　代から古墳時代前期』
松本　完 1993a「南関東地方における後期弥生土器の編年と地域性」『翔古論聚』
松本　完 1993b「東海系土器群の受容と変容 ―南関東地方の事例について―」『転機』4号
横山浩一 1985「型式論」『岩波講座日本考古学』1　岩波書店
早稲田大学校地理蔵文化財調査室 1996『下戸塚遺跡の調査第2部　弥生時代から古墳時代前期』

引用・参考文献

相原俊夫ほか 1985『殿屋敷遺跡群C地区発掘調査報告書』 殿屋敷遺跡群C地区発掘調査団

秋山重美 2000『稲荷台地遺跡群E・F・S地点発掘調査報告書』 稲荷台地遺跡群発掘調査団

安藤広道 1996「編年編 南関東地方（中期後半・後期）」『YAY（やいっ！）弥生土器を語る会20回到達記念論集』 弥生土器を語る会

飯塚博和 1988「東葛台地北部地域弥生文化研究史の現在」『東葛上代文化の研究』小宮・下津谷両先生還暦記念祝賀事業実行委員会

石川治夫 1990『雌鹿塚遺跡発掘調査報告書I、II』沼津市文化財調査報告書51

石坂俊郎 1984「南関東における後期弥生土器の諸相」『文学研究科紀要』別冊11 早稲田大学大学院文学研究科

石坂俊郎 1993「大宮台地の弥生ムラ」『史観』128 早稲田大学史学会

伊丹 徹 2004「弥生土器1号の周辺」『西相模考古』第13号 西相模考古学研究会

伊丹 徹・池田 治 2000「神奈川県における弥生後期の土器編年」『東日本弥生時代後期の土器編年』 東日本埋蔵文化財研究会福島県実行委員会

伊礼正雄・熊野正也編 1975『臼井南』 佐倉市教育委員会・佐倉市遺跡調査会

浦和市 1974『浦和市史』第1巻 考古資料編

大木紳一郎 2008「岩鼻式と樽式土器」『埼玉の弥生時代』埼玉弥生土器観会編 六一書房

大西雅也 2000「東京都における弥生時代後期の土器編年」『東日本弥生時代後期の土器編年』第9回東日本埋蔵文化財研究会 東日本埋蔵文化財研究会福島県実行委員会

大村 直 2004a『市原市山田橋大山台遺跡』市原市文化財センター調査報告書第88集

大村 直 2004b「久ヶ原式・山田橋式の構成原理」『史館』第33号 史館同人

大村 直 2007「山田橋式補遺」『西相模考古』16号 西相模考古学研究会

岡田威夫 2007「第三節 弥生時代～古墳時代初頭 4. 出土土器」『堂ヶ谷戸遺跡VI』（株）武蔵文化財研究所

岡本孝之 1974「東日本先史時代末期の評価（1）～（5）」『考古学ジャーナル』No.97～99・101・102 ニュー・サイエンス社

III 新たな枠組構築への試み

岡本孝之 1979「久ヶ原・弥生町期弥生文化の諸問題 (1)」『異貌』8 共同体研究会

岡本孝之 1994「南関東弥生文化における北からの土器」『西相模考古』第3号 西相模考古学研究会

小倉淳一 2007「印旛沼をめぐる弥生文化」『月刊考古学ジャーナル』2007年4月号 ニュー・サイエンス社

小髙春雄 1986「『北関東系土器』の様相と性格」『研究紀要』10 千葉県文化財センター

柿沼幹夫 1997「岩鼻式と吉ケ谷式土器」『弥生土器シンポジウム 南関東の弥生土器』 弥生土器を語る会・埼玉弥生土器観会

柿沼幹夫 2004「コラム5. 岩鼻式・吉ヶ谷式」『南関東の弥生土器』予稿集 シンポジウム南関東の弥生土器実行委員会

柿沼幹夫 2006「岩鼻式土器について」『土曜考古』30 土曜考古学研究会

柿沼幹夫 2008「後期土器編年 ―県北部・西部地域―」『埼玉の弥生時代』埼玉弥生土器観会編 六一書房

加藤修司 1983「『印手式』予察 一型式としての印手式へ」『研究連絡誌』第4号 千葉県文化財センター

金子彰男 2000「埼玉県における弥生後期の土器編年について」『東日本弥生時代後期の土器編年資料集』 東日本埋蔵文化財研究会

河合英夫ほか 2003『平塚市真田・北金目遺跡群発掘調査報告書4』 平塚市真田・北金目遺跡調査会

神澤勇一 1966「弥生文化の発展と地域性 関東」『日本の考古学Ⅲ 弥生時代』 河出書房

神沢勇一ほか 1989「シンポジウム房総の弥生文化 ―後期北関東系土器の分布と変遷―」『千葉県立房総風土記の丘年報』12（昭和63年度） 千葉県立房総風土記の丘

菊池真太郎ほか 1979『千葉市城の腰遺跡』 千葉県文化財センター

菊池義次 1953「久ヶ原遺跡に於ける弥生式竪穴調査（予報）」『古代』第9号 早稲田大学考古学会

菊池義次 1954「南関東弥生式土器編年への一私見」『安房勝山田子台遺跡』早稲田大学考古学研究室編 千葉県教育委員会

菊池義次 1961「印旛・手賀沼周辺地域の弥生式文化 ―弥生土器の新資料を中心と

して―」『印旛手賀』早稲田大学考古学研究室報告第 8 冊
菊池義次 1974「南関東後期弥生成文化概観」「東日本弥生文化内部における久ヶ原遺跡の占める地位（政治的・経済的特殊性）」『大田区史資料編考古 I』 東京都大田区
菊池義次 1987「久ヶ原式・弥生町式・円乗院式土器」『弥生文化の研究 4　弥生土器 II』 雄山閣
菊池義次ほか 1974「第 III 編弥生文化 2（資料編）」『大田区史　資料編考古 I』 東京都大田区
木釘和樹 1992『市原市椎津茶ノ木遺跡』市原市文化財センター調査報告書第 49 集
熊野正也 1978「佐倉市・臼井南遺跡出土の後期弥生式土器の意味するもの」『MUSEUM ちば』第 9 号　千葉県博物館協会
黒澤　聡 1994『下向山遺跡』君津郡市文化財センター調査報告書第 94 集
黒澤　浩 2003「神奈川県二ッ池遺跡出土弥生土器の再検討」『明治大学博物館研究紀要』第 8 号　明治大学博物館
黒澤　浩 2005「南関東における弥生時代後期土器群の動向 ―二ッ池式土器の検討を中心に―」『駿台史学』第 124 号
小出輝雄 1983「『弥生町式』の再検討」『人間・遺跡・遺物』 文献出版
小出輝雄 1986「弥生時代末期から古墳時代前期にかかる土器群の検討」『土曜考古』第 11 号　土曜考古学研究会
小出輝雄 1987「埼玉県における弥生町式土器」『埼玉の考古学』柳田敏司先生還暦記念論文集刊行委員会　新人物往来社
小出輝雄 1990「弥生時代末期から古墳時代前期にかかる土器群の検討　その 2」『東京考古』第 8 号　東京考古談話会
小出輝雄 1992「円乗院式施文の評価とその位置」『人間・遺跡・遺物 2』 発掘者談話会
小出輝雄 2006「埼玉の弥生後期土器についての一考察（予察）」『埼玉の考古学 II』埼玉考古学会編　六一書房
小出輝雄 2008「後期土器編年 ―県東南部地域―」『埼玉の弥生時代』埼玉弥生土器観会編　六一書房
小金井靖 1985「南関東における弥生時代後期土器の一視点」 南総考古 I
小玉秀成 2004『霞ヶ浦の弥生土器』 玉里村立史料館
小玉秀成 2006「周辺地域の様相 2　茨城県から」『シンポジウム「印旛沼周辺の弥

III 新たな枠組構築への試み

生土器」予稿集』シンポジウム「印旛沼周辺の弥生土器」 実行委員会
小玉秀成 2007「茨城県南部域からみた印旛沼周辺地域 ―後期弥生土器の併行関係から―」『月刊考古学ジャーナル』2007年4月号　ニュー・サイエンス社
小玉秀成 2007「塔ヶ塚古墳群出土の弥生土器」『小美玉市史料館報』第1号　小美玉市史料館
小橋健司 2006『市原市長平台遺跡』財団法人市原市文化財センター調査報告書第98集　市原市文化財センター
小林行雄編 1939『弥生成土器聚成図録正編　解説』東京考古学会学報第1冊　東京考古学会
小林行雄・杉原荘介編 1968『弥生式土器集成本編2』日本考古学協会弥生式土器文化総合研究特別委員会　東京堂
酒巻忠史 1992『打越遺跡・神明山遺跡』君津郡市文化財センター発掘調査報告書第64集
(財) 君津郡市文化財センター 1996「共同研究『君津地方における弥生後期～古墳前期の諸様』」『君津郡市文化財センター研究紀要』VII
齋藤瑞穂 2006「下総後期弥生土器研究のあゆみ」『シンポジウム「印旛沼周辺の弥生土器」予稿集』シンポジウム「印旛沼周辺の弥生土器」 実行委員会
齋藤瑞穂 2008「埼玉の二軒屋式土器の位置と意議」『埼玉の弥生時代』埼玉弥生土器観会編　六一書房
迫　和之・中村哲也 2005『宮の里遺跡発掘調査報告書』 厚木市教育委員会
笹森紀己子 1993「大宮台地における弥生後期土器　変遷の素描」『二十一世紀への考古学』 櫻井清彦先生古希記念会
笹森紀己子 1984「久ヶ原式から弥生町式へ」『土曜考古』第9号　土曜考古学研究会
笹森紀己子 1990a「大宮市内出土の外来系土器について」『研究紀要』2　大宮市立博物館
笹森紀己子 1990b「弥生壺口縁内文様帯論」『古代』90　早稲田大学考古学会
佐原　眞編 1983『弥生土器』I, II　ニュー・サイエンス社 (1972～83「入門講座弥生土器」『考古学ジャーナル』No.76～219　ニュー・サイエンス社
鮫島和大 1994a「南関東弥生後期における縄文施文の二つの系統」『考古学研究室研究紀要』第12号　東京大学文学部考古学研究室
鮫島和大 1994b「壺型土器」『東アジアの形態世界』 東京大学出版会

引用・参考文献

鮫島和大 1996「弥生町の壺と環濠集落」『考古学研究室研究紀要』第 14 号　東京大学文学部考古学研究室

鮫島和大 1994「南関東弥生後期における縄文施文の二つの系統」『東京大学文学部考古学研究室研究紀要』12

篠原和大 1999「工学部全径間風洞実験室新営支障ケーブル移設その他に伴う埋蔵文化財発掘調査略報」『東京大学構内遺跡調査研究年報』2（1997 年度）　東京大学埋蔵文化財調査室

篠原和大 2008「登呂式土器の成立と展開 ─静岡清水平野後期前半期弥生土器の編年的考察─」『特別史跡登呂遺跡再発掘調査報告書（自然科学分析・総括編）』静岡市教育委員会

篠原和大・山下英郎 2000「静岡県における後期弥生土器の編年」『東日本弥生時代後期の土器編年』第 9 回東日本埋蔵文化財研究会　東日本埋蔵文化財研究会福島県実行委員会

陣内康光 1985「弥生時代後期の南関東地方（序）」『史館』第 18 号　史館同人

陣内康光 1991「千葉県市原市周辺の後期弥生土器土器編年と東海系土器」『東海系土器の移動から見た東日本の後期弥生土器　第 1 分冊発表要旨・追加資料篇』第 8 回東海埋蔵文化財研究会　東海埋蔵文化財研究会

シンポジウム南関東の弥生土器実行委員会編 2005『南関東の弥生土器』考古学リーダー 5　六一書房

杉原荘介 1940a「武蔵前野町遺跡調査概報」『考古学』第 11 巻第 1 号　東京考古学会

杉原荘介 1940b「武蔵久ヶ原出土の弥生式土器に就いて」『考古学』第 11 巻第 3 号　東京考古学会

杉原荘介 1940c「武蔵弥生町出土の弥生式土器に就いて」『考古学』第 11 巻第 7 号　東京考古学会

杉原荘介・小林三郎・井上裕弘 1968「神奈川県二ッ池遺跡における弥生時代後期の集落」『考古学集刊』第 4 巻第 2 号　東京考古学会

鈴木隆夫・池田将男 1981『上藪田モミダ遺跡・上藪田川の丁遺跡・鳥内遺跡』国道 1 号藤枝バイパス（藤枝地区）埋蔵文化財発掘調査報告書第 6 冊　藤枝市教育委員会・静岡県教育委員会

鈴木正博 2007「『臼井南式』」の制定と今日的意義 ─杉原荘介と菊池義次の間を埋めた地域性の顕在化と編年の充実─」『月刊考古学ジャーナル』2007 年 4 月号

Ⅲ 新たな枠組構築への試み

　　ニュー・サイエンス社
高橋康男 1990『市原市柿崎東原遺跡』市原市文化財センター調査報告書第37集
髙花宏行 1999「印旛沼周辺地域における弥生時代後期の土器の変遷について」『奈和』第37号　奈和同人会
髙花宏行 2000「千葉県における弥生時代後期の土器編年～下総地域～」『東日本弥生時代後期の土器編年』 日本埋蔵文化財研究会
髙花宏行 2001「臼井南遺跡群出土弥生土器の再評価」『佐倉市史研究』第14号　佐倉市
髙花宏行 2004「下総地域における弥生後期土器の成立を巡る現状と課題」『研究紀要』3　(財)印旛郡市文化財センター
髙花宏行 2005「臼井南式」『シンポジウム南関東の弥生土器』考古学リーダー5　六一書房
髙花宏行 2006「『臼井南式』の枠組みと『栗谷式』」『シンポジウム「印旛沼周辺の弥生土器」予稿集』シンポジウム「印旛沼周辺の弥生土器」 実行委員会
髙花宏行 2007a「『臼井南式』と周辺土器様相の検討」『研究紀要』5　(財)印旛郡市文化財センター
髙花宏行 2007b「印旛沼周辺の後期弥生土器と栗谷式土器」『月刊考古学ジャーナル』2007年4月号　ニュー・サイエンス社
滝口　宏編 1961『印旛手賀』早稲田大学考古学研究室報告第8冊　早稲田大学調度課印刷所
滝澤　亮 1985『釜台町上星川遺跡』 相武考古学研究所
立花　実 2002「相模地域第Ⅴ様式」『弥生土器の様式と編年 東海編』 木耳社
玉口時雄 1975『健田遺跡発掘調査報告書』 千葉県教育委員会・千倉町教育委員会
玉口時雄ほか 1980「房総半島内部における弥生時代文化の研究」『紀要』34　東洋大学文学部
玉口時雄ほか 1985『房総半島南半部における考古学的研究』
田村言行 1979「弥生時代後期における南関東の動向 ―久ヶ原・弥生町を取巻く小文化圏―」『どるめん』23号　JICC出版
田村良照 1998「朝光寺原式の属性（前編）―観福寺遺跡群の検討から―」『神奈川考古』第34号　神奈川考古同人会
手塚直樹ほか 1985『台山藤源治遺跡』 台山藤源治遺跡発掘調査団
寺田良喜 1996「第Ⅳ章　まとめ2　弥生時代～江戸時代の土器の変遷」『喜多見

陣屋遺跡Ⅲ』 世田谷区教育委員会・喜多見陣屋遺跡調査会

東海埋蔵文化財研究会 1991『東海系土器の移動から見た東日本の後期弥生土器』第8回東海埋蔵文化財研究会

中村五郎 1986「5.縄紋土器と弥生土器 3.東日本」『弥生文化の研究』3 雄山閣

新里 康ほか 1992『田園調布南 都立田園調布高校内埋蔵文化財発掘調査報告書』1・2 都立学校遺跡調査会

西口正純 1991「大宮台地の弥生時代後期土器様相」『埼玉考古学論集』（財）埼玉県埋蔵文化財調査事業団

日本考古学協会 1954『登呂本編』 東京堂

沼津市教育委員会 1990『雌鹿塚遺跡発掘調査報告書Ⅰ、Ⅱ』沼津市文化財調査報告書第50集

野本孝明・福田 良 2007「久ヶ原六丁目9番地点の調査」『久ヶ原遺跡Ⅰ・山王遺跡Ⅰ・大森射的場跡横穴墓群Ⅱ』大田区の埋蔵文化財第18集 大田区教育委員会

橋本裕行 1986「弥生時代の遺構と遺物について」『奈良地区遺跡群Ⅰ発掘調査報告（第2分冊）No.11地点 受地だいやま遺跡』上巻 奈良地区遺跡調査団

橋本裕行 2000「朝光寺原式土器成立過程の枠組み」『大塚初重先生頌寿記念考古学論集』 東京堂

橋本裕行 2005「コラム4.朝光寺原式」『南関東の弥生土器』考古学リーダー5 六一書房

浜崎雅人 1992『千葉県袖ケ浦市美生遺跡群』君津郡市文化財センター調査報告書第71集

浜田晋介 1983「印旛沼周辺地域における弥生時代後期の様相 —あじき台遺跡出土土器を中心として—」『物質文化』41 物質文化研究会

浜田晋介 1995「朝光寺原式土器の成立過程」『史叢』第54・55合併号 日本大学史学会

浜田晋介 1998「朝光寺原式土器の成立をめぐって」『川崎市市民ミュージアム紀要』第11集

浜田晋介 2000「朝光寺原式土器・その存在の背景」『竹石健二先生・澤田大多郎先生還暦記念論文集』 竹石健二先生・澤田大多郎両先生の還暦を祝う会

浜田晋介・宮川和也 2003「吉ケ谷式土器の拡散と変容」『埼玉考古』38 弥生時代特集 埼玉考古学会編

林原利明 1989「考古学的に見た安房地方」『白山史学』25 東洋大学

III 新たな枠組構築への試み

比田井克仁 1993「山中式・菊川式東進の意味すること」『転機』4 号
比田井克仁 1997「弥生時代後期における時間軸の検討」『古代』第 103 号　早稲田大学考古学会
比田井克仁 1999a「遺物の変遷 —遺物相から見た後期の社会変革—」『文化財の保護』第 31 号　東京都教育委員会
比田井克仁 1999b「弥生後期南武蔵様式の成立過程」『西相模考古』第 8 号　西相模考古学研究会
比田井克仁 2001『関東における古墳出現期の変革』　雄山閣
比田井克仁 2003「久ヶ原式土器成立考」『法政考古学』第 29 集　法政考古学会
深沢克友 1978「房総地方弥生後期文化の一様相 —印旛・手賀沼系式土器文化の発生と展開について—」『研究紀要』3　(財) 千葉県文化財センター
深谷 昇 1997「臼井南式土器について」『弥生土器シンポジウム —南関東の弥生土器—』　弥生土器を語る会　埼玉弥生土器観会
藤岡孝司 1986「印旛沼南部地域における後期弥生集落の一形態 —八千代市権現後・ヲサル山遺跡の分析—」『研究紀要』10　(財) 千葉県文化財センター
古内 茂 1974「房総における北関東系土器の出現と展開」『ふさ』第 5・6 合併号　ふさの会
松本 完 1984「弥生時代から古墳時代初頭の遺構と遺物について」『横浜市道高速 2 号線埋蔵文化財発掘調査報告書　1983 年度 (No6-IV)』横浜市道高速 2 号線埋蔵文化財発掘調団
松本 完 1984「朝光寺原式土器の細別とその変遷についての試案」『横浜市道高速 2 号線埋蔵文化財発掘調査報告書 Na6 遺跡-IV 1983 年度』横浜市道高速 2 号線埋蔵文化財発掘調査団
松本 完 1993「南関東地方における後期弥生土器の編年と地域性」『翔古諺聚』久保哲三先生追悼論文集刊行会
松本 完 1996「出土土器の様相と集落の編成」『早稲田大学安部球場跡地埋蔵文化財調査報告書　下戸塚遺跡の調査　第 2 部　弥生時代から古墳時代前期』早稲田大学
松本 完 1997「久ヶ原式・弥生町式土器について」『弥生土器シンポジウム南関東の弥生土器』　弥生土器を語る会・埼玉弥生土器観会
松本 完 2003「後期弥生土器形成過程の一様相」『埼玉考古』第 38 号　埼玉考古学会

引用・参考文献

松本　完 2003「武蔵野台地北部の弥生後期土器編年」『埼玉の弥生時代』 埼玉弥生土器観会編　六一書房
宮原俊一ほか 2000『王子ノ台遺跡Ⅲ　弥生・古墳時代』 東海大学校地内遺跡調査団
持田春吉・村田文夫 1988『東泉寺上』 高津図書館友の会郷土史研究部
森本六爾・小林行雄編 1938-39『弥生式土器聚成図録正編』・『同解説』東京考古学会学報集1冊　東京考古学会
諸星知義 1993「小櫃川流域における後期弥生土器について ―マミヤク遺跡を中心として―」君津郡市文化財センター研究紀要Ⅵ
山内清男 1964「縄文式土器総論　文様帯系統論」『日本原始美術1 縄文式土器』講談社
山内清男 1979『日本先史土器の縄紋』 先史考古学会
弥生土器を語る会・埼玉弥生土器観会 1997『弥生土器シンポジウム　南関東の弥生土器』発表要旨
早稲田大学考古学研究室編 1954「南関東弥生式土器編年への一私見」『安房勝山田千台遺跡』 千葉県教育委員会
渡井英誉 1997「滝戸遺跡」『富士宮市文化財調査報告書』23　富士宮市教育委員会
渡辺　務 1989『横浜市釈迦堂遺跡』 日本窯業史研究所
渡辺　務 1994『横浜市緑区赤田地区遺跡群　集落篇Ⅰ』 日本窯業史研究所
渡辺　務 1995「朝光寺原様式の基礎的研究」『王朝の考古学』 雄山閣
渡辺　務 1997「長尾台北遺跡出土の朝光寺原式土器について」『川崎市多摩区長尾台北遺跡発掘調査報告書』 長尾台北遺跡発掘調査団
渡辺　務 1998『横浜市緑区赤田地区遺跡群　集落篇Ⅱ』 日本窯業史研究所
渡辺　務 1999「弥生時代後期における谷戸利用の一事例と派生する諸問題」『西相模考古』第8号　西相模考古学研究会

シンポジウム開催の目的とその後

小 出 輝 雄

1. はじめに

　2003年9月に、今回のシンポジウムの基本となった「南関東の弥生土器」（主催　シンポジウム南関東の弥生土器実行委員会）が開催された。そこでは南関東地域の諸型式についてどのようなことが問題となっているのかが討議され、その時点での研究成果が忌憚なく議論された。その成果は『南関東の弥生土器』（六一書房刊）として残され、現在でも研究の上で欠くことができない重要な「教科書」ともなっている。

　しかし一方では、南関東という広い地域の弥生土器全体を対象としたために、議論を完全に深めることができなかった部分もあったと感じるのは、筆者だけではないであろう。また、その頃新たに提唱された「二ッ池式」や「山田橋式」については、その内容にほとんど触れられることがなかったことも事実である。そのシンポジウム後には、二ッ池式については黒沢浩氏により「南関東における弥生時代後期土器群の動向」（『駿台史学』第124号）が発表され、山田橋式については大村直氏によって「久ヶ原式・山田橋式の構成原理」（『史館』第33号）・「山田橋式補遺」（『西相模考古』第16号）などが発表され、その内容が深められていった。しかし、それに対して他氏からはそれらに対する論考はなく、いわばこれら2「型式」の存在がしだいに既成事実化していったようにみえる。

2. 既成の土器型式を巡る研究

　それらとは別に、既成の型式である久ヶ原式については、松本完氏の「後期弥生式土器形成過程の1様相」（『埼玉考古』38号）、「武蔵野台地北部の後

期弥生土器編年」(『埼玉の弥生時代』六一書房刊)などの研究や、比田井克仁氏の「久ヶ原式土器成立考」(『法政考古学』第29集)などによって、研究が進められたが、問題の多様性に比較して論考の数は少ない。一方、下総地域では、髙花宏行氏の土器編年の研究(「下総地域における弥生後期研究の成立を巡る現状と課題」『(財)印旛郡市文化財センター研究紀要5』)や、八千代市栗谷遺跡の出土土器をめぐる鈴木正博氏・小倉淳一氏らとの研究(『シンポジウム印旛沼周辺の弥生土器 予稿集』、『考古学ジャーナル』2007年7月号)があり、「臼井南式」、「栗谷式」などと呼ばれる土器群と、これらとは様相の異なる土器群の系統と内容の吟味を行っている。また、シンポジウム以前であるが、立花実氏の「相模地域第V様式」(『弥生土器の様式と編年』木耳社)などが相模地域内での地域差・様相差の存在を明らかにしている。さらに、比較的狭い範囲に存在する朝光寺原式についても、渡辺努氏の「朝光寺原式土器の基礎的研究」(『王朝の考古学』)、橋本裕行氏の「朝光寺原式土器成立過程の枠組み」(『大塚初重先生頌寿記念考古学論集』)、浜田晋介氏の「朝光寺原式土器の成立をめぐって」(『川崎市民ミュージアム紀要』第11集)をはじめとして、とくにその成立過程を中心として研究が深められていた。また、岩鼻式、吉ヶ谷式については柿沼幹夫氏の「岩鼻式土器について」『土曜考古』第30号)を代表とする多くの論文や浜田晋介・宮川和也氏の「吉ヶ谷式土器の拡散と変容」(『埼玉考古』第38号)などで、その位置づけの研究が試みられていった。

　以上の他にも多くの論考があるが、これらの最近の研究はこれまで『弥生式土器集成』を代表として「南関東」としてまとめられてきた地域に対する大きな疑問を明らかにしているとともに、その示す方向は南関東とされていた地域のなかでのさらに小地域での研究の必要を示しているものが中心となっている。

　さらに、南関東地域での東海系土器の存在とその影響については、比較的古くから多くの方が指摘して研究を発表されている。これはそれ独自での研究会が必要と思われる大きな議題となるものであろう。

3. 今回のシンポジウムの目的と狙い

　今回のシンポジウムでは、前回のシンポジウムの成果と残された問題点を前提に、その後に発表された論考をもとに南関東地域内での後期土器の実態を明らかにすることを第一の目的とした。後期土器に限ったのは、弥生土器全体を対象とするには、論点が広がりすぎて議論を深めることができないだろうと予想できたからである。とくに「周辺」の研究が進展したことによって改めて久ヶ原式や弥生町式を見直す必要が出てきたのである。「周辺」に伴存する南関東系を何と呼ぶか。このような「周辺」からの必要性からも現在の到達点を確認することが現実の問題であった。

　また、この時期に関しては前述のようにたくさんの論考がシンポジウム前後に発表されていることも、その目的を果たすことが可能であると考えられたのである。それとかかわることであるが、久ヶ原式はもちろんであるが、山田橋式や二ッ池式などについての議論を深めて、それらの位置づけを明確にすることも大きな目的とした。できればそれらの型式変遷を示したいと考えていた。久ヶ原式の編年を考えるうえでも、その「周辺」型式である吉ヶ谷式や朝光寺原式、「栗谷式」などの編年が大きな役割を果たすであろうと予想されることから、それらの型式群とともに南関東全域の編年を組み立てられないかと考えたのである。

　しかしながら、今考えれば、これらのなかの一つだけでも大きなテーマになるものであった。また、前回のシンポジウムとは異なった視点で議論を進めたいと、前回の発表者とはできるだけ別な人に発表をしてもらいたいと考えていたが、今回の発表者には大きな負担をかけたものと、主催者側として申し訳なく思っている。

4. シンポジウムの果たしたものと残されたもの

　今回のシンポジウムでは久ヶ原式と山田橋式の対峙によって南関東全域の土器様相をさぐるという、認識を共有しようとしたが、筆者（小出）の力量不足によって中途半端に終わってしまった。しかし、個々の発表はそれなりの評価ができ、今後の研究の方向性を示すことができたと思われる。柿沼幹

夫氏の発表は浜田晋介氏のそれとからみ、久ヶ原式周辺の（一部内部に存在する）櫛描文系土器群の位置づけを行った。これは当初の目的どおりに、今後の研究の方向性と一定の結論となるものであると評されるであろう。安藤広道氏の当日の発表はいくつか興味深い点があったが、相模地域についての『予稿集』で書かれた内容についての言及がなかったことが惜しまれた。髙花宏行氏の発表はその多くを山田橋式に頼るところが多く、結果として下総地域での独自の編年観を中心に置かなければ、今後の研究は進展しないことを示すものになったと思われる。大村直氏は、これまでにいくつかの論考で意見を述べられてきたために、氏の考えはまとまった研究として誰もが参考にでき、発表者や参加者各氏の編年観の基本となっていった。しかし、それはその反動として山田橋式についての批判的評価がされることがなかったことも示している。これは南関東地域での位置づけ、問題点はないのか等、当初に目的としたものとはかけ離れたものになったであろうと推測する。小出の発表は資料の羅列にすぎないと批判されるようなものであった。その当事者としては、少なくとも今後の研究の材料にはなるのではないかと半分期待と言い訳を考えている。

5. おわりに

　このように、今回のシンポジウムでは主催者側の不手際から当初の目的を十分に果たすことができなかったが、反省と同時にいくつかの成果と方向性を生み出すことができたと考えている。本シンポジウムが契機となって、今後大きな成果を生み出すこれからの研究の新たな出発点の一つになり、これが今後の弥生後期土器研究の一助となればと願っている。

　シンポジウム当日には多くの方に参加いただいたにもかかわらず、ほとんどの方には発言の機会がなかった。これは進行の不手際というより、当初の目的の設定に無理があったものと反省しているが、それを補おうとするものが、本書第III部「新たな枠組構築への試み」である。ここには発表者はもちろん当日の参加者や、参加できなかった方々から、当日の議論でされたこと、不十分なままで終わったこと、まったく議論されなかったことなど、た

くさんの方々から意見をお寄せいただき、本書のなかに入れたものである。これは当日の議論が活発に行われれば不必要なものかもしれない。しかし、時間の関係もあって会場からの発言がほとんどいただけなかったことから、シンポジウムの討議を補うものとして設定した。第Ⅲ部の多様な意見を含めて、本書が今後の南関東地域での後期土器編年研究がさらに進むことを願っている。第Ⅲ部に文章をお寄せいただいた方々に感謝いたします。

あとがき―私はまだここがわからない―

　私は、南関東に住み、弥生土器を学びながら、じつはいまだに南関東の弥生後期土器に違和感をもっている。周囲の友人たちが1970年代後半以来多くの議論を積み上げてきたにもかかわらず、そして本シンポジウムのコーディネーターの一員であるにもかかわらず。そんな私を知り尽くした編集子氏が本シンポジウムを顧みて「私はまだここがわからない」を述べよという。それはきっと南関東の弥生土器を学ぶ人々の「？」に通じるとの期待があるのかもしれない。

1.「シンポジウム南関東の弥生後期土器を考える」のねらい

　さて、南関東は、1890年代に蒔田鎗次郎によって弥生土器、現在の弥生後期土器の研究が本格的な歩みを始めた地域であると同時に、それから約110年を経た現在、弥生後期土器について編年的・型式論的に研究者間で意見の違いが少なくない地域でもある。西日本の弥生土器研究を学ぶために研究史を追いながら、議論の材料となった資料を集めて主要論文を読み進めていくと、議論の経過や土器群の推移をほぼ的確に把握・理解することができる。しかし、南関東ではなかなかそうはいかない。この違いはどこから来るのであろうか？

　その原因の最たるものは、かつて南関東をひとつのまとまりある地域と仮定して弥生土器の編年・型式論的な検討を進めてきたが、それが実態とかなり異なっていたからである。もちろん同様のことは西日本にもあって、たとえば畿内も、1938・39年の『弥生式土器聚成図録』で小林行雄氏がひとつの様式的な連続性と仮定して、今日の編年体系の基礎を構築した。しかし、今日では旧国程度の範囲ごとに個性が認められ、充分とはいえないまでも相互に関連しあう状況が探求され、かなり複雑な様相を呈することが明らかになっている。そのことに研究者間の認識差はそれほど大きくはない。研究者たちが学史を共有するとともに、地域ごとの土器型式自体も共通基盤の上に

成り立つ特徴をもっている、という二点が幸いしたのであろう。

南関東の弥生後期土器に関しては、1970年代に、それまでの杉原荘介氏の主張を根本から再編成する「久ヶ原式・弥生町式併行論」や「小地域土器型式」などの論議がはじまった。そこには、菊池義次氏の久ヶ原式細分論を再評価する型式学や、小林行雄様式論を関東で実践する取組みもあった。1970〜90年代の資料の蓄積もこうした議論を促したことは言うまでもない。その結果としての現状は、『南関東の弥生土器』(2005)に網羅されている。

そうしたなかで、今回のシンポジウムは埼玉県と千葉県北部勢から声が上がって実現した。従来は南関東では久ヶ原式・弥生町式土器、つまり相模湾〜東京湾周辺の資料から始まる議論が主であったのに対して、主題が久ヶ原式・弥生町式の再編成にあるとしても、周辺ないしその北側一帯(埼玉県・千葉県北部)の成果から照射できないか、というのが彼らの思いであった。それは、南関東の弥生後期土器は系譜的に複雑に錯綜しており、それをどう読み解くかが再編成の鍵であることを共有し、試行錯誤を重ねる必要がある、というものである。シンポジウムのなかで、大村直氏に質問が集中するのも、久ヶ原式・弥生町式問題にもっとも積極的に発言してきたから当然のことであったが、ややお互いに平行線のままであったように思う。

そしてシンポジウムから1年を経て、「私はまだここがわからない」と思う点はあまりに多いが、おおどころは次のような点である。

2.「私はここがわからない」

①久ヶ原式土器の形成過程

何人もの発表や発言のなかに、久ヶ原式土器は宮ノ台式土器を母体として形成されたことが自明であるかのような意味合いが含まれていた。はたしてそんなに単系統で理解してよいのであろうか。

確かに、主要器種である壺と甕の器形や文様帯・装飾帯、構図、文様要素、器面調整などをみれば疑いないと、私も思う。しかし、壺や広口壺の口頸間縄文帯や、広口壺の刻み段などは宮ノ台式から追跡できるのであろうか。また、宮ノ台式末期に東京湾東岸で顕著になり、久ヶ原式段階の安房や下総に

あとがき

顕著な結節回転文なども、宮ノ台式末期より前に辿ろうにも無理がある。いまだ不明であるとしても、宮ノ台式と同時期の北方に展開したであろう複数の異型式が存在し得ることなども注意を払いつつ、検討を進める必要があるのではないか。空論とのそしりを免れないかもしれないが、久ヶ原式の壺と広口壺の口頸間縄文帯や、広口壺の刻み段などは、いまだ摑みきれない北島式後続型式が関係する可能性をもち続けている。広口壺の刻み段は、甕の同種手法に由来し、もとを辿れば宮ノ台式甕に行き着く可能性もあろうが、それでは刻みがともなうことを説明できない。また、結節回転文については、先のシンポジウムの討論で発言したように、茨城県域西部周辺に女方式に後続する結節回転文を盛用する土器型式が存在する可能性があり、最近それに該当する一類型を設定しえることに気づいた。

　久ヶ原式土器の形成過程について、いくつもの可能性を含めて検討する必要性があると思う。そのためにも、宮ノ台式後半期における地域差や系統性、周辺型式との相互関係を追跡する試みを重ねる必要があるのではないだろうか。

②「弥生町式土器」も議論してほしい

　今回は、系統を追跡し、編年の検討を進めやすい久ヶ原式土器系統の壺に議論が集中した。その結果として弥生町式土器自体に関する議論は、小出輝雄氏の発表以外には、ほとんどなかったといってよい。南関東の弥生後期土器は、久ヶ原式系統の壺の系譜と編年を基軸に再編成することが重要であることは、諸氏の発表・議論をとおしてよく理解できたつもりでいる。しかし、それはあくまで久ヶ原式系統壺の系譜と編年論議であって、それで南関東の弥生後期土器の系譜の錯綜を読み解いたことにはならない。土器型式は、さまざまな系統が織りなす構造体であり、構造体をこそ読み解くことが求められるはずである。

　たとえば、115年前に弥生町向ヶ岡貝塚で採集された一個の壺について、駿豆地方方面との関連が強いことを篠原和大氏らが明示したが、癖のある縄文原体の特徴までもそれで説明がつくわけではないだろう。荒川下流域でそれ以前にどのような型式的特徴をもつ土器群が存在するのかさえいまだ明確

271

ではないから、在来系譜の実相がいまだ明らかではない。しかも、「弥生町の壺」と「弥生町式土器」の論議とがしばしば混同される場合があるが、切り分ける必要がある。久ヶ原式系土器を重視して弥生後期土器を再編した結果、弥生町式の名称を用いなくなる場合であっても、久ヶ原式系を含む土器群の構造体を議論してほしいと願う。

③土器以外の論議も合わせて

これまで土器を主たる研究対象として考古学に携わってきた私が言うものおかしなことだが、南関東の弥生後期については、20数年来、土器の議論に集中しすぎてはいないかと心配になる。もちろん、遺跡からもっとも多く出土する土器の議論を措いて他の遺物・遺構の分析ばかりを行うことは主客転倒であるとは思うが、土器以外の遺物・遺構・生業・墓制・遺跡群等の検討が少ない印象をもつのはもっぱら私の勉強不足によるものと言い切るわけにもいかないであろう。弥生中期に比べて弥生後期は土器型式の分布圏が狭い傾向があり、その土器型式ごとにどのような文化要素構成に特徴があり、相互に関連しあうのであろうか。また、それは中期から後期へとどのように推移するのであろうか。「土器は土器から」と言いつつ、では「土器型式が示す各領域」はどのような文化的個性をもつのであろうか、常に併行して検討しておかねばならないものである。土器を主題とするシンポジウムで指摘するべきことではないかもしれないが、弥生時代研究の幅や奥行き、さらにその継承性という点からは危惧してしかるべきであろう。

土器の型式学は、土器の議論に終わらない。地域の形成過程や地域の特徴、そして地域間関係を復元する手がかりであり、直接関係しない型式間でも比較考古学的観点での議論が可能である。実りある弥生後期土器の型式学の進展を期待したい。

石川日出志

執筆者・関係者一覧

執筆者

石川日出志　（明治大学文学部）
小倉　淳一　（法政大学文学部）
小出　輝雄　（富士見市役所）
大村　　直　（市原市埋蔵文化財調査センター）
浜田　晋介　（川崎市市民ミュージアム）
柿沼　幹夫　（埼玉県立さきたま史跡の博物館）
髙花　宏行　（白井市教育委員会）
安藤　宏行　（慶應義塾大学文学部）
鈴木　正博　（日本考古学協会員）
比田井克仁　（中野区立歴史民俗資料館）
齋藤　瑞穂　（筑波大学特別研究員）
小玉　秀成　（小美玉市史料館）
菊池　健一　（千葉市教育委員会）
篠原　和大　（静岡大学人文学部）

シンポジウム会場発言者（発言順）

松本　　完　（本庄市教育委員会）
鈴木　正博
篠原　和大
立花　　実　（伊勢原市教育委員会）
鈴木　敏則　（浜松市博物館）
大木紳一郎　（㈶群馬県埋蔵文化財調査事業団）

（所属はシンポジウム当日現在）

写　真

蕨　由美（八千代栗谷遺跡研究会）

受　付

小林青樹（國學院大學栃木短期大學）　菊地有希子（早稲田大学学術院）

構成・編集

石川日出志　小倉淳一　小出輝雄

実行委員会

石川日出志　小倉淳一　小出輝雄　小林青樹
鈴木正博　髙花宏行

（所属はシンポジウム当日現在）

考古学リーダー 16
南関東の弥生土器 2 ―後期土器を考える―

2009 年 5 月 15 日　初版発行

| 編　　　者 | 関東弥生時代研究会　埼玉弥生土器観会
八千代栗谷遺跡研究会 |
| 発 行 者 | 八　木　環　一 |
| 発 行 所 | 株式会社 六一書房　http://www.book61.co.jp
〒101-0051　東京都千代田区神田神保町 2-2-22
電話 03-5213-6161　FAX 03-5213-6160　振替 00160-7-35346 |
| 印刷・製本 | 株式会社　三陽社 |

ISBN 978-4-947743-73-2 C3321　　　　　　　　　　　　　　Printed in Japan

考古学リーダー
Archaeological L & Reader Vol.1～15

1. 弥生時代のヒトの移動 ～相模湾から考える～
   西相模考古学研究会 編 209 頁〔本体 2,800＋税〕
2. 戦国の終焉 ～よみがえる天正の世のいくさびと～
   千田嘉博 監修　木舟城シンポジウム実行委員会 編 197 頁〔本体 2,500＋税〕
3. 近現代考古学の射程 ～今なぜ近現代を語るのか～
   メタ・アーケオロジー研究会 編 247 頁〔本体 3,000＋税〕
4. 東日本における古墳の出現
   東北・関東前方後円墳研究会 編 312 頁〔本体 3,500＋税〕
5. 南関東の弥生土器
   シンポジウム南関東の弥生土器実行委員会 編 240 頁〔本体 3,000＋税〕
6. 縄文研究の新地平 ～勝坂から曽利へ～
   小林謙一 監修　セツルメント研究会 編 160 頁〔本体 2,500＋税〕
7. 十三湊遺跡 ～国史跡指定記念フォーラム～
   前川 要　十三湊フォーラム実行委員会 編 292 頁〔本体 3,300＋税〕
8. 黄泉之国再見 ～西山古墳街道～
   広瀬和雄 監修　栗山雅夫 編 185 頁〔本体 2,800＋税〕
9. 土器研究の新視点 ～縄文から弥生時代を中心とした土器生産・焼成と食・調理～
   大手前大学史学研究所 編 340 頁〔本体 3,800＋税〕
10. 墓制から弥生社会を考える
    近畿弥生の会 編 288 頁〔本体 3,500＋税〕
11. 野川流域の旧石器時代
    「野川流域の旧石器時代」フォーラム記録集刊行委員会（調布市教育委員会・三鷹市教育委員会・明治大学校地内遺跡調査団）監修 172 頁〔本体 2,800＋税〕
12. 関東の後期古墳群
    佐々木憲一 編 240 頁〔本体 3,000＋税〕
13. 埴輪の風景 ～構造と機能～
    東北・関東前方後円墳研究会 編 238 頁〔本体 3,300＋税〕
14. 後期旧石器時代の成立と古環境復元
    比田井民子　伊藤 健　西井幸雄 編 205 頁〔本体 3,000＋税〕
15. 縄文研究の新地平（続）～竪穴住居・集落調査のリサーチデザイン～
    小林謙一 セツルメント研究会 編 240 頁〔本体 3,500＋税〕

六一書房刊

考古学リーダー1

弥生時代のヒトの移動
～相模湾から考える～

西相模考古学研究会編

A5判／209頁／本体2800円＋税

※シンポジウム『弥生後期のヒトの移動―相模湾から広がる世界―』開催記録
小田原市教育委員会・西相模考古学研究会共催　2001年11月17・18日

―― 目　　次 ――

シンポジウム当日編

地域の様相1　　相模川東岸	池田	治
地域の様相2　　相模川西岸	立花	実
用語説明	大島	慎一
地域の様相1　　相模湾沿岸3	河合	英夫
地域の様相1　　東京湾北西岸	及川	良彦
地域の様相2　　駿河	篠原	和大
地域の様相2　　遠江	鈴木	敏則
地域の様相2　　甲斐	中山	誠二
地域を越えた様相　関東	安藤	広道
地域を越えた様相　東日本	岡本	孝之
総合討議	比田井克仁・西川修一・パネラー	

シンポジウム後日編

ヒトの移動へ向う前に考えること	加納	俊介
引き戻されて	伊丹	徹
シンポジウムの教訓	立花	実

―― 推薦します ――

　弥生時代後期の相模は激動の地である。人間集団の移動や移住、モノや情報の伝達はどうであったのか。またどう読み取るか。
　こうした問題について、考古誌『西相模考古』でおなじみの面々が存分に語り合うシンポジウムの記録である。この一冊で、当日の舌戦と愉快な空気をよく味わえた次第である。

明治大学教授　石川日出志

Archaeological L & Reader　Vol.1

六一書房

考古学リーダー4
東日本における古墳の出現

東北・関東前方後円墳研究会 編
Ａ５判／312頁／本体3500円＋税

第9回　東北・関東前方後円墳研究会　研究大会
《シンポジウム》東日本における古墳出現について　開催記録
東北・関東前方後円墳研究会 主催
西相模考古学研究会・川崎市市民ミュージアム共催　2004年2月28・29日

―― 目　次 ――

Ⅰ　記念講演・基調講演
　　基調報告・資料報告

記念講演	東日本の古墳出現の研究史―回顧と展望―	小林　三郎
基調講演	オオヤマト古墳群における古墳出現期の様相	今尾　文昭
基調報告1	相模湾岸―秋葉山古墳群を中心に―	山口　正憲
基調報告2	編年的整理―時間軸の共通理解のために―	青山　博樹
基調報告3	円・方丘墓の様相―中部高地を中核に―	青木　一男
基調報告4	副葬品―剣・鏃・鏡などを中心に―	田中　　裕
基調報告5	土器・埴輪配置から見た東日本の古墳出現	古屋　紀之
資料報告1	房総半島―市原・君津地域を中心に―	酒巻　忠史
資料報告2	関東平野東北部―茨城県を中心に―	日高　　慎
資料報告3	関東平野　北部	今平　利幸
資料報告4	関東平野　北西部	深澤　敦仁
資料報告5	北　陸―富山・新潟―	八重樫由美子
資料報告6	東　北　南　部	黒田　篤史
資料報告7	関東平野　南部―川崎地域を中心に―	吉野真由美

Ⅱ　総合討議　東日本における古墳出現について

コラム

古墳出土土器は何を語るか―オオヤマトの前期古墳調査最前線―	小池香津江
前期古墳の時期区分	大賀　克彦
群馬県太田市所在・成塚向山1号墳～新発見の前期古墳の調査速報～	深澤　敦仁
新潟県の方形台状墓～寺泊町屋舗塚遺跡の調査から～	八重樫由美子
北縁の前期古墳～大塚森（夷森）古墳の調査成果概要～	大谷　　基
埼玉県の出現期古墳―そして三ノ耕地遺跡―	石坂　俊郎
廻間Ⅱ式の時代	赤塚　次郎
畿内「布留0式」土器と東国の出現期古墳	青木　勘時

======== 推薦します ========

　なぜ、古墳が生まれたのか？　弥生時代・数百年間の日本列島は、方形墳が中心だった。それがあるとき円形墓に変わった。しかも、円形墓に突出部とか張出部とよんでいる"シッポ"が付いている。やがてそれが、ヤマト政権のシンボルとして全国に広まったのだという。それならば列島で最も古い突出部付き円形墓（前方後円墳ともいう）は、いつ、どこに現れたか？　よく、ヤマトだというが、本当だろうか？　東北・関東では、初期には突出部の付いた方形墓（前方後方墳ともいう）が中心で、地域によって円形墓が参入してくる。住み分け、入り乱れ、いろいろとありそうだ。本書では近畿だけでは分からない東北・関東の人々の方形墓（伝統派）と円形墓（革新派）の実態が地域ごとに整理されていてありがたい。その上、討論では最新の資料にもとづく新見解が次々と飛び出し、楽しい。討論から入り、ときどき講演と報告にもどる読み方もありそうだ。

　　　　徳島文理大学教授　奈良県香芝市二上山博物館館長　石　野　博　信

Archaeological L & Reader   Vol. 4

六一書房

考古学リーダー5

南関東の弥生土器

シンポジウム 南関東の弥生土器 実行委員会 編

A5判／240頁／本体3000円＋税

シンポジウム　南関東の弥生土器　開催記録
シンポジウム 南関東の弥生土器 実行委員会 主催
2004年9月25・26日

―― 目　次 ――

第Ⅰ部　型式・様式の諸相
　総論　　　　　　　　　　　　　　　　　　　　　伊丹　　徹
　1．南関東における古式弥生土器　　　　　　　　　谷口　　肇
　2．須和田式（平沢式・中里式・池上式）　　　　　石川日出志
　3．宮ノ台式　　　　　　　　　　　　　　　　　　小倉　淳一
　4．久ヶ原式　　　　　　　　　　　　　　　　　　松本　　完
　5．弥生町式と前野町式　　　　　　　　　　　　　黒沢　　浩
　6．相模地方の後期弥生土器　　　　　　　　　　　立花　　実
　コラム1．佐野原式・足洗式　　　　　　　　　　　小玉　秀成
　コラム2．北島式・御新田式　　　　　　　　　　　吉田　　稔
　コラム3．有東式・白岩式　　　　　　　　　　　　萩野谷正宏
　コラム4．朝光寺原式　　　　　　　　　　　　　　橋本　裕行
　コラム5．「岩鼻式」・吉ヶ谷式　　　　　　　　　 柿沼　幹夫
　コラム6．臼井南式　　　　　　　　　　　　　　　髙花　宏行

第Ⅱ部　シンポジウム「南関東の弥生土器」
　テーマ1．宮ノ台式の成立
　　報告（1）　　　　　　　　　　　　　　　　　　鈴木　正博
　　報告（2）　　　　　　　　　　　　　　　　　　大島　慎一
　テーマ2．宮ノ台式の地域差と周辺
　　報告（1）　　　　　　　　　　　　　　　　　　安藤　広道
　　報告（2）　　　　　　　　　　　　　　　　　　小倉　淳一
　テーマ3．後期土器の地域性 ― 久ヶ原式・弥生町式の今日 ―
　　報告（1）　　　　　　　　　　　　　　　　　　比田井克仁
　　報告（2）　　　　　　　　　　　　　　　　　　黒沢　　浩

第Ⅲ部　シンポジウム討論記録
　第1日　後期について　　　　　　　　　　司会：伊丹　　徹
　第2日　中期について　　　　　　　　　　司会：石川日出志

推薦します

　1970年代から90年代にかけて、それまでの弥生土器の研究に飽き足らない日本各地の若手研究者が、詳細な土器編年や地域色の研究に沈潜していった。南関東地方でも、たとえばそれは弥生後期の久ヶ原式や弥生町式土器編年の矛盾の指摘などとして展開した。本書は南関東地方弥生中・後期土器に対する共同討議の記録集であり、中堅の研究者が10年以上にわたって取り組んできた、実証的な研究の到達点を示すものである。パネラーの中には若手の研究者もいる。世代をついで土器研究の成果が継承され、さらに研究が新たな方向へと向かうための導きの一書といえよう。

駒澤大学文学部助教授　設楽博巳

Archaeological L & Reader   Vol. 5

六一書房

考古学リーダー 9

土器研究の新視点
～縄文から弥生時代を中心とした土器生産・焼成と食・調理～

大手前大学史学研究所　編

A5判／340頁／本体3800円＋税

2005年11月に開催された大手前大学史学研究所オープン・リサーチ・センターシンポジウムの記録集

―― 目　次 ――

Ⅰ　食・調理
縄文時代から弥生時代開始期における調理方法　　　　　　　　　　　中村大介
弥生土鍋の炊飯過程とスス・コゲの産状　　　徳澤啓一　河合忍　石田為成
韓国原三国時代の土器にみられる調理方法の検討
　―中島式硬質無文土器を中心に―　　　　　　　　　韓志仙　庄田慎矢訳
同位体分析による土器付着物の内容検討に向けて
　―自然科学の立場から―　　　　　　　　　　　　　　　　　　　坂本　稔
同位体分析による土器付着物の内容検討に向けて
　―考古学の立場から―　　　　　　　　　　　　　　　　　　　小林謙一
土器圧痕からみた食と生業　　　　　　　　　　　　　　　　　　　山崎純男
討論「食・調理」　　　　　　　　　（司会：深澤芳樹・長友朋子）

Ⅱ　土器焼成と生産
土器焼成失敗品からみた焼成方法と生産体制　　　　　　　　　　　田崎博之
弥生早期（夜臼式）土器の野焼き方法　　　　　　　　　　　　　　小林正史
東北地方における覆い型野焼きの受容　　　　　　　　　　　　　　北野博司
韓国無文土器の焼成技法
　―黒斑の観察と焼成遺構の検討から―　　　　　　　　　　　　　庄田慎矢
胎土分析から推測する土器焼成技術と焼成温度との関連性
　―弥生土器・韓半島系土器の比較研究―　　　　　　　　　　　鐘ヶ江賢二
討論「土器焼成と生産」　　　　　　　（司会：若林邦彦・長友朋子）

Ⅲ　シンポジウムを終えて
調理する容器　　　　　　　　　　　　　　　　　　　　　　　　　深澤芳樹
弥生土器焼成・生産をめぐる諸議論
　―討論のまとめとして―　　　　　　　　　　　　　　　　　　若林邦彦
土器に残された痕跡から読み解く縄文、弥生文化　　　　　　　　　長友朋子

推薦します

　1世紀を越える土器の研究は、これまで型式学や層位学を頼っての編年研究、年代研究や交流様相の追求に偏重してきた感がある。本書は旧来の土器研究の動向を根底から打破し、土器製作の根幹とも言える焼成の技術やそれを支えた生産体制の問題と取り組み、さらに徹底した使用痕分析から、調理の場の実態や方法解明の究極に迫ったものであり、多くの実験データや民族誌にも裏打ちされた探求の視野は果てしなく広い。
　本書は、韓国を含めたそれら最新の研究成果が一堂に集められただけでなく、二日間に及ぶシンポジウムの全記録を収め、その議論の到達点を披露し、今後の課題と指針を示している。土器研究はまさに新しいステージに立っている。真の社会復元によりいっそう接近するための必読の書であることを確信する。

芦屋市教育委員会　森岡秀人

Archaeological L & Reader Vol. 9

六一書房

考古学リーダー 10

墓制から弥生社会を考える

近畿弥生の会　編

A5判／288頁／本体3,500円＋税

近畿地方の弥生墓制研究に関する最新の研究成果をもとに行われた
研究発表・討論会の記録

―目　　次―

I. 研究発表編
　「近畿における方形周溝墓の基本的性格」　　　　　　　　　　　　　藤井　整
　「近畿北部の弥生墓制の展開」　　　　　　　　　　　　　　　　　　肥後弘幸
　「方形周溝墓制の埋葬原理とその変遷―河内地域を中心に―」　　　　大庭重信
　「方形周溝墓の系譜とその社会」　　　　　　　　　　　　　　　　　中村大介

II. 討論会
　第1回テーマ討論会「墓制から弥生社会を考える」討論

III. 論考編
　「北陸地域における弥生墓制ならびに北陸地域から見た近畿における
　　弥生墓制に対する意見」　　　　　　　　　　　　　　　　　　　　赤澤徳明
　「伊勢湾岸地方と近畿地方の弥生時代墓制」　　　　　　　　　　　　宮腰健司
　「大和地域における墓制および墓制研究の実態と課題」　　　　　　　豆谷和之
　「紀伊地域における弥生時代の墓制およびその研究の実態
　　―近畿弥生の会テーマ討論会「墓制から弥生社会を考える」で、思うこと―」
　　　　　　　　　　　　　　　　　　　　　　　　　　　　　　　　　土井孝之
　「西摂地域における弥生時代墓制および弥生墓制の実態と課題」　　　篠宮　正
　「吉野川河谷(阿波地域)における墓制度および墓制の実態と課題」　　中村　豊
　「香川における弥生時代前期の墓制―佐古川・窪田遺跡を中心に―」　信里芳紀
　「山陰における弥生墳墓の検討」　　　　　　　　　　　　　　　　　中川　寧

IV. 資料編
　第1回テーマ討論会　参加者の希望する討論議題・意見

V. 総括編
　「方形周溝墓と弥生社会研究―近畿地方を中心に―」　　　　　　　　若林邦彦

推薦します

本書は、やや沈滞気味かと思える弥生墓制研究の動向の中で、近畿を中心とする各地域の方形周溝墓などを集成し、検討した画期的な本だ。方形周溝墓をはじめとする区画墓には大・中・小があり、区画内の墓壙・木棺にも大・中・小がある。大きな家に住んでいた人たちは大きな墓に入り、小さな家の人たちは小さな墓に入ったのか？　同じ区画内に埋葬された人々は同世代の家族なのか、複数世代の主要人物たちなのか？　など未解決の課題について各墓群の分布状況や区画墓内の墓壙の重複状況などから類型化し、討議されている。

その上で、墓制から弥生社会を復元しようとする大胆な視点は示唆に富んでいるとともに、最新の資料にもとづく研究の到達点を示していて魅力的である。

徳島文理大学文学部教授　奈良県香芝市二上山博物館　館長　石野博信

Archaeological L & Reader Vol.10

六一書房